本书由2021年度山东建筑大学马克思主义学院横向课题"记忆、参与和阶层爬升：大学生学习获得感研究"资助，项目编号：X21072Z

教育与语言

—

韦伯主义的行动诠释
——民办高校农家子弟学习获得感研究

孙风强 著

天津出版传媒集团

天津人民出版社

图书在版编目（CIP）数据

韦伯主义的行动诠释：民办高校农家子弟学习获得

感研究 / 孙风强著 . -- 天津：天津人民出版社，

2022.1

ISBN 978-7-201-18198-1

Ⅰ.①韦… Ⅱ.①孙… Ⅲ.①民办高校—大学生—学

习—研究—中国 Ⅳ.①G645.5

中国版本图书馆 CIP 数据核字（2022）第 024143 号

韦伯主义的行动诠释：民办高校农家子弟学习获得感研究

WEIBO ZHUYI DE XINGDONG QUANSHI：MINBAN GAOXIAO
NONGJIA ZIDI XUEXI HUODEGAN YANJIU

出 版	天津人民出版社
出 版 人	刘 庆
地 址	天津市和平区西康路 35 号康岳大厦
邮政编码	300051
邮购电话	（022）23332469
电子信箱	reader@ tjrmcbs. com
责任编辑	章 赪
封面设计	中联华文
印 刷	三河市华东印刷有限公司
经 销	新华书店
开 本	710 毫米×1000 毫米 1/16
印 张	16.5
字 数	236 千字
版次印次	2022 年 1 月第 1 版 2022 年 1 月第 1 次印刷
定 价	95.00 元

序

　　接到风强要求我为其专著《韦伯主义的行动诠释：民办高校农家子弟学习获得感研究》写序的邀请后，着实让我犯难好一阵子。因为但凡能够为他人著作写序者，或者声名显赫，或者身居要职。可我距离这两者都相去甚远，因此总觉得自己还不具备为他人著作写序的资格。明知自己无资格而为之，这与"无证行医"有甚二致？更为糟糕的是，我对于写序的内容和格式上的具体要求还真没有深究过。尽管自己在学界也算是打拼了几十个年头，说句实在话，看的书确实不算多，但应该说也不算太少。但凡读书之时，大抵都把注意力放在著者表达的观点及试图传递的思想上，还真的没太关注著作的序，因此对于如何写序没有一点点把握。故此，对于风强的邀请以此为借口表示推脱，可风强还是执意坚持。作为导师对于每个学生的个性总还是了解的，索性应允下来。

　　平生第一次为他人的著作写序，态度上必须认真一些。为了搞懂写序的规范，随手抄起书桌上摆放的《教育的美丽风险》一书，认认真真地阅读了书中序的内容，看到最后的落款是张华。对于张华兄这种通晓中外、谈古论今的写法虽认真品读了两三遍，终究还是自觉学不大来，索性就谈谈风强其人吧，指不定会对读者领会书中的见解有所助益。

　　风强是一个做事很有目标、执着而不固执的人。形成这种个性或许与风强所受的家庭教育有关。风强的爸爸是一位富有教育智慧的农民，在风强上小学时为了教育风强养成行事不盲目的性格，给他讲了一个有趣的故事。古时有一少年，自己丢掉的东西无论贵贱都势必要找回来。一天，少年路过村头的小木桥时放了一个屁，少年前后打量终未发现屁掉落的地方，于是跳进桥下的小河寻找。这时正值少年的表哥干完农活收工路过小桥，发现表弟在水里焦急地寻找东西，以为表弟一定是掉落了什么贵重物品，便急忙下河帮助寻找，可表哥在水里扑腾了半天嘛也没找到。少年问表哥："你找到了吗？"表哥说："找到个屁！"少年忙不迭地说："屁是我的，赶紧还给我！"父亲试图用这个故事向风强说明，做事不能像故事中的表哥一样过于盲目，也不能像故事中的少年一样偏执。这故事虽不算雅致，却对风强的成长产生了深刻影响，至今仍念念不忘。当然，令风强不能忘怀的不仅仅是故事对自己成长过程中个性形成的深远影响，恐怕还渗透着风强对于父亲的那份感恩吧！

　　风强进入辽师学习是在他考博的第七次应试之后的事情了；至于前六次的经历他偶尔会粗略提及，我听时也有点漫不经心。风强经常强调如果不是遇到了老师，他或许在求学的道路上就绝望了。其实，我深知就算他没有进入辽师，也依旧不会绝望，毕竟父亲讲的故事已在风强的思想中打上了深刻的烙印。他已把读博作为自己的一个重要的人生目标。在风强的心里，这比任何财产都更加重要，怎么会轻易放弃呢？这种吝啬与执着倒像极了故事中的少年，只不过风强所追求的是自己认定了的重要的人生目标而已。

　　风强做事确实执着，但还不至于执拗。这还要从另一故事说起。风强的爱人是一位较有成就的高校理科教师。有一次，他爱人的博士导师让其证明一个选题，可她经过多番努力与尝试，发现导师要求证明的任务都不能成立。正苦于无计可施之时，风强提醒道，既然尝试证明成立的角度均不成立，莫不如你就证明这个结果不成立！这句外行话倒是提醒了他爱人努力的方向，其结果可想而知，这一证明过程形成的科研成果后来发表在影响因子较高的某国外期刊上。这件事不仅说明风强的执着而不执拗,其实还足以说明风强对思维方向的把握能力,或许还意涵着风强家庭结合的态度吧?

风强是一个能够踏实坐下来读书的人,只不过读书的方式有点"小资"。平日坐在辽师咖啡厅一角,要一杯苦涩弥香的拿铁咖啡,边细细地品味着咖啡的苦香,边在阅读康德书籍中梳理着康德思想的脉络。仔细想来,像风强这样把享受生活与读书很好地结合在一起的人,读书也就变成了生活中的享受。这种推测对于风强来说可能还不够精确,因为读书本来就是他享受生活的方式。除此之外,还真没发现风强享受生活的其他方式,或许是我孤陋寡闻倒也说不定。

其实,风强的《韦伯主义的行动诠释:民办高校农家子弟学习获得感研究》一书,与其说是他对当下农家子弟阶层文化这一社会学命题的科研旨趣,是他运用韦伯主义这一新康德主义思维范式的学理解读,莫如说是他对自身成长历程的自我反省,书中观点时刻渗透着这一印痕。

当学界将农家子弟的阶层文化指向努力、刻苦、有钱和智商等要素的时候,他改变了思考的维度,通过联系自己的求学体验,发现这里面还有欲说还休的情感世界。于是他将自己的思考立场转向对于农家子弟的同情和捍卫,认为民办高校的农家子弟不是因为不够努力、不够聪明和家庭经济条件不够好,而是因为他们的家庭教育缺乏一种走向学校化心智的方法。这种方法一旦缺失,这些孩子在日积月累的学习中所累积的因学业失败而导致的失落情绪,就会被不断强化和放大。因此,他们既不是严格意义上的保罗·威利斯所说的"循规生",也不隶属于那种纯粹的所谓"反学校文化",而是考试与学习的失落者。这种失落使他们承担了更多的情感包袱,无法在学习的竞争之路上"轻装上阵"。

这种研究带有很强的现象学"体验"范式和"还原"思维。这与风强日积月累的思考和阅读有关,也与他敢于面对自己的求学体验有关。这是我对他放心的地方。因此，在每次的课题讨论中，我给他的自主权较大，对他的科研思路也总是以"旁敲侧击"为主，并不过多干预，而这却也释放了他的科研活力。最后的结果也算让我欣慰，他的论文获得外审专家的很高评价，并被评为校优秀博士学位论文。

或许是为人师者的一种普遍心态吧——得到可以善待的学生去教，自然是很快乐的事情；一旦学生毕业离开师门，又难免有"临行密密缝"的惦念与期许。风强毕业后，去了济南的一个高校教书，满足了他读书和教书的心愿。相信他能够在学术与生活中找到自己新的平衡。

倘若以上内容还算得上序的话，即为序。

李德显

2021 年 4 月 9 日于辽宁师范大学

导　读

　　国内一流高校农家子弟的比例越来越低，"寒门再难出贵子"好像已经成为社会共识，我们也好像默认了这一点。然而这是一种经验常识的观察视角，也是一种休闲的观察态度，科学化的态度却需要更多的思考。

　　经验常识的视角往往以社会共识为标准，"大概""差不多"是其语言范式的关键点。比如，两小儿辩日，表面上看各有道理，却不知道其所有"有道理"的前提是一个假设，也就是说这个结论是"根据……"，然后说"我们知道……"。然而经验常识并不把这个假设作为思考的对象。甚至于，如果我们真正触碰这个假设，很可能会被判定为"关系一断即为犯罪"，苏格拉底、布鲁诺等等人物的命运就是如此。而这就是后世形而上问题的缘起，也是经院哲学式的形而上学和后世科学化的形而上学之间的分界点。经院哲学的思维核心是"同一"，后世科学化的形而上学是"统一"，前者强调规则的上帝本人及其三位一体，后者却强调上帝所代表的观念性。

　　康德创立了科学化的形而上学，这让人类开始思考自己的问题，于是，常识观察和思考被科学化的思考所代替：当伽利略放开两个铁球的时候，当托里拆利能够去测定气压的时候，自然和自由开始发生了某种分离，自然被思维后的科学表达开始获得了"人文"属性。于是，数学和物理学获得了发展。随之，自然科学及其实证范式也获得了发展。

此时，人类已经不再听从经验、神学和常识的"大概"，开始用数学和物理学的"剑"和知性的"天平"来准确"逼问"自然给出自己想要的东西。

自然科学打败了自然，甚至用人类语言代替了自然。可是它也给人自己带来了灾难——世界性的战争，于是人类走上了一条像奥德修斯一样的回归自我的感性之路。这就像司马光砸缸的故事，我们自己的"文字"记载多不胜数，可是，当马未都先生按照考古的发现提出"宋朝没有缸"的时候，我们却觉得听着不舒服，一如皇帝新装里那个孩子的话。可是在考古学上，能装下孩子的缸是明朝之后的技术，在此之前，我们做不出那么大的缸。当我们用故事的"真假"来作为问题关注点的时候，它不是聪明与否的问题，也不是格局的问题，而是"盒子外思考"这样一种"心智结构"而已。

啰唆到这里，笔者就是想说明一件事情，"常识"下的"寒门难出贵子"不能代替科学化的描述，常识往往过于关注现象的言说，却不关注"原因分析"，更分不清原因序列，比如是直接要因、社会关照下的原因还是科学化的原因。

事实上，民办高校农家子弟学业成绩和学习表现的差异及其原因的科学分析也确实如此。例如，我们习惯于智力、金钱和刻苦美德的描述，认为农家子弟不够聪明、不够有钱、不够刻苦。然而农家子弟也还是有考入985、211高校的，城市孩子也有很多高考并不如愿。后来，受符码理论、反学校文化、家庭阶层文化等国际分析范式的影响，我们也开始试图在中国农家子弟的学业分析中套用这种范式。这又面临"中国化"的困境：中国是农耕文化，西方是海洋文化。这种文化观念的历史情境差异是无法被排除的。

为此，笔者改变了分析立场，既然从经验论思维到自然科学化思维再到感性发生思维是世界思维范式——假设的谱系，那我们为什么不能站在我国自己的农家子弟这一立场上，为他们的学业说几句心里话。为此，笔者悬置了"刻苦、有钱、聪明"这样的外在要素，认为这是外烁的立场，同时，也不再强调外烁文化的再制，而是强调人文情怀的感性需要。学业成功者、学业优异者是我们向往的，但是"学业失败者"也绝不能无端加于他人。因此，我们将民办高校的农家子弟称为"学业失落者"。

研究发现，这些孩子们并不是不够努力、不够聪明，也不是家庭没有钱，而是因为他们在整个学习过程中承担了太多的"感性失落包袱"。这种包袱缺乏一种家庭文化和社会氛围的舒缓空间。在漫长学业过程中，"感性失落包袱"像灰色地带一样埋没了他们内心的学习天性——学习意向，同时，也异化了他们的学业补偿方式。这迫使他们走向了学校化心智的反面，越来越滑落为社会结构价值的"失范"陷阱。

为了方便读者阅读，我坦诚地为自己辩护一下：其一，笔者的写作模式并不是"客观主义"的，而是人文主义的，个人在行动中想到什么和内心经历了什么是笔者的关注问题，所以我们区隔了概念和名称。对此，笔者在首部专著中有所描述，有兴趣的读者可以前去查阅《康德曲行认知条件对教育社会学的启示》。其二，笔者的研究范式是个人的诠释而不是科学论证，论证是自然科学的范式，而诠释却是人文科学的主要范式，要求我们能够用自己的生命感觉去体验和同频。其三，我们的阐释目的是去表现民办高校农家子弟个体的"内心世界"，因此，现象学的生活世界、悬置（还原）方法及其尼采所说的"上帝死了"对我们很有启发。当所有外在之物被封存以后，我们内心的世界会是什么样子的？这是我们最关注的问题。

目　录
CONTENTS

小姑先尝的导言：教育、心灵转向及学习意向的获得感

相传，唐朝诗人王建为了拜见自己的老师，写了一首诗来表达自己内心的惶恐和无措，就是那首著名的《新嫁娘》："三日入厨下，洗手作羹汤。未谙姑食性，先遣小姑尝。"笔者觉得这与自己的心境非常合拍，于是写在开头部分。

教育的心灵与物：获得感的迦叶与获得物的唐僧

佛祖拈起梵王所献波罗花示众。此时，众人皆默然，唯迦叶尊者破颜微笑。佛祖道："我有正眼法藏，涅槃妙心，实相无相，众妙法门，不立文字，教义外另传。今传之摩柯迦叶"……佛祖邻近涅槃时，文殊请佛祖再说一次法。佛祖嗔道："文殊！我住世四十九年，未曾说一字，尔请我再说一次法，难道我曾说过法吗？"

——五灯会元

阿傩、伽叶引唐僧看遍经名，对唐僧道："圣僧东土到此，有些什么人事送我们？快拿出来，好传经与你去。"三藏闻言道："弟子玄奘，来路迢遥，不曾备得。"二尊者笑道："好，好，好！白手传经继世，后人当饿死矣！"行者见他讲口扭捏，不肯传经，忍不住叫噪道："师父，我们去告

如来，教他自家来把经与老孙也。"阿傩道："莫嚷！此是什么去处，你还撒野放刁！到这边来接着经。"

长老短叹长吁的道："我东土人果是没福！似这般无字的空本，取去何用？怎么敢见唐王！诳君之罪，诚不容诛也！"

佛祖笑道："你且休嚷，他两个问你要人事之情，我已知矣。但只是经不可轻传，亦不可以空取，向时众比丘圣僧下山，曾将此经在舍卫国赵长者家与他诵了一遍，保他家生者安全，亡者超脱，只讨得他三斗三升米粒黄金回来，我还说他们忒卖贱了，教后代儿孙没钱使用。你如今空手来取，是以传了白本。白本者，乃无字真经，倒也是好的。因你那东土众生，执迷不悟，只可以此传之耳。"

——《西游记》

刘志略的姑姑，她经常诵读《涅槃经》。慧能听了不久，即为她解说经义。尼姑于是拿着书向他问字，慧能道："诸佛妙理，与文字无关。"

——五灯会元

每个人与心灵的守护神接触之后，离开时就会感到更加充实；不是受到了偏爱或受到了惊吓，不是对其他人的好事感到高兴或感到压抑，而是自身感到丰富充实。

——尼采

实际上，这些石头被磨过之后反而没什么意思了，因为高纯度的部分都在内部比较小的地方，外表看起来不起眼的石头，也有可能是一颗好原石。

——宫崎骏

无恒产而有恒心者，惟士为能。若民，则无恒产，因无恒心。苟无恒心，放辟，邪侈，无不为已。及陷于罪，然后从而刑之，是罔民也。焉有仁人在位，罔民而可为也？

——孟子

永远不要对尼采抱住那匹马有任何评论，我们不知道他的爱有多么深沉。

事情的观看体验来自持久的关注，但解决方案一定不在那里。它在蓦然回首的灯火阑珊处，它在外边，在你跳出去的努力和走到外边的过程中。

——笔者

获得感即个人自我侧意向的行动满足

我们所关注的问题是"学习获得感"，就是"我"要放在"我选择、我愿意、我坚持"之前，就是"知之者不如好之者，好之者不如乐之者"。

在这一概念下，个人学习意向的生成和发现是最重要的问题，它是学习获得感生成的终极凭借。教育的心灵转向不是转向社会的功能要求，那是学习获得物的生成方式。学习获得感的教育是运用苏格拉底的助产催生个体内在的、自我侧的学习意向，然后，教育就变成了满足其意向的社会实践活动，同时，学习者也因为有了自己的学习意向，他就能认可自己行动的意向。这就化解了"知行"之间的不一致，这样，知行的"合一"就借行动和意向的关联回归个人意向自我侧的本来状态。这就消除了个人意向因迎合外在社会要求而被动生成的个人内在意识困扰。这种困扰的思想源头可追溯到柏拉图和洛克。柏拉图的回忆说和洞穴隐喻让人开始不相信自己的所见所感，洛克用对象混同属性的思维让个人也不屑于说出自己的感觉。就像我们"摸桌子"的动作，别人问我们："摸到了什么？"我们不敢说"软硬"，而会说"桌子"。事实上，"软硬"是自己的，"桌子"是大家都能懂的。因此，"软硬"针对意向生成的那个人，"桌子"指向社会的衡量标准。洛克让回避我们自己真实感觉的思维具有了正当性。

为了满足自己的研究需要，我们对研究的呈现方式借鉴了油画的形式，即"景深"式的。我们并没有采用中式文人的长卷画形式。二者对人的观看要求不同，长卷画是移动观看，即一边展一边看；景深是一直看进去，看进去。另外，我们一直在两个问题上纠结：让人懂和说明白。我们发现"让人懂"太难了，我们做不到。于是我们转向了后者，就是把自己所观、所感的心内世界展示出来，就像一百多年前法国现实主义艺术家库尔贝的立场。他是首位明确表态自己不会去画圣经和神话题材的法国画家，他说"我不画没见过的东西"。在库尔贝出生之前大约四十年，认识论的伟大转折者康德也说，对于知识，他"宁可贱卖也绝不贩卖"。

童真看：自我侧意向的真实面对

因此，我们首先从支撑个人学习获得感的"意向"入手。它其实就是承认自己的"所见之物"。这件事对儿童来说很容易，但对成年人来说太难了。这是一个两岁的小女孩教会笔者的道理——最真实地看是"童真看"，用陈丹青的话就是"虎虎有生气"。有一次，笔者让她叫邻居大爷"爷爷"；她看了人家一眼，没有叫，等回家后，她问笔者："我为什么要叫爷爷呢？"笔者竟无言以对。试想，如果我们去掉了"礼貌"这一功能化的理由以后，我们真的能回答这个问题吗？甚至我们真的"理解"这个问题吗？

这在很多人看来并非问题，但如果我们将问题转换一下：我们"真的"知道为什么让那个孩子叫一个陌生人"爷爷"吗？如果我们以"求真"的衡量标准来复盘这个教学交流，就会发现，我们已经失去了"童真看"。在此，提问的孩子是"真"问，她发自内心地问出了自己的问题，可是，作为成年人的我们是否能够提供一个"自己的真回答"？我们明明习惯于说"你认真，你就输了"。也就是说，如果以"真"作为教学交流的凭借，那么我们所能提供的问题答案需要满足自己"明确知道"这一标准，它不能是"我是父亲"这样的身份功能，否则我们无论如何回答问题，在起点上，我们就输了。因为我们失去了"真"这一立脚点，失去了理解孩子所提出的"真问题"的切入凭借。

另外，就算我们基于"礼貌"的立场，这与那个孩子之间同样存在着严重的"信息不对等"。"礼貌"解释所适用的对象是不确定多数人，其立场是："文明"的功能论及其教育是"年长一代对年轻一代的影响"的定位。可是共性的数量标准和个性的质量标准之间是存在认知距离的，大众化的"文明"理由和那两岁孩子的"个性化"之间有一个认知的距离需要弥合。功能论的教育定位是老师提要求，孩子来完成；而诠释论的教育立场是孩子怎么想的，意向是什么，教学双方通过主体间性来弥合。

在韦伯主义诠释论下，教育者已经跳出了"授业"和"解惑"，开始进入了"传道"的层次。此时，教育者对自己所采取的教学策略和方法能够明确知道它隶属的思维谱系，同时，也知道自己执行的是一种社会功能还是家庭性的情感。此时，就不会发生偏重一端的教育现象。例如，很多父母会因为孩子成绩不好去骂孩子，其实就是打着父母的身份来履行学校的社会功能。

因此，在韦伯主义的微观诠释路向下，教育是见微知著的艺术。小事情是最真实的教育大问题，我们考察的单位越小，它就越真。另外，教育者的含糊不清很容易导致教育的"明珠暗投"和"买椟还珠"。因为功能论和冲突论的身份不对等、信息不对称会导致个人的"学习意向"相对的被否定。一句"小孩子知道什么啊"就足以杀死孩子的"童真看"，这就让教育在南辕北辙的路上越走越远。

这样，众口铄金、积毁销骨，共同作用的结果不仅不会让学习意向受到认可，还可能会将学习意向作为"失范"现象排除。一句"与学习有关吗？你学这个有什么用啊？"就可以把最真的"学习意向"给排除了。这样，学习获得物的追求会成为"三人成虎"的真理，"金钱至上""乖乖女"等学习行为就会等价于"童真看"。然而，随着孩子的长大，父母就会很困惑"这孩子小的时候可听话了，越长大越难管了""唉……青春期的孩子，逆反啊"。

"为什么叫爷爷"的教育关系所折射的"童真看"被分析到这里，我们可以发现，教育只有小视域，没有小问题，其蕴含着教育意向的发现，蕴含着不同视域下的教育处理方式，例如希腊三杰的"助产说""回忆说"

和"知道为什么"，例如子思在《中庸》中所描述的"人莫不饮食也。鲜能知味也"，例如我们当下大学生的"混日子"和"精致利己"现象。

在希腊三杰中，苏格拉底的"助产"是最阳春白雪的，一般人学不来；柏拉图的"回忆说"是最下里巴人的，人人都能说上两嘴，但真正能发生教育作用的却是亚里士多德的"知道为什么"。然而，功能论者和冲突论者会强调客观性。这样，孩子的"真"问就消失了，就会坠入柏拉图的"回忆说"。这样，教育就变成了"等……"，"自己"和"当下"就失去了时间位置，成了"将来的准备"。

这样，"童真看"的"天性"及其学习意向就消失了。因此，《中庸》开篇就说"天命之谓性；率性之谓道；修道之谓教"，并且针对教育的困境说出了"道之不行也，我知之矣：知者过之；愚者不及也。道之不明也，我知之矣：贤者过之；不肖者不及也"，然后，说"人莫不饮食也。鲜能知味也"。这就让笔者想起了汉娜·鄂兰的"平庸之恶"，就像常说的那句"恶人得逞是因为好人不作为"。

然而大家作为学习者可能并没有读过《中庸》，但是中庸的日常用法及其暗示的态度让人隐约感觉不爽。这恰恰证明了《中庸》的"鲜能知味"，这就与"学习意向"迷失之后的平庸之恶一拍即合。这些人总是漫不经心，所以，"真"与"失真"对他们来说无关紧要。这让《中庸》"知者过之；愚者不及也"和"贤者过之；不肖者不及也"之间的教育者和学习者总是受伤。这其实来自功能论的教育界定，年老一代让年轻一代听话，年青一代怎么想呢？试想我们自己的成长，就会有答案。于是，教学双方互不信任、互相索取，大家只能偏执一端，甚至各自为政。于是，子思发出了"鲜能知味"的感慨。

然而韦伯说，对于教育，我们尽量不要有自己的态度，也就是"价值中立"，这样"真"就会出现在教育视域中。"平庸之恶"和"鲜有知味"的社会意识现状恰恰让教育面对了"真"问题。教育者的"传道"和居中调和的"综合"恰恰应运而生。它不仅仅能够让学习者面对自己的学习意向进而生成学习获得感，同时，也让学习者追求学习获得物进而麻醉自己

"欲望"的教育处理态度得到反思与自反。尤其是那些"学习获得物"的追求者，喜欢"自己玩自己的"，阳春白雪者自爱，下里巴人者自甘，要么"谈心性"，要么"以死博名节"。而"弘毅之士"并不见容。于是，一种"捣蛋"的"精明"或者说布迪厄的"策略"开始出现了，就像曲阜三孔景区一老人给笔者讲过的孔家笑话："孔子批评自己的儿子孔鲤不争气，孔鲤慢悠悠地说'您老别说了，我爹比您爹强，我儿比您儿强'。孔子无语。"孔子的孙子是子思，即孔伋，相传《中庸》就是他写的。

这些小精明一旦洞察了教育，就会表现出"混日子"或"精致利己"。他们内在的"冲突"会让他们避重就轻，你说夕阳无限好，我说它"近黄昏"，就不和你一样说话。这就是功能论和冲突论视域下的"失范""捣蛋"背后的"个人意向"自留地。然而，如果教育不能透过这些面向而深入其个人意向的自我侧，那么社会转变的"可能生机"就会消失。所谓"百年树人"就是这样，百年前的"立场"将会影响百年之后，而百年前的"真和失真"一旦错位，"质"和"量"就会混同，大多数人、少数人这样的"数量"概念就会代替个人的质量界定，懂和不懂就会代替"学到了什么"。这样，"高等教育"就成了学生的"跳板"，学生来学校仅仅是利用学校拿文凭，老师也只能无可奈何给学生以"解惑"，"传道"和"授业"也被认为"不合时宜"。

于是教育就被"形而下"绑架了。教育不得不去追求学习的获得物，成绩、收入、工作等。这让教育者自己越来越无法教给学生更好的东西，只能一句"世风日下"，只能一句"现在的学生……"，于是，教育资源随处可见，学习者也只能是只见其形而不得其"神"。韩愈那句"业精于勤，荒于嬉；行成于思，毁于随"很多人都懂，但学生的"嬉"和"随"却已经到了触目惊心的地步，比如很少有大学生能说出自己的爱好。这样，"天命之率性"就变得晦暗不明。另外，学生宁可追星看八卦也不愿耐心地去读一本书，他们的理由很明确——读不懂，这就是"随"。

然而问题的解决可以借鉴鲧和禹的治水策略。"功能论"和"冲突论"类似于鲧的策略，而诠释论则是禹的策略。学生的"学习意向"有自己的天性，那就是"爱自由"。所以教育中的诠释意蕴越强烈，学生的意向得到疏导的可能性就越大。这样，我们教育的工作就变成了"疏导"和"引出"。此时，教育开始用质量代替数量。因为如果以"个人意向"这一"真"为标准，"阳春白雪"和"下里巴人"是一样的。这就像地方戏和京剧以及昆曲，更何况，京剧也曾经是地方戏。此外，让"阳春白雪"变成"下里巴人"或让"下里巴人"变成"阳春白雪"的功能教育显然是背道而驰。因为二者所生成的文化土壤并不相同，二者对于教育的"生成意义"仅仅是蕴含民族文化的"承载"。教育需要自己从中发现"学习意向"这一真实的基础并予以调和，否则它只能听任祖先学说的摆布。

因此，教育的第一步不是"授业"和"解惑"，而是"传道"，是帮助学生找到自己的学习意向，具体的方法是用"回忆说"来还原并找到"童真看"，实现的方法是"助产"，达到的结果是"自己知道"。这样，学校教育就具有了与家庭不一样的特有价值——求真；然后，才是"性之所近、力之所能"，即在"真"的标准下考察"质胜文则野，文胜质则史"的细微差异；然后，才是"授业"和"解惑"，即帮助学生在个人意向的"文"和"质"下居中调和，形成"文质彬彬，然后君子"的结果。

否则，教育就会把"野"当成了"俗"，并将之打入"庸俗"。这其实就混淆了"野"中蕴含的自然天性，以及"俗"中所蕴含的"真"。而盲目回避这些东西的教育一定是"媚俗"。这还不如"俗"——俗文化也是文化，只不过它有点"野"。

举例来说，当大家都以"俗"来批判二人转的时候，其实大家不是在批判"真"的二人转，而是在批判它的"忘本"和"媚俗"。真正的"二人转"是"野"的那种"俗"，并非"庸俗"。就像闫学晶所说，二人转是唱戏，以唱为主，今天的二人转为了"搞笑"，为了"博得观众的喜欢"，以"说口为主，模仿秀为主，实际上，它就已经颠覆了二人转本身的意义和价值"①。另外，大家如果有兴趣，找到那些传统艺人表演的二人

① 优酷网，参见：https：//v. youku. com/v_ show/id_ XMzk3NTY5ODM4MA＝. html.

8

转，就会发现这一点。

这启发笔者坚定了自己的教育立场，教育一定要以"个人意向"的发现和导入为目标。教育的形式可以多样化，所谓教无定法就是如此。它要雅俗共赏，要嬉笑怒骂，就像"诗三百"一样"思无邪"。但是，教育绝不能偏执一端，尤其是在当下的时代，教师所面对的不是传统社会的信息垄断，其背后也再没有了两千年的师道尊严来保护自己，同时呢，还要面对着"数量"占绝大多数的学生"公共性"。假以时日，教师真的挺不住的，只能屈服于"平庸之恶"，最后变为"媚庸俗"。

例如，我们常常说"提出一个问题比解决一个问题更重要"，而对于我们这些普通人来说，既不可能"提出一个问题"，也不可能"解决一个问题"。我们能做的是用自己的眼睛"体验"一个问题。比如，我们经常会有这种感觉，某句话、某件事，我们会突然豁然开朗，情不自禁地说"吭喝、哎哟"等感叹词，而这种"无语"就是学习意向的获得感。而这才是教育者的立场，与"提出问题"和"解决问题"的研究者立场不同，教育是回到自己的"童真看"，逼迫他们在转换中思考并提出自己的问题。无所谓"懂与不懂"，在佛祖拈花迦叶一笑的刹那，教育就活生生地存在了，就像那个孩子问"我为什么叫爷爷呢"，然后，老师自反自己，"我的真"，"我真的听到了什么"，然后以"真"来对待这个问题。这就是我们坚持的"学习获得感"，否则，教育就会被"媚庸俗"拖死。

另外，寻找"学习意向"仅仅是获得感生成的第一步。一旦学生找到了自己的学习意向，他就会用自己的行动去充实这个意向。此时，支撑它的不是外在的东西，而是内在的"好奇"。这样，学生自己就在"自己知道"的"真"下实现了学习获得感。同时，这也是整个人类历史最近二百年最优秀的思想成果，从康德的"知道为什么"到胡塞尔的"自己知道"再到海德格的"当下在手"，中间还有叔本华和尼采的意志哲学，大家都是在面对一个问题"我能做到什么"，所以胡塞尔说"我，这个我，就是全部"。

此时，教育对学生学习的考察不再是用"外部要求"来考察"外部行为"然后猜测"学生"，变成了师生一起去"求真"的冒险。教育即心灵的转向变成了教育即"转向中的心灵"。教育只有找到孩子的"学习意向"，才不会南辕北辙，才会让随后的学习和教学保持终生，而不会"学力剥落"。因此，"流言止于智者"的启示不再是防止"流言"，而是生成"智者"，否则，流言会将任何一个说真话的人杀死，就像苏格拉底之死。

这就是康德"宁可贱卖也不贩卖"的立场，用他的话说就是"我说的一定是真的，但是，我没有理由把我所知道的全部都告诉你"。此时，对于孩子来说，教育不再是那种外烁的"唠叨"，而是"引出"。另外，此时不是帮助他们去学习，而是帮助他们舍弃，就像陈丹青的老师吴作人先生所说的：你们要知道什么时候停下来，要知道画，也要知道不画。

这种学习策略可以通过二十世纪的三个重要概念图式来完成"意向——生存心态——社会结构"。前一个破折号的过程会生成意向，其思考的概念图式是"自反"；后一个破折号的过程是"目的"，其思考的概念图式是反思，前者生成获得感，后者生成获得物。而学习意向会在前一个破折号的互动中被慢慢地发现，其生成的标志是"这就是我想要的"。然后，"学习意向"让他自己去行动，最后将行动的结果与自己的意向通过"自反"来确证，从而生成"获得感"。

因此，为了展开我们的研究，我们将农家子弟的学习意向及其获得感作为我们构图的"主景物"。这是我们分析的近景。随后，我们用韦伯主义诠释论来作为支撑我们分析的中景。中景之后的远景是我们的"功能论"和"冲突论"理论。例如，对"我为什么叫爷爷呢"这一个教育现象，当我们用"礼貌"的理由去回避孩子"童真看"的时候，我们要知道自己的理论支撑是"功能论"的，知道这一立场的思维原点开始于柏拉图，确立于涂尔干。同时，我们还需要知道，我们喜欢"功能论"和"冲突论"与这种理论"真"和"假"无关；如果这样想，还是功能论的静态分析，它的"真"还有一部分来源于我们的认同，来源于我们自己内心的生存态度喜欢这样的言说方式。因此，我们觉得"洞穴隐喻"或是"回忆说"那样的解释方式有道理。

另外，我们还需要知道，如果我们选择了这种解释谱系，成年之后的我们就会在"我爱"和"乖巧"之间寻找理由来回避我们的感受。这种回避让我们宁可相信别人告诉我们的看法，也不愿意接受自己眼睛看到的东西。于是，别人告诉我们的"看法"就慢慢地代替了我们的"看"。

另外，就"个人的意向"这一立论基础而言，它是教师、学生和知识在教育学上的唯一内在相关要素。这也是现代和后现代几百年的教育思想精髓。首先是康德的"超越"问题。他用"超越"的概念明确强调，知识与人的认知能力相关，而不与对象相关。随后，尼采强调从个人内部去解释行为的立场。这与韦伯主义是相通的。然后，胡塞尔将这个认知能力导向个人，而海德格将持有认知能力的个人"童真看"导向"现在"，即"当下在手"。

这说明，知识和教师、学生在认知能力的"意向"上是相通的。因此，在将知识送达"受众"的时候，教育如果违背了康德给知识划定的认知能力这一方向，就会让教育南辕北辙。对于教育，这将会产生"不得其门而入"的困境。

康德认为，知识是人的认知能力将自然观感和概念进行综合判断的结果。因此，认知能力也是知识殿堂的看门人。这个看门人也只认可"认知能力"这张门票。如果教育绕过了"看门人"，教育中的"人"就会消失，教育就开始走向了南辕北辙，并且南辕北辙的危害在农耕时代可能会小些，因为走得慢。然而，信息化时代的关键不是信息表征而是信息筛选能力，否则，信息像滚雪球一样越滚越大。教育如果去追那个雪球，要么雪球化掉，要么自己累死，要么被雪球压死。

另外，为什么我们要反复强调个人的"学习意向"和"学习获得感"？因为学生最终要回到"生活世界"，此时，要面对是那个独一无二的自我。这时候，"童真看"会成为学生"幸福感"的源泉。如果教育还是"应用"，还是"成器"，那就是南辕北辙的"追"别人。且不说幼儿园加基础教育的15年，也不说10年本科加硕博，单单一个小学教育，如果没有了一个人内心的"真实"这一动力，他要么挺不下来的，要么是回避"真实"并将自己的受教指向其他的目的，比如精致的利己主义者。另外，他能挺下去的动力若不是自己内心的"真"，那将是教育更加恐怖的结果，就像当年的易牙、开方和竖刁。

一旦如此，学生内心的学习意向就会"偏离"教育目的。因为，学生在否定自己的感性需要和"童真看"的过程中失去了教育的美好之物——诚其意。一旦如此，他们就不会用"存真"的方法"去伪"；他们会用"冲突"的方式去"争辩伪"。这就让学生变得疲于奔命：真只有一个，假有很多。

这种信息的不对等让学生再也不敢认同自己的"童真看"。他们就会通过"回避自己的真"来关注"学习获得物"。这样，他们就坠入矛盾之中，一方面，他们会对父母和老师的安排不满意；另一方面，他们又没有自己的想法和安排。这就解释了威利斯的"自甘如此"，也解释了布迪厄的"策略"，其原因就是教育对个人意向的回避。

这样，学生内心的"意向"就变得晦暗不明了。他们开始回避自己心灵的感受和自己的"童真看"，大多数人选择"习惯一件不陌生的事情"，然而，其内心的抵触和情感却无法让自己释怀。于是，他们就有可能会"混日子"，或者，将这种抵触变成"怀疑"。然后，他们就会在功能论和冲突论之间游移不定，前者会"精致利己"，后者会相信一种"阴谋想象"，比如相信谣言，这其实不是因为他们相信，而是因为他们"怀疑"。

另外，就时代特征来说，当下是教育不得不面对"童真看"的时代。因为中华民族强大了，我们庶了，也富了，"教之"的意义就越来越凸显了。这个时候，教育之"士"要"弘毅"，我们需要居中调和教育在"家—人—社会—国"中的贯通方式，将之作为最为基本的视点参照"看进去"，我们就能够知道自己的"看"和"看到东西"。

为了达到这个目的，我们需要还原，还原至我们自己教育定位的民族情怀和社会的功能定位。在还原中，我们就会发现教育定位的"前世今生"。我们也会在历史时代的转换中找到更新策略。传统中国教育的功能价值是"家国"情怀，并且"家国同构"，家中有国，国中有家。彼时，私塾、家学、国学等学校教育的代表在教育的基本功能定位上是服从于"家国"需要。

现代化的中国这个服从关系正在发生变化。在中国进入现代社会以来，中国的社会结构模式发生了变化，由原来的"家国一体"转变为"国家一体"，所谓"没有国哪来的家"就是这个意思。此时，教育的功能定位是为国家"蓄人才"。它的衡量标准不再是"家"之"私"，而变成了"公共"属性。它借"公共属性"的"社会"来实现个人—家—社会—国家的建构模式。这就是"供给侧"。个人能够为社会创造的价值越多，给国和家带来的附加值就会越大。

受传统文化的影响，中国家庭的教育需要还是停留在"家国一体"的教育定位上。这让学校教育的现实操作模式存在"取悦"家庭教育的倾向：其一，家庭教育对学校教育的"索取"定位。当下父母让孩子接受学校教育的目的还是"光宗耀祖"，还是"为自己家族争气"，究其思维实质，还是将学校教育纳入了传统思维的范式下。其二，就国家来说，学校教育的最终功能是为国"蓄人才"，并且这个蓄养的定位是基于国家的公共属性。

如果家代表着的"私"和国代表着的"公"不能在学生"童真看"中获得被观看的位置，那么，学校教育就会被动下移到"私"。例如，最近网络所曝光的教师被打现象。这让"国""公器"的要求被架空了，让学校教育变成了家庭教育的附属者而错失了它的公共性和为国"蓄人才"的现代职能。

另外，我们之所以采取韦伯主义这一微观诠释立场还有一个更加深入的教育期待和教育信念的理由。那就是，既然教育是"百年大计"，那教育就更加要"见微知著"。而这种"见"和"知"之间的专业化水平是不同的，就像扁鹊在评价自己三兄弟的医术时所说，大哥是"治将病"，二哥是"治初病"，自己是"治大病"；相比较"患者"的观看视角，扁鹊的"证据"最足。

因此，教育之道不是"扁鹊式"的迎合。它要在知识的"贱卖"和

"贩卖"之间能够做到见微知著；否则，教育就会坠回到康德之前的时代，要么理性主义，要么经验主义。就像大家都在说"梵高"，我们都会抱怨自己没有钱买到真迹，可是，教师让学生真正面对未被炒作的"梵高"的时候，学生可能又会变成"唐僧"，老师明明给的是最好的，他却因为与自己的理解不符——学生会说没字，而失却了师生契合的机会。因此，在给学生"梵高"之前一定要先"传道"。

一旦"传道"成功，那么学生的努力所面对的就不再是"取悦"社会的结构要求，而是"自反"到自己的内心然后去掌控自己的"创造"需要。关于这一点我们发现，那些伟大作品的作者往往不会说自己如何"缺钱"，他们所面对的问题是如何把自己想要的东西表达出来，同时，为了防止被误解，他们不得不面对"自我否定"的困苦。

他们的敌人是他们内心那个否定自己的自己。他们时刻面对着"想清楚和说清楚"这一内心的纠结。笛卡尔在写《沉思录》的时候，卢梭在写《社会契约论》的时候，康德在写《纯粹理性批判》的时候，胡塞尔在写完《逻辑研究》之后的十年时间里，都曾经经历最少十年的此等"苦"。他们也都曾把这种苦写在自己的著作的开篇之中。另外，根据文献，他们也都明确知道这种苦的缘由，但就像歌词里唱的"明明知道相思苦，宁愿承受这痛苦"。

歌德在其谈话录中似乎终结了这个问题：面对你自己的心，把它写下来，别等。这也就说明，教育的成功案例是发生在"想办法"去擦拭自己的心，而不是回避自己来取悦社会。

这句话背后的立场让笔者坚定了自己的动机，也让笔者能够在内心和外在之间选择了自己内心意向的自我侧。然而，"自由""自我""偏执""固执"等功能论的界定方式总是让人面临着普洛克鲁斯的床：你长，人家给你短的；你短，人家给你长的。于是《燃情岁月》开篇就说"有些人能清楚地听见来自心灵的声音，他们依着那声音作息。这种人最终不是疯了，就是成了传说"。我们不想成为传奇，但是，更害怕成为疯子。于是，笔者在自己的陈述之前，加了一个导言，来粗略描述自己的教育立场。

附和到自我确证：自我侧意向的自反

我们将基于个人意向自我侧的学习行动过程作为描述学习获得感生成的意识片段，而将指向社会结构侧的学习行为描述为学习获得物的生成基础。为了说明的方便，我们引用了梵高和毕加索对自己所处时代的解读方式。

相传梵高生前仅卖出一幅画，大约400法郎，但他并不怀疑自己，对自己的弟弟说"有一天，整个世界将学习我名字的发音"。事实被梵高说中了。"梵高没有一张画是不好的"，后世的弗洛伊德这样回应了他。

另一个例子，当年毕加索给著名的收藏家斯坦夫人画了一幅肖像。斯坦夫人抱怨："毕加索，你画的我不像啊。"毕加索说了一句很奥妙的话："夫人，您会越来越像这幅画。"

我们这样举例的目的是为了强调教育的指向是"心"，否则，教育会因缺乏自己内心的"明证"而走向疲于奔命的"追"。而就目标来说，"你可以定一个小目标，先赚它一个亿"和"何不食肉糜"都是人家的生活。它不一定适合我们自己。可是我们若迷失了自己，就很有可能将自己放置于那样的位置。另外，就算我们相信了外在的标准，也同样让我们没有办法实现那个标准。因为信息化时代的标准遵循的是量子力学的不确定性，而不是农耕和工业时代的牛顿力学——相对静止。因此，它的标准是因为更好让"好"被动地被淘汰。如果我们还是痴迷于静止和稳定，那我们就永远都到不了我们想要去的地方。例如，如果梵高代表着一个标准，我们若按照外在的标准，我们永远都得不到"梵高"。因为离开了我们的内心，我们就无法用自己的审美来靠近梵高的作品，我们就会离梵高越来越远。然后，等时间过去了，时代转头了，梵高的心灵作品就会被其他的东西占据，比如金钱、地位、宰制、权力等，就像梵高《收割者》，2017年佳士得竟然拍出了24245000英镑（折合人民币2.12亿元）。这意味着什么？

15

这意味着我们只能靠别人的标准来看待我们自己。我们可以假设，如果我们处在梵高的时代，有几百法郎，肯定不会去买梵高的画，因为我们不觉得好。但是如果那个时候我们的审美够的话，我们至少可以买得起，但是现在，动辄上亿美金的拍价让我们连门都进不去。这样，我们失去了以自己的切身体验占有梵高的可能：钱和审美，我们都没有。此时，我们的审美能力就更加贬值了。因为我们手里没有真迹。

我们想要强调的是，所谓的辩证法仅仅是描述问题的视角而已，而解决问题的方式永远都是一个，那就是"自反"，也就是向自我侧的关联，就像我们所举的例子，内在的审美可以弥补钱少，钱却永远都弥补不了我们自己内心的审美和获得感。我们仅仅盯着钱就让我们眼中的梵高都是别人的梵高。后来，我们就会习惯了，掏钱买张博物馆的门票对我们来说都是浪费。这是我们和梵高之间的距离，也是我们和知识创设者之间的距离。它遥不可及。

但是以"获得感"为标准就会不同，我们会从理解梵高的观看方式入手去理解他的作品。例如，梵高作品背后那炽热的情感和爱，那比道德感更深层的"情真"，并且梵高的努力也不是那种取悦社会结构的努力，而是将自己内心世界表达于外部的努力与渴望。它不是"媚外"，而是"自反"的表达欲望，也就是我们传统文化的"诚其意"。这也是我们分析别人的一个重要方式，即，我们不是从结构功能论和冲突论的"旁观"者这一他者进行"猜测"，而是亚当·斯密的同情①，是把自己的心灵放在他的环境中，理解他在表达自我的时候所面临的"内心需要和感性内容"。它是诠释的路向。在这样的情况下，作品不是文字和语言，而是一个生命的情感。

在功能论和冲突论看来，这些情感也许会像尼采抱住那匹马一样让别人不能理解。于是，我们就将话语转向去说我们熟悉的"忍耐"和"刻苦"。但他内心的"心苦"却并没有进入我们的思考范围。可事实上，他

---

① 他在《道德情操论》中描述了"同情"。第一节即是"论同情"，而且这种同情不是我们常说的"我同情你"，而是"人同此情"的"同情"。

是心苦。一方面，自己对"既存的表达方式"不再满意。这说明了"自知"的两个问题：知道了自己心里的话，同时，知道现有语言在表达内容和所见之物之间的区别。所以，他也就不愿意接受人云亦云的道听途说。这让他对时代的语言工具和自己情感的表达需要之间感到无助。这其实蕴含着思维的"无""空"和"无限"之间的困顿和认识论界定。另一方面，当他蓦然回首发现灯火阑珊处的那人之后，独特的表达方式又面临另一种困顿：随性还是随形。梵高选择了与自己独特的情感契合，这让他走向了被"误解"的"无奈"。

这种分析也许很无聊，但是它置于教育中却可能是大问题。我们喜欢站在时代中浑然不觉。于是，功能论和冲突论就为我们提供了回避自己时代责任的避难所。我们会动不动就说努力和刻苦，而不说转向和观看方式。那么，"忍耐""刻苦"这样的道德情感就成为我们的评价标准，但那肯定不是梵高，那是被道听途说之后的梵高。

当"梵高"被附加了话语权的宰制力量，社会结构侧的强大压力就会让我们去接近"二手的贩卖品"。既然大家都在谈论梵高，我们也去买个复制品。于是，二手市场就出现了。而这时的我们已经是在别人的眼光下活着了。这就来到了毕加索的那句好像漫不经心却是大实话："夫人，您会越来越像这幅画。"我们没有办法与梵高切身交流，所看到的梵高要么是道听途说，要么是八手复制品的信息失真。于是，在这斑驳陆离的乱相中，我们都不曾真正了解自己。可是，那些掌握"真"的人却能够窥破我们。他们用现在的笔触画出了将来的我们。那画就挂在那里，它等着我们长成那个样子。

追：自我侧学习意向被获得物异化

从洋务运动到近代的民族发展，"追"可以说是我们民族不可回避的生存心态，且不说特殊时代的口号表述——追和赶。扪心自问一下我们自己心态就会知道这个字的分量。鲁迅曾经发过一篇《过客》的文章，过客不知道自己叫什么，从哪里来，到哪里去，只是想着要往前走。这就像夸父一样，追太阳。

"追"在现实生活的教育表现就是"等你长大了就知道了"，"等你考完了试"，"等……"，而歌德却说，"等完了"就真的什么都没有了，要抓住随时随刻的感觉，尽量写出来。吊儿郎当的王朔更狠：年轻的时候有贼心没贼胆，等到老了，贼心贼胆都有了……贼没了。然而，"追"生成的"教育焦虑"却发生在我们整个教育经历中，就像宫崎骏刻画的"无脸男"一样，不停地吃，不停地喊着"我又饿了"，于是"混"的观念就进来了。一旦，我们没有了内时间意识①，外在的客观时间就让我们难以忍受。

这种难以忍受会让代表思考能力的内时间意识被客观时间覆盖。其覆盖的方式就是用外感官的注意来消弭内感官的自觉。例如，宁可选择玩手机也不会选择去看一页书。这种思维定式在商业模式的烘托下就有可能成为社会性的结构功能。同时，商业模式也会利用我们的"不安"将我们自己听过的名称偷换成他们的概念内涵，然后将他们的目的混进概念后再穿回我们认可的名称。它就像木马一样骗了我们，而我们却浑然不觉地充当了别人骗自己的"合谋者"。比如，售楼员最会利用我们的焦虑偷换概念：买房别犹豫啊，一犹豫就全款变首付，再犹豫就首付变车库，最后就是"租房住"。

同样，父母也会将"不甘落后""上进""争气"当成重要的教育语言。其实他们不知道，这些词语稍有不慎就会产生杀死亲情的教育污染。而亲情一旦不在了，家庭教育的正当性形式就会消失，父母就会说孩子逆反，孩子就会说父母不懂自己，尼采的话就应验了：我感到难过不是因为

---

① 时间意识来自康德及后世的胡塞尔对意识考察一个重要维度，即"时间"。康德将之界定为意识的一个纯粹概念。胡塞尔用《内时间意识现象学》，海德格尔用《存在与时间》等，考察个人对意识的一种自我确知状态，即对"发生"和"关系"的思维自我确知。

你欺骗了我，而是因为我再不相信你。这些就是发生在我们身边的现实教育：对邻居家孩子的"追"，对道听途说之传奇的"追"，"你看人家的孩子"，"快点、快点，要迟到了"，等等。

可是，这种"追"能够生成获得感吗？在工业社会之前的时代，知识更新慢、落差小，获得感的失落还不明显，然而，在信息化时代，获得物和获得感之间的落差越来越大。当我们去追牛顿力学的时候，人家转向了量子力学；在艺术上，当我们追构图和色彩以及怎么样才"像"的时候，人家转向了印象派、立体主义和抽象派等。在追求的过程中，我们通过一次又一次地引用人家的话、重复人家的实验，将自己变成了人家学说的消费者，而人家则成了利润的所有者；人家负责用自己的"心"来发挥自己的认知能力创造知识，而我们却需要给自己做的东西上贴上人家的标签以获得正当性。我们每引用一次，就在将人家往权威的位置上推一步，等人家研究范式转换，或问题关注转向，我们再重新学习，重新追。

在此，我想引用电影《莫扎特传》中的一段经典对白来说明我们追求的东西和我们自己的内心。

莫扎特：崇高，什么是崇高的主题？我非常地厌倦这些崇高的主题，古老，没有生命力的传说。我们为什么要不断地只去写有关神的传说？

范史威登公爵：因为这是永恒的，至少它们代表我们心中的永恒，歌剧是为了使我们更高尚，莫扎特，你和我，还有陛下都是一样的。

卡普麦斯特：说得真美，公爵……这就是真理。

莫扎特：美……别这样，我们诚实一点，你们谁比较喜欢听海克力斯而不是美发师的话？赫拉提斯，奥菲斯也一样，这些崇高的人连大便都是大理石！

这就是一种时代冲击的案例——"追别人"和"倾听自己"的时代争论。可是，如果我们回首民族的近代化学习之路，我们就会发现一个错的入门方式，就是对欧美学说的学习缺乏一种谱系和脉络的耐心。这让我们对对象的学习"不得其门而入"。

从经验论和唯理论的冲突到康德哲学，到新康德主义，到现象学，再到存在主义，是这个谱系的传承方式。另外，现象学支撑了存在主义。而我们却是从萨特的存在主义倒推进入现象学。表面上，这种顺藤摸瓜的方式可以成为学习的支撑，但是，从结果到原因的学习方式很容易道听途说、先入为主而违背了"爱智"本身的生成性。

迷信和混：个人的学习意向被获得物蒙蔽的行动状态

一个民族文化历史越久，教育转向就越容易因"定势"而难以变更。这对中华民族来说尤其如此。因为中华民族的核心精神是"心学"，就像我们的文人画与欧洲的油画不同。这表明了中华民族和欧美在"观看方式"本身上存在不同。不管是透视法，还是景深，还是人物表情，油画以"匠"为标准，用外在的技法来描绘画家自己的视觉内容。所以就算其主题是神学和宗教，但是画的内容和画家之间肯定存在某种现实的观看方式关联。但是中国的文人画不同，"境"，尤其是"心境"的格调才是最高的标准。油画，你不需要动，看进去就行了，而文人画不行，你需要移动观看；一个注重视野的变化，一个注重体验的渗入。

这种观看方式对教育的启示非常明显。"观看"方式不同，教育现象在观看者眼中的意义也不同。"心安"一定是油画式的，它是需要自反到个人内心，而移动观看却与此不同。这其实导致了当下中华民族的教育困境：心中的生存心态是中式的，而眼中的世界却是西式的，同时呢，言说中的概念体系也是西式的。

这样，言说者的"口含一词"中的词语就变得复杂了。其中的概念属性就会降低，而名称折射的语言学属性就会提升。于是，教育的目标主义、结果主义就会在功能论和冲突论的理论装扮下大行其道，同时，教育要求的"口号和标语"就会不断出现。这其实折射了教学双方各自为政的尴尬：一方面，个体的要求缺乏被教育观看的"合法性"，这东西不能登大雅之堂；另一方面，社会结构侧的要求因缺乏对个体意识的倾听和了解而无法用概念将目标分化并转化和承接，这就让教育陷入"隔靴搔痒"的困境。社会结构侧的教育要求认为个人学会是理所当然的；相对的，个人也对社会结构侧的教育内容早早洞察：自己内心的意向对社会结构侧要求的真实想法不会得到完整考察和对待。于是，当领导让我们说说自己想法的时候，我们肯定不会说。毕竟，人是能动的，个人作为教育对象很快就能洞察这一切。这样，"迷信"和"混"的外在教育表现就会出现，前者以回避自我侧要求的方式选择相信，后者以怀疑社会结构侧的方式自我封闭。然而，在"能动"看来，二者仅仅是主动和被动的两种表现而已。而获得感却仅仅与能动相关。

为什么说"能动"才是"获得感"的生成关键呢？因为就算个体在自己的意识中信任了社会的结构侧要求并付诸行动，其行动的社会结果还是要面对个体意向自我侧的品量：这是不是我想要的。这一部分转向是以私密的形式发生在自我侧的，是需要教育"无为"的地方；一旦越过就会出现"妄为"，那么个体就会以"迷信"和"混"回应教育。

而"迷信"和"混"的自我侧缺失将会加剧南辕北辙式的学习。这让个体无法实现"获得感"，就像当年张大千专门去见毕加索来探索艺术的问题，毕加索说出了一段奥妙的话：说到艺术，你们中国人最懂，其次是日本人。当然日本人是和你们学的。欧洲没有艺术。我最不懂的，就是你们中国人为什么要跑到巴黎来学艺术？一旦迷信出现了，"混"的行动就会如影相随。这就像我们夸奖别人衣服好看之后会顺嘴问一句：多少钱啊。这就是因为我们自己缺乏自我侧的审美。但是我们不想让人知道我们不知道。于是，我们转头运用大家都相信的"钱"，一旦知道了"钱数"，话就好说了。

然而"迷信"和"混"都让我们错失了"直面惨淡的人生"这一最直接的观看方式。这一点体现在中华民族对待"悲剧"的态度。在悲剧的前半部分，我们和欧洲的差别不是很明显：关于美的描述，我们转转停停总是与美擦肩而过，然而在真正惨烈的地方，雨果会一笔一笔、老老实实得把爱斯梅拉达被绞死的行刑过程细致地描写出来——包括一个壮汉为了让行刑彻底而站在柔美的爱斯梅拉达肩膀上。可是，我们的处理方式是"意向化"悲剧，六月飘雪，阴魂不散的窦娥提醒父亲为自己报仇并亲自去法庭"质问"张驴儿。雨果那样的，我们会叫他变态。

因此，我们需要改变我们自己的"观看"方式。而其中最容易和最方便为我们所用的是德国哲学的概念形式。它能让我们的"中学为体"更加通透。

走出森林回头看：教育转向个人意向
自我侧与学习获得感的发生

近代认识论的一个重要发展特点就是观看方式的变革。从地心说到日心说，从经验论和唯理论到康德哲学再到现象学，认识论的革命斗转星移。这让教育所赖以存在的知识稳定性发出了知识女神海枯拔（Hecuba）的哀叹"昔我为人中之最有权力者，因有无数之子婿儿女而占支配者之地位，而今则为流离颠沛之身矣"①。

尼采洞察了这个问题并用"上帝死了"来暗示这个规律。他借先知查拉图斯特拉之口说出了一句玄妙无常的话：难道这真有可能？这位老人在他的森林里还没有听说，上帝已经死了吗？世人对尼采并不理解，于是奔走相告：尼采疯了。可是，我们真的能回避上帝死了、森林和老人这样的隐喻和问题吗？例如，是不是我们在森林里待得太久，而导致"不知有汉，无论魏晋"？还是因为我们的思想变"老"而固化了？于是，"非我族类其心必异"。我们给那些我们不喜欢的东西贴上它是坏的、他疯了等标签而将之置于死地，或者，我们用游离的眼神避开对"上帝死了"的观看。我们无法改变事实，我们改变自己——一句非礼勿视让我们心安理得。这些让我们面对了转向的发生和时代认同这一对问题：尼采是疯了，

① ［德］康德. 纯粹理性批判［M］. 蓝公武，译. 北京：生活·读书·新知三联书店，1957：1.

还是他独上高楼望尽了天涯路？

我们愿意接受"尼采疯了"，因为我们不像苏格拉底那样的伟大——接受自己无知，从而为知识的动态生成敞开了自己。我们习惯于说"我不会这样"，而这种文过饰非的处理方式导致了《西游记》中唐僧之悲——别人将心向明月，而我却因自己的视域缺失对买椟还珠浑然不觉。这就出现了涂尔干对意识集体属性的"平均性"界定，平均之外，他就有可能会被界定为"越轨"。此时，"疯"要温和得多，莫扎特、贝多芬、梵高等都曾获此殊荣。而布鲁诺结局更悲——被烧死。

欧洲整个现代和后现代的历史让他们认识到了时代转向的意义，因为很多当代的领袖很快就消失在历史的长河中。在我们这些后代人眼里，那个时代仅仅剩下了那些促成转向的先知。我们回头就会说那是谁谁的时代。可是，我们却不可逃避地生活在自己的时代。此时，他们开始反省的不再是"对象"，而是"观看方式"本身。因为，那些"看不惯""看了他那样就生气"可能会催生转向。另外，那些先知都是不自觉偏离了规范的社会要求。他们纵容了自己的研究和大脑。于是，百年之后，尼采被人记住了，连同他的老师叔本华。这些经历和历史总结让教育的重心开始从"对象"转向了"转向"本身。如果谁还会相信"不死"，那他只能自娱自乐。

此时，人们开始自己说话，自己就是自己说话的正当性缘由，不再需要"假借天命"的方式来说话。在艺术领域，库尔贝首次明确宣称不画宗教画——"我不画没见过的东西"；随后马奈画出了《草地上的午餐》，将自己的"印象"作为创作内容；梵高更是以自己的世界为画画的主题。在音乐领域，莫扎特也开始放弃崇高的主题，为普通人的生活创作音乐；随后贝多芬开始创作他的大赋格曲。然而，这些人几乎都不是时代的宠儿。在马奈的时代，卡巴内尔的《维纳斯的诞生》是时代的代表者，连皇帝都喜欢得不行。在莫扎特的时代，音乐的主题还是历史宏大叙事的。然而，我们回头看的时候，发现历史仅仅剩下了马奈、梵高、莫扎特。

于是，教育开始觉醒了，授之以渔的"渔"变成了"转向"。于是杜威说"教育不是为未来准备"。于是，专业的教育者以设计"转向"问题为自己的工作。这样的案例很多，像哈佛大学的《公正课》，像乔纳森·海特，他用设计案例的方式让学生看到转向。比如他自己偏爱的"兄妹乱伦"道德难题，他不厌其烦地把这个案例写在自己的两部书里。那个案例的呈现结果让人不爽，但"重口味"的案例设计在激发学生反驳的时候，也在逼迫学生通过这个案例走出边沁、密尔以及结果主义、乐利主义等森林，同时，也走过这些老人。试问，还有比这更加高明的教育之"道"吗？

那么转向有什么价值呢？或者说，为什么要转向呢？答案就是，在转向中，我们会看到不一样的教育。它不仅仅可以让我们看到死去的自己，还可以让我们看到活的自己，同时，还能让我们体会到自己的"固执"。因为一旦出现转向，可能生成的不是"知识"，而是对自己的怀疑，或者某种怪怪的不好意思，好像自己做错了什么。所以我们举例子来说明教育转向的意义。

其一，司马光砸缸。也许我们可以从语言学、历史学等学术视角去考察"司马光砸缸"。果真如此，我们就进入了"事实假设"的研究预设，也就是预设了"稳定和确定"的研究结果。此时，我们就有可能沉浸于尼采的森林隐喻和老人隐喻。这让我们会出现思维的无效劳动——把问题的重复当作问题的解决。而问题的解决肯定不在那里，需要跳出去。于是，马未都先生吊儿郎当的一句话（司马光生活的时代没有缸，缸是明朝以后才有的，以前不会做那么大的东西）让问题的讨论戛然而止：考证依据的是文献，而考古却是田野，宋朝没有缸是个事实。此时，我们就将思考转向"司马光"解决问题的方式，它的教育启示才会凸显。

其二，八百岁的彭祖。是"神话"还是"胡扯"的界定都是将问题边缘化，都没有办法解决故事的教育问题。笔者想在这里多说一嘴，在教育的视域下，我们将自己说不清的东西界定为"神话"要比一句"胡扯"有意义。对此，我们看一下童年的孩子就知道了。回归主题，对彭祖800岁的问题，我们只有转向一下才可以解释。例如，有一种说法是彭祖生活的地方实行小花甲计岁法，60 天一岁，这样算来，彭祖活了 131.5 个现代的年。这种解释就贯通了文化、生理和现象。而这才是教育的处理方式。这就对教育提出了更高的要求。它要求教育要能够从知识的教育学转向教育学的知识，不是按照知识的稳定性来要求教育，而是基于教育定位来解构知识和建构教育知识。

在这样的思考脉络下，我们将教育与学习的获得感相关——从学习的获得物转向学习的获得感，同时，我们要在转向的向度上指向个体体验和意向的自我侧，防止因缺少方法而让这种期待流于表面，像鲁迅说的：还是老样子，只是换了个什么名头。

同时，我们也期待通过教育自身的建构，打破理性主义和经验主义的互相抵触。例如，实务的瞧不上"科研的"，"科研的"瞧不上实务的；前者以"以不变应万变"作为理想的指向，后者以"你自己试试就知道"作为制胜法宝。这其实都没有将教育指向人本身。人的能力核心是"能动"，其他的生物最多因不适应而死亡，而人却可能有更坏的结果：阳奉阴违，心死了，怨，会用脚投票走人，会报复和逆反，等等。问题的解决一定不是在问题的"名称"上，而在问题的变样上。

康德与胡塞尔理论方法的他山之石：
学习获得感研究的方法论

所谓他山之石可以攻玉，然而所琢必须是玉。也就是说，我们需要用中华民族的理论对欧洲方法进行解构，而不是运用西学来解构中学。

据此，美国的策略类似于我们的儒家思想，实用主义与"经世致用"有很多契合。然而，欧洲的心学特点却是道家式的。比如，黑格尔明确表达过对孔子的不屑，而比较推崇老子。莱布尼茨更是《道德经》的小迷弟。他认为阴阳就是二进制。虽然他像苏秦一样，是几乎所有欧洲公国的国务顾问，但他还是觉得如果能来中国开个数学院才是人生的志得意满。

现象学家海德格尔在晚年也将《道德经》作为一个关键的阅读对象。

在这样比较的轨迹下，我们会发现儒释道的观念排列应该是释道儒，三者最弱的是中间的"道"。我们稍微扪心自问就会发现自己对"道家"思想并不很了解。这就像我们推崇"相濡以沫"而不推崇"相忘于江湖"一样。但为什么像莱布尼茨、黑格尔、海德格尔这样的人类思想家会推崇《道德经》？其原因就是"道"确实与德国心学更近。例如，《道德经》开篇写道："故常无欲以观其妙；常有欲以观其徼（jiào）。此两者同出而异名，同谓之玄，玄之又玄，众妙之门。"如果以"有"作为概念，"无"理解成"未知"部分，那它折射出来的认识论就是康德的肯定判读、否定判断和无限判断，甚至比康德还要玄妙。

然而就心学侧重的对应关系而言，儒家的"天道"与欧洲的"自然"观类似，释的"空"却不是"无"，其对应着人的自由状态。然而，一旦失去了"道"的居中调和，二者就容易顾此失彼。比如，儒家思想中的"唯女子与小人为难养也，近之则不逊，远之则怨"本来是一句话，而现在只剩下一句最没意义的话。很多人在强调"不求回报"这一美德的时候却不思考这个美德是否能够因被认同而获得实现。而在孔子那里，"不求回报"并不受推崇。他专门批评子贡"不求回报"的行为，而表扬了子路收取报酬的助人事件。日本也专门立法：交还拾得物品是拾得者的义务，而失主给付报酬也是义务。

另外，"道"的缺失让我们的文化在历史传承中越来越失去优势。这一点可以由我们耳熟能详的话而得到证明，像"既来之则安之"，像"呆若木鸡"，像"文质彬彬"，等等。以"文质彬彬"为例，孔子是为了想说阳春白雪和下里巴人各有侧重，不能偏执一端，也即"质胜文则野；文胜质则史。文质彬彬；然后君子"，可是我们却只剩了"文质彬彬"这个"椟"，把"珠"还给了祖先。又如，我们喜欢说"玉不琢不成器"，却不知道还有一个更加高等的教育理念，那就是"大玉不琢，良玉不雕"。同样，这两句话也折射出了不同的教育理念，前者明显是功能论的，迎合社会结构的要求；后者呢，则是诠释主义的，从玉本身出发去理解和诠释。

可是，就言说而言，前者明显比后者被更加频繁地言说。为什么？因为后者对雕刻者提出了更高的要求。试想，我们作为一个教育者，经常把"玉不琢不成器"挂在嘴边，可是，越高明的师傅，也许越知道"不施一刀"的敬畏与爱。这就像佛祖对摩柯迦叶的教学方法一样。

而现实可能更多是笔者父亲的情况。他老人家喜欢说"玉不琢不成器"。有一次，笔者拿了一块和田的籽料给他老人家看，对他说籽料的天真和淳朴，以及返璞归真是什么玉石文化；他来了一句："去，去，去，不就一块石头么，黑不拉几的，哪那么多道理啊。"然而，我和他说"玉不琢不成器"的话题，他却可以说很多。这也许是我们和卢梭、康德以及杜威的区别。因为他们看到了自然和自由，我们看到了符号。这就形成了危险的行为趋向。例如，笔者的父亲曾经将一个民国仿制的万历柜给刷上了现代工业油漆，这让笔者恼火得不行，并且至今还耿耿于怀；他老人家也很无辜：这多么新啊，多亮啊，比以前好看多了。他在村里还是有见识的人，在同龄的十几个小伙伴中，只有笔者读了高中并考上了大学。对此，他老人家功不可没。

如此啰唆是为了强调一个教育的观看策略。如果说"治大国若烹小鲜"，那么教育却是比烹小鲜更难的事。因为它反映在思维逻辑中是"无限判断"，其思想的核心是"A 是（非 B）"。只有如此，才能将自然和自由在教育中结合起来，说出类似于"法不禁止即为自由"的话语方式——"你只要不这样，做什么都可以"，而不是停留于肯定判断——你要这样做，或者停留于否定判断——你不要这样做。就根本来说，二者都是"教"而非"教"和"育"的融合。也许就是基于这个平衡点，洛克认为对孩子的惩罚应该少而持久。

最后，运用我们的教育思维态度，笔者想借《西游记》中孙悟空的学习经历来阐发一下，这可以让这种思维模式变得更加明了。《西游记》是明朝的东西啊，如果以孙悟空的求学经历进行分析，我们会发现他老师对他的教育理念很是先进。每念及此，都如鲠在喉，并且这种感觉就像真实发生在自己身体上。

　　我们选择孙悟空的理由如下：其一，他是最自然的人，师徒五人中最草根、最自然的形象。其二，他一直都保持着自己的天性。其三，他的学习经历再现了教学中的很多隐喻，比如师徒情谊，比如教学一体，比如自然和自由，比如因材施教。并且他的两个老师：菩提祖师和唐僧，各有各的教育理念：一个是精英教育，一个是大众教育；一个追求获得物，一个追求获得感。

　　孙悟空和菩提祖师的学习经历有几个标志性事件：其一，入门；其二，入室；其三，出师。悟空因为自己的虔诚而入门。因为说出"听到妙处喜不自胜，望师傅恕罪"而具备了入室的机会，因为领悟了师傅的三更、后门等隐喻而成为"入室弟子"，得以进入后堂，因"我教你本事，可是让你在人前卖弄的吗"而出师。

　　笔者并没有觉得这是中国教育的卖弄和烦琐，而是觉得，这是中华民族对待教育和师徒情分的珍重和慎重。另一个侧面，当下"坑爹"变得时尚，可是"坑师"的案例要远远大于"坑爹"啊。有多少学生学术造假和瞒天过海，做成了呢，学生自己好找工作；弄大了呢，导师要背锅。我估计大家都能想起来吧。可回头看孙悟空和菩提祖师的师徒情分，悟空因为捣蛋偷吃、把人家的树给拔了而被困、求告无门。他想起了自己的老师，而老师仿佛也早已经知晓了，一句"你知罪吗"，再加上一句"茫茫南海必有移树仙方"，徒弟时刻在自己的眼里，救他却不见他。这是多么深沉的爱啊。

　　然而这也仅仅是教育的第一个层次的高端样本。因为这个层次的教育是"鱼"而非"渔"，是"术"而非"道"，更非"心安"与"理得"的超然境界。因为我们可以从《西游记》中发现，孙悟空出师回家以后，所从事的行为都是"欲望"。四处闯祸，立山头，闹天宫，追称号——弼马温、齐天大圣，等等。结果呢，人生更大的失落——生命中五百年的时间成为"混日子的经历"。他人生学习获得感开始于跟唐僧学习。虽也常常捣蛋，但他不卑不亢，不离不弃，任劳任怨，最后，也确实得到了"佛"；他被迫戴上的紧箍自动褪去，暗示了孔子所说的"随心所欲而不逾矩"。

从这里我们可以发现教育的两大层次：education 和 pedagogy，前者是教，后者是引出；前者是获得物，后者是获得感；前者是教育的"术"，后者是教育的"道"。二者对教育本身的要求是不同的。这也体现了教育的三个层次：其一，术，教育的外在部分，通过认真、努力、刻苦等方式可以获得。其二，道，心外无物，故其获得方式是"不欺"，所以中国古人说"诚其意"，要求深入原来自己没有注意的自己身上。其三，"心安理得"将术背后的"理"和"道"背后的"心安"通过个人的自我确证实现浑然一体。

这样，受教育者就能够跳出"森林"，避开"老人"，回到自己的纯真心灵面前，同时，由于有了"我心"的一体，气定自然神闲。这通过我们古人对待"玉"的态度——琢磨就可以发现。否则，教育就变成了行为主义视角下的知识搬运工，而悟空的"癫狂欢舞，不听我讲"则会被判定为扰乱课堂秩序，影响上课节奏的"越轨行为"。这不仅让教育丧失了春风化雨的机会，也让学生丧失了登堂入室的机会。这是我们没有选择功能论和冲突论的缘由，也是我们采用韦伯主义诠释理论的理由。

最后，我们回到对德国哲学的借鉴上，从康德哲学到现象学之间的思考方式和概念图式代表着目前西方最高的思想方式，也是我们需要借鉴的认识论。另外，对于我们所要研究的问题二者也具有很强的方法效用。

我们对学习获得感的分析是不同于学习获得物的分析。因此，康德哲学从对象向认识能力转化的策略对我们的要求具有契合性。同时，我们对学习获得感的分析是意向自我侧的分析。所以胡塞尔的现象学具有契合性。康德将认识论从对象的关注上转移了。他让认识论转向了人的认知能力。这类似于从森林和老人的关注方式中走出来的策略。而胡塞尔则完成了"返回"。他用"自我确证性"的概念让生存于"森林"和"老人"的人能够自由地运用自己的认知能力，并相信自己看到的世界。这就是他的那句宣言——面向事实本身；用尼采的话说，就是接受上帝死了这个事实。

自中华民族有历史记载以来，当下的时代是最好的时代，中华民族从来没有像现在这样的"富"，也从来没有像现在这样的"庶"。这些基本的条件让教育这个"文化"实践活动的讨论成为可能，也变得必要。在评价一个国家发展顺序的时候，孔子曾经说庶之、富之，然后"教之"。

"农家子弟"和"民办高校"作为关键词成为研究指向缘起笔者自己的生命经历。笔者是农家子弟，又在民办高校工作过七年时间；切身的体会告诉自己，对于农家子弟来说，时下的概念体系，像反学校文化、文化再生产、不听话等都没有办法去描述农家子弟在求学中所面临的风险。他们的家庭与中产不同!! 人家孩子出现了问题，家长还有备选和补救；而农家子弟不同，他们是集全家之力"赌未来"，他们真的输不起，因为一旦学业失败，功能视角下的语言暴力就会把他杀死——笨，不争气，不懂事，等等。

但是在韦伯主义的意向诠释视域下，我们就会发现，他们心里的苦与楚。在所有苦楚中，不教而诛是他们面临的最大"非公平、非公开"的教育。因为除了"好好学习"以外，对于"如何好好学?""怎么为了自己好好的学?""什么是性之所近力之所能的好好学?"这样更上一层楼、更能切中个体和起作用的帮助方式，他们的教育所得少得可怜。基于这样的情怀，笔者将自己的选题范畴确定在"民办高校"和"农家子弟"上。

为了防止功能论和冲突论的无孔不入，笔者采取的方式是现象学的悬置方法，也即是还原方法。因为胡塞尔对这两个词经常混用。所以笔者并没有将"理性"这一现代思维逻辑作为自己的理论基础，而是用"感性""直观""体验"这样的概念来描述。理性在很大程度上来源于洛克的简单粗暴思维，也就是将感觉指向的材料等同于感觉属性的经验心理学范式。我们自己用手触摸桌子这个动作摸到的永远都不是桌子，只能摸到冷热和硬软等，别人问我们："你摸到了什么?"我们为了回答别人，才会说"桌子"。而对我们自己来说，就是彼时彼刻的"呦呵"那样的感叹词，而这才是我们教育的精妙之处，否则"当时只道是寻常"这一过去"发生"在当下的重新体验和"此去经年"这一未来"发生"的当下化及其所有的回忆和想象都无从说起。基于这样的思维和理论立场，笔者将自己的研究分为了四个部分：

第一章，绪论——主要对研究问题的缘起和问题与研究者自我侧的生发情感进行了描述。中国农家子弟有自己的学习体验和意向生成特点。这些特点在数量和质量上于民办高校表现更为明显。他们的学习意向既不是"自甘如此"，也不是"反学校文化"。因此，笔者采用了现象学和韦伯主义的方式去理解他们的学习意向，并重新架构了概念体系。

第二章，民办高校农家子弟学习意向对学习的偏离。借助教育自传和半结构的深度访谈，我们深入民办高校农家子弟中去了解情况。我们发现，农家子弟对学习意向的言说核心集中于三个方面：钱、听话和报恩。他们将自己的学习意向指向了外在社会的结构要求。其学习意向并没有指向学习本身，而是指向了报恩的道德。但是在孩子满足了"听话"这一道德要求之后，父母自己的知识积累和视域又没有办法为孩子提供事关"学习"的具体帮助。于是，言说就又回到了"你自己看着办"这样的"自生自灭"，孩子在成长中"自主"性已经被阉割了，这导致孩子混日子或者取悦家长的"说一套做一套"。这让他们学习意向的自我侧面临生成之困。

第三章，钱和听话——学习意向对获得物的追与获得感的生成之困。金钱和听话的生存心态是导致农家子弟在学习意向上偏离自我侧的外在结构性要素，让农家子弟将自己的学习意向指向了外在的结构性因素——获得物；为了获得这些东西，他们在意识中进一步生产"追"和"混"的生存心态。这就让他们更加无法集中于意向自我侧来生成学习意向，进而更加导致不好的学习表现。

第四章，悬置与心安——学习获得感意向生成之困的破解。笔者采取的策略是现象学的悬置和中国传统文化的"心安"。悬置就是"存而不论"。它能够破除"以牙还牙"的冲突论观念，也能够走出功能论的再生产。个人自我侧的意向一旦生成，就会"内圣而外王"。所谓的"圣"就是具有了明辨是非的能力。所谓的"王"就是能够将冲突论和功能论的理论重新置于个人意向之前进行统领的能力。此时，任何理论都是一种材料，而不是"绝对律令"。通过"悬置"，我们将社会结构侧要求的"钱"和"听话"存而不论，即我们的解决策略不是"抱薪救火"的策略，而是"釜底抽薪"的策略。一个人真的知道了自己想要什么，他就能够忍受任何一种生活；不管这种生活是"舍"还是"得"，对他来说，都是"得"。

第一章　绪论

第一节　选题的缘由与韦伯主义行动诠释进路的说明

一、个人求学体验：追与失落

笔者之所以选择这个题目，一个根本原因是自己的求学体验，以及在整个求学过程中为了寻找自己的提升和突破所进行的思考和探索。笔者自认为自己不算是学业失败者，毕竟走过了高考、硕士研究生和博士研究生阶段。如果以考上 211 或 985 高校为标准的话，也远远没有到学业优异的程度。同时，笔者也绝没有保罗·威利斯所说的"反学校文化"的痕迹；相反，在整个的求学过程中，笔者内心充满了害怕成为学业失败者并争取成为学业优异者的挣扎。在这挣扎中，个体的"成就需要"被深深地埋没于家庭和学校的"成绩需要"之中。并且就算个人能够取得好的成绩，这种成绩生成的也不是个人的成就感，而是更大的失落感。因为鞭打快驴，个人所取得的现实成绩被家长和学校所要求的"更高标准"所淹没，个体成绩不好，会被批评不长进；成绩好了，会用"班级第一，年级第一，乡第一"这样的精英模板消弭个体的成就体验。

在这样的背景下，学习者心中的恐惧和失落变为了常态。这种失落心态及其寻找破解失落的思维让笔者将选题确定在"学习获得感"这一问题上，将从教育者立场出发的学习行为转变为从个人意向出发的学习行动，并将学习界定为个人学习意向对学习内容这一意向相关物的主动架构。

这让笔者开始反思自己的学习体验。为了让行文的重点更加突出，笔者将自己的学习体验以小传方式附在论文之后①。以此为基础与身边的农家子弟进行沟通后，笔者发现这不是笔者个体的体验，而是几乎所有农家子弟在学业追求路上的一个共同体验。虽然过程略有不同，但大家心中的体验感却大同小异，真真如文天祥所说的"身世浮沉雨打萍。惶恐滩头说惶恐，零丁洋里叹零丁"。我们虽然没有文天祥的家国宏大愿景，但纠结、犹豫和失落却也相似一二。这决定笔者以自己农家子弟的身份来反思自己的学习体验，并试图在反思中发现农家子弟在走向大学这一求学目的的路上所受到的困扰。

二、研究的问题：民办高校农家子弟学习意向自我侧获得感的生发

（一）民办高校农家子弟是研究中的人

笔者把民办高校农家子弟作为自己的研究对象有两个理由：其一，这与笔者的工作经历有关。自从硕士毕业之后，笔者曾经在民办高校工作过七年多的时间。在这段时间内，笔者与民办高校的学生进行过深入的接触，不管是日常的交流还是课上的讲授，笔者对他们的学习和生活以及情感状况比较了解。另外，笔者自己农家子弟的身份也让自己愿意去理解和了解他们。其二，民办高校的生源主要是农家子弟。根据笔者连续三年的调查，民办高校的农家子弟一直占据 90% 以上的比例。因此，这不是一个偶然的现象。然而，就目前的志愿选择而言，民办高校毕竟是他们的无奈选择。那么，他们是如何走到这一无奈的境地？这是笔者非常关心的内容。因此，在随后的行文中，如果不是特别提及，所说的农家子弟就是民办高校的农家子弟。

---

① 参见附录。

（二）学习获得感是意向自我侧的充实并与社会结构侧的物化要求区隔

个人和社会是教育价值定位的恒定话题。功能论和冲突论将教育的价值定位于外在的社会结构，从外在结构出发来研究个人的学习情况，韦伯主义的诠释论从个人意向出发来探索个人的社会行动。后者是我们采用的立场。

理由如下：其一，后现代及其信息化时代的来临让个人意向成为一个不得不考虑的问题。与以往任何时代不同，个人开始成为决定自己行动的出发点。此时，教育所针对的对象开始成为个人意向的认同，而不是功能论和冲突论的直接再生产。其二，功能论和冲突论的解释方式都是从教育外部来解释教育。不可否认，教育在将社会认可的价值与规范教授给学生的过程中承载着社会的功能定位。然而，其功能价值在个人维度的生成却是与之相对的另一个问题。其不是一个当然过程。因为，个人基于自我的意向对此认同并基于意向自我侧的生成而指向所教内容才是教育内容个体化的最后一步。而这是教育的核心意义。其三，学习获得的"物"与行为的结构功能论考察方式无法描述个人意向自我侧及其行动转化的微观学习问题。

据此，我们将"个人"作为阐发起点来探索民办高校农家子弟的学习行动及其获得问题。因此，我们将行为概念界定为身体外在的可视化动作。它因为更适合于社会的考察方式和要求而被我们称为"社会近端"。行动概念是与个人意向相关的考察。此时，对一个动作的考察标准不再仅仅是社会的考察单位和衡量标准，而是个人内在的意向。它被我们叫作"个人近端"。为了更加清楚表述，我们将之进一步指向于个人内心的意向，指向其内心意向的自我侧，即"意向自我侧"。其以个人意向为出发点，可以通过理解和谈话的方式获得。据此，个人学习行动的意向成为学习的出发点。它借自己的行动来充实自己的意向。

（三）问题焦点：滋养学习获得感的意向生成困境、教育误解与破解

1. 农家子弟学习意向的自我侧是否指向了学习本身

我们不否认教育的功能价值，但是我们想要探索的问题却不是个人的

学习"行为"。行为在我们看来仅仅能够描述学习的获得物，或者说，它是个人通过习得社会规范和知识而进入社会的外在表现而已。

我们想要探索的是个人学习意向问题：在将自己的学习行为指向社会要求的过程中，个人意向是否指向了学习本身。对于农家子弟来说，他们的学习意向并没有指向学习本身，而是指向了社会的阶层跃升；也就是说，他们参加学校教育的目的是为了改变自己农家子弟的身份处境。这一点几乎是所有农家父母和他们子弟的共识。这就出现了一个问题，农家子弟的学习意向并没有通过自反到自己来生成学习内容的理解，而是将学习指向了父母和家庭这一外在社会要求。

2. 农家子弟学习意向自我侧的超越是自反还是迎合式的自我否定

（1）超越是认知能力生发于日常经验的关键

我们以 transcendental （超越）性作为学习行动中个体意向的主要特征。我们日常的学习指向无论是实体物还是抽象符号，都是物理的有形存在，其触发的都是感官。它们进入个人的意识需要个体自身进行一个"超越"，即通过意义附加方式进行抽象解读，然后才能纳入个体意识之中。

另外，就感官获取的真实发生而言，我们无法直观地获取物理物体的全貌。例如，一个立方体，我们只能看到它向我们呈现的部分，而无法感知到这个物体的全部，但是，这个物体在我们的知识范畴中却是暗含整体视域的，是对象化的，而完成这个工作的是个人意识中 transcendental （超越）属性。这种超越性超过了感官获取的杂乱和无序。它让感官获取的经验感知转化为了知识。

（2）超越是现代认识论的核心概念

transcendental （超越）的概念承载了近现代的认知转向，是贯穿本体论到认识论再到语言学的关键概念。其上可追溯到康德，他的先验（transcendental）哲学实现了从本体论到认识论的转向（在康德哲学中，这个拉丁单词通常被翻译成先验的），其下可以追溯到影响现代语言学转向的现象学。而现象学的开创者胡塞尔则用他老师布伦塔诺的"意向性"概念来描述人的这种超越性，走向了现象学的研究路径。

（3）农家子弟的超越因对社会结构的迎合而表现为自戕

我们研究的主要问题是民办高校农家子弟的学习获得感。获得感的实现需要个人认知能力在自我的基础上将自己的学习意向转化为学习行动。它能够超越个人的学习意向和意向相关物之间的距离，并且，超越也让个人的学习意向能够自反并进一步生成。

这种内的超越指向让学习意向能够相关于自己的学习获得感。这也与相关于外在社会结构侧的学习获得物相区隔。然而农家子弟的学习意向多指向了外部；也就是说，其意向多与社会要求的行为有关，而与个人意向相关的行动不相关。这就可以揭示出"我知道学习很重要，可是我就是不能安心学习"这一行动与行为的不一致。而这种不一致让他们走向了"自我否定"的"自戕"。

三、学习获得感生成的内在意向性与韦伯主义行动诠释的视域契合

民办高校农家子弟学习获得感是一种关系的架构，即个人意向自我侧对自己的学习意向与意向相关物——知识符号及其背后认知能力的关系架构和行动超越。超越概念得以进入认识论的开创者是康德。他用这个概念将知识与人类的认知意向相关。这就为人类认识能力开创了全新的视野。韦伯主义的行动诠释理论恰恰基于新康德主义。这就促使我们选择了韦伯主义的立场。

（一）韦伯主义延续新康德主义将知识与人的内在心灵相关之立场

1. 新康德主义的思想渊源

韦伯的思想受到新康德主义（neo-Kantism）的影响，新康德主义分为两个分支：一个是马堡学派，一个是西南学派。西南学派又叫巴登学派。其名字来源于他们所活跃的城市，像海德堡、弗莱堡等都位于德国的西南部。其代表者是文德尔班（Wilhelm Windelband）和李凯尔特（Heinrich Rickert），两者具有一定的渊源。李凯尔特在 1916 年作为文德尔班的继任者在海德堡大学任教，直到 1936 年去世。李凯尔特对韦伯影响最大。他受康德认识论的影响，非常强调"知识内心灵活动的优先性，所以有时又被

称为新菲希特学派（neo-Fichtean）"①。

2. 文化的意识内在性及科学的文化解释

李凯尔特对韦伯的影响表现在三个方面：其一，放弃狄尔泰的人文科学概念（Geisteswissenschaften）而选用文化科学的概念（Kulturwissen-schaften），指出文化科学的研究对象是人类创造的文化产物和制度体系。其二，他否认了文化科学研究的经验心理学范式，强调"心理之单纯的现实存在（das blosse Vorhandensein）"这一带有现实性的东西尚未进入文化的范畴②，因此，其不能应用于文化概念的范畴。他强调文化是一个意义范畴、是价值化的东西，只有通过价值本身以及承担价值的具体评价活动，文化现象才会出现，因此，文化是价值的外在表征。他将文化理解为"众所公认的价值附着于其上的那些实在对象的总和"③。其三，强调人的认识的有限性。在认识和现实之间有一条永远无法突破的鸿沟，我们通过概念图式所描绘的世界仅仅是现实世界中一个很小的部分，因此，认识的结论并不是反映，而是概念改造，"与现实本身相比，认识总是一种简化（Vereinfachen）"④。

3. 韦伯主义下的获得感是意向生发而非外在迎合

韦伯接受了李凯尔特的新康德主义传统，即接受文化科学的概念、人类认识能力的有限性和现实的无限性之间的矛盾，以及价值立场的概念构成。韦伯认识到"实际性的观念是未组织的多面体，须以特定的兴趣或价值立场来探讨，并将之组织成一概念体系"⑤。这种诠释立场能够启示我们，对民办高校农家子弟学习获得感的研究需要一个转向：从对学习获得

---

① ［美］乔治·华尔胥.（英译序）。参见：［美］舒兹（A. Schutz）. 社会世界的现象学［M］. 卢岚兰，译. 台北：桂冠图书股份有限公司，1991：xvi.

② ［德］亨利希·李凯尔特. 李凯尔特的历史哲学［M］. 涂纪亮，译. 北京：北京大学出版社，2007：33.

③ 同上，35.

④ 同上，38.

⑤ ［美］乔治·华尔胥.（英译序）［美］舒兹（A. Schutz）. 社会世界的现象学［M］. 卢岚兰，译. 台北：桂冠图书股份有限公司，1991：xvii.

物的追求转向学习者内在学习意向的生发。这个生发包含农家子弟自己的学习意向及其对学习意向相关物的价值定位方式和选择策略。

（二）韦伯主义价值中立后的事实是自己"看"

1. 价值公设的悬置

韦伯的价值中立学说并不是去否认价值判断本身。韦伯不遗余力地强调，"免于价值判断（Wertfredheit）非但不等于不作价值认定（Wertungslosigkeit），更不是说价值之阙如（Wertlosigkeit）"①。

韦伯所着力反对的东西是"价值公设"。也就是说，他并不否认"价值领域"，但是，他否认排除个人意义附加的价值公设，或者说价值秩序。后者倾向于消弭价值多元，将整个价值领域人为统一成一个"一贯"整体。然而，在韦伯看来，"绝对不可能实行价值公设，即使略微近似的实行亦不可能，因为实行它的途径尚未指明"②。

2. 价值公设的悬置让个人意向获得解放

韦伯的价值中立对民办高校农家子弟学习获得感的研究具有积极意义。它用悬置价值公设的方法解放了个人主体。在此，韦伯的思路遵从了现代认识论肇始于笛卡尔的思维立场。

笛卡尔用"我思故我在"的论断将认识与人关联起来，改变了认识的"神启"传统。随后的经验主义和理性主义各执一端，前者强调知识的外在性，后者强调知识的内在性。康德用凸显人类认知能力之综合性的"超越哲学"融合了二者。这给笛卡尔问题画上了句号。康德明确宣称他的超越哲学是用来讨论知识如何生成于人的认知能力的。它让人的认知从"神启"逻辑中走出来，也将人的认识努力从"符应对象"这一类似"夸父逐日"的追求上解放出来，同时，个人主体性的凸显也能防止学习的盲目迷

---

① Hans Albert. *Trakta tuber kritische Vernunft* [M]. Tübingen：Mohr，1968：S. 62ff.（转引自［德］马克斯·韦伯. 学术与政治［M］. 钱永祥，译. 桂林：广西师范大学出版社，2010：122.）

② ［德］马克斯·韦伯. 社会科学和经济科学"价值无涉"的意义［J］. 选自［德］韦伯（Weber，M.）. 社会科学方法论［M］. 韩水法，译. 北京：中央编译出版社，1998：155.

失和主动逆反现象。

3. 意向解放后的自我观看及其事实与价值认定

知识是人类认知能力的外化，是康德超越哲学的核心要素。韦伯借鉴了康德的知识立场。这就将个人的学习行动从"行为—社会"的分析模式下解放出来。"意向—行动"这一个人分析维度变得突出了，此时的价值与事实开始与个人意向相关了。

韦伯认为价值是主观意义模式所外化的部分，是个体以态度表现的内在意义关涉方式。价值判断就是"我以某种具体的方式对具有它自己具体特点的对象'采取一种态度'"，我是态度之"价值观点"的主要源泉，而不是"'概念'，也全然不是'抽象的概念'，而是完全具体的、高度个别化地形成和构造起来的'情感'和'愿望'"①。

然而这个主观意义附加并非随心所欲，综合的生成方式让综合意向的指向——事实变得具有了主观性。康德认为：我们认识方式由两个部分构成，一个是感性直观，一个是知性对感性直观赋予意义的行为。其中，感性直观不是对象；其仅仅是触发，就是出现在眼前的东西。另外，知性自动的立义行为所生成的概念对知识的生成也同等重要。因此，他强调，思想没有内容是空的，直观没有概念是盲的。

这就是韦伯主义下的"价值"和"事实"立场。因此，就像"人同此情"，他认为我们可以借自己的价值定位及其背后的主观意向进行价值理解和诠释，就是对"具有他个人特点的对象"进行价值理解和价值解释。因为文化科学与自然科学不同，其主要靠人类的精神性要素来构成的。这让我们对他人所创设的知识能够理解。

由于价值不可避免地存在主观性的问题，那么价值解释怎么能够保证"事实"性呢？韦伯借鉴了康德二元论的处理方式，将价值解释和价值判断背后的主体意义作为衡量标准，此时此刻，意义生成时刻的主体视角及

---

① ［德］马克斯·韦伯. 文化科学逻辑领域内的批判性研究［J］. 选自［德］韦伯（Weber, M.）. 社会科学方法论［M］. 韩水法，译. 北京：中央编译出版社，1998：98.

其经验情境的理解所展现的价值关联及其主观意义附加视角成为衡量的标准。于是,"我们'感到'模糊和不确定的地方进行发挥并使它们能够进入清楚'评价'的光明之中"① 的凭借不再是外在对象的符应,而是主体意向的理解。此时,主体的"知性"及其面对的经验感性就呈现在我们面前了。而这才是文化现象的事实性。因此,韦伯认为经验的事实情境和理论学说对社会行动的诠释同等重要,二者共同构成了价值与事实的统一。

(三)意向解放后的"真"让教育的理解与诠释有了真实凭借

韦伯强调社会科学的目的是"对社会行动进行诠释性的理解,并从而对社会行动的过程及结果予以因果性的解释"②。受新康德主义的影响,他对所要研究的对象都进行了明确的概念界定。其中,行动、理解和诠释是他的三个核心概念。这种区分方式来源于他社会学研究的定位:社会学与自然科学不同,其研究的对象是意义构成的文化现象。为此,他区分了主观意向的"意义"和客观有效的"意义",并且认为行动是从行动者主观向度进行考察的概念。

1. 意向之"真"与外化行动让教育理解与诠释可以指向个人内心

韦伯认为,行动是与个人内在的主观意义相对的概念。它与个人意向紧密关联而与外在社会的结构要求弱相关,就社会性质的意义形成方式而言,有四种,即目的理性、价值理性、情感式和传统式③。

也就是说,一个人内在的意义的"真"由目的理性、价值理性、情感式和传统式构成。其中目的理性主要是针对外在对象。它来源于个体对周围环境的客观部分进行加工所形成的期待。个体将这种期待作为"条件"来支配自己的身体机械动作。价值理性在韦伯的概念中是一个狭义的界定,是对一些内心信念的认可。这种信念体系包括伦理、审美等要素。其

---

① [德] 马克斯·韦伯. 文化科学逻辑领域内的批判性研究 [J]. 选自 [德] 韦伯 (Weber, M.). 社会科学方法论 [M]. 韩水法, 译. 北京: 中央编译出版社, 1998: 91.

② [德] 马克斯·韦伯. 社会学的基本概念 [M]. 顾忠华, 译. 桂林: 广西师范大学出版社, 2010: 20.

③ 同上, 51.

并不关注行为（Verhalten）的客观后果，而仅仅是为了自己内心的信念。情感式主要是涉及个体内在特定情境中的"源发性"和"当下"的情感体验。而传统式主要涉及个体因成长的传记经历而形成的习惯思维。

2. 韦伯用理解（Verstehen）概念指向行动背后的意向重叠

韦伯用"理解"标准来代替个人行为意义的外在考察标准。在他看来，对一个人外在身体动作有三种考察方式。其一，以身体外在动作的机械形式考察。这种考察方式所依赖的是"心理物理（psychophysische）"。他认为这种方式无法考察个体内在的意义①。因此，他强调，理解概念不是对外在文化符号的客观意义进行关注，而是探查个体内在的主观意向。在韦伯的概念中，Verstehen的用法比日常用法要狭窄。它首先指向的是"对行动者主观的'心智状态'（states of mind）加以观察和理论上的诠释"②。这种考察维度是很多经验心理学所采用的考察进路。其二，身体反射性的动作。这种动作来源于个体的生理反应，不是个体通过主观意义而形成的"行动"概念。虽然，他强调"有意义的行动和不具主观意义赋予的反射性行为（Sich-verhalten）"的界限并不明显③，但是，一旦可以确定一个行为是反射性的，那么，它也就不再具有意义，也就无法进行其所认可的"主观意义"考察方式。其三，知性确证（Evidenz）下的理解。这种确证方式有两种，或者是理性的（逻辑的或数学式的），或者是拟情式的再体验（情绪的或艺术欣赏式的）。而这两种都需要知性作用的发挥④。

这就让韦伯主义回应了康德的认识论。知性是康德哲学的一个重要概念，德语的表述是Verstand，英文一般翻译成Understanding，其恰恰与英文"理解"是一个词，并且德语的Verstand（知性）和理解（Verstehen）具有相同的词根。这也就决定了"理解""知性"可以通过意向进行理解

① ［德］马克斯·韦伯. 社会学的基本概念［M］. 顾忠华，译. 桂林：广西师范大学出版社，2010：22.
② 同上，19.
③ 同上，22.
④ 同上，23.

和重叠。

3. 韦伯的社会事实是因理解而得到的意义诠释

韦伯强调，我们对行动者的主观意义进行理解有两种方式：直接观察的理解和解释性理解①。前者主要涉及个体外在的客观动作。他用一个人在砍树的例子来说明，我们以外在观察的方式无法确定他砍树是为了工资还是取暖。因此，我们在对外在动作进行意义界定的时候，所凭借的往往是社会常识和客观意义。但是解释性的理解却不同，它涉及从一个人的内在动机（motivationsmässig）出发来解释外在动作。

因此，所谓的"社会事实"并不是功能论者涂尔干的"客观性"，而是我们用理解和诠释的方式所得到的东西，也就是能够对行动者主观意向中的"意义"进行诠释的部分。

四、学习获得感的动态实现：由意向对体验附加意义后再自反到意向

我们将学习行动分为了内心的学习意向、学习体验和自反三个部分。在胡塞尔现象学之前，我们对个人学习行动的研究大多是行为主义的立场。它以学习者外在的成绩与外在学习中的表现为研究对象，以行为的外在部分推测个人的内在意向。这种分析模式无法对个人意向因社会压力而采取的"策略"，如伪装和迎合进行考察。

因此，我们采用无"预设"的分析立场。也就是说，我们并没有接受学业失败者和学业优胜者这样的概念界定方式，而是采用了"失落"或者是"无"而非"空"的界定方式，就像空气，虽常被说没有什么东西，但绝非是"空"。

（一）民办高校农家子弟的学习意向

意向的英文表述是 intention，德语与英文表述相同，日文翻译成"志向"②。倪梁康先生认为，意向有"意识构造对象"和"意识指向对象"

---

① 参见：［德］马克斯·韦伯. 社会学的基本概念［M］. 顾忠华，译. 桂林：广西师范大学出版社，2010：26.

② 倪梁康. 胡塞尔现象学概念通释［M］. 北京：商务印书馆，2016：266.

两个重要的含义，"意向性既意味着意识构造客体的能力，也意味着意识指向客体的能力"①。

如果以知识作为学习的客体，那么民办高校农家子弟在学习意向上发生了什么？也就是说，他们是怎样对学业和学习本身进行构造的？他们在指向学习的过程中，是否真的将学业本身纳入他们的意识范畴？如果纳入了，为什么他们没有在高考中成为优胜者，踏入更好的大学？如果没有纳入，那么他们的学习意向所指向和建构的东西是什么？

（二）民办高校农家子弟的学习体验

体验也是现象学中的一个重要概念，并且是个体的一个真实的生活样态。它不能用简单的理性办法来消弭。民办高校农家子弟的学业虽然不像那些高考中的优胜者，但是他们也经历了基础教育和高中的学习。他们在学业提升的过程中有自己的体验。这种体验不仅仅表现在为了满足家长和学校的要求而努力去考取一个较高的成绩，还有他们自己在整个学习中对因自己生活欲求、喜好、兴趣等而生成的主观体验，以及，他们在满足家长的成绩目标和自我的生活要求之间的纠结。

他们的这些生活体验将是教育最为真实的指向。这在迎合外在社会要求的行为表现上也依然如故。农家子弟在自己的学习中，同样面临着外在知识体系的主观纳入问题。他们在自我的意义附加上同样面对主体的先验自我意向与外在学习要求之间的统一问题。这些东西都活生生地存在于他们的内心体验中。我们就是想借助现象学的方法去描述民办高校农家子弟的学习体验，在学习中，他们的情感、情绪等内容。

（三）民办高校农家子弟的学习自反

就农家子弟的年龄阶段而言，它处于皮亚杰发生认知理论的形式运演阶段。其重要特点是就是"超越性"，即"在这里认识超越于现实本身，

---

① 倪梁康. 现象学的始基——胡塞尔《逻辑研究》释要：内外编 [M]. 北京：中国人民大学出版社，2009：116.

把现实纳入可能性和必然性的范围之内，从而就无需具体事物作为中介"①。而这种对事件发生情境的"超越"与反思几乎是一体两面的事情。

然而，皮亚杰在揭示"超越"现实性的同时并没有对超越意向的向度进行更多的描述。这让超越的反思有可能面临"否定自我"的教育功能取向，也就是在牺牲自我的基础上去迎合社会的功能需要。而现象学的意向概念可以弥补这一困境。

在现象学看来，意识的意向性是有向度的。其或者用外在的社会功能需要来压制自我，或者用自我来建构社会。因此，现象学强调反思的"回指"自我向度。这就让反思变成了"自反"的概念。自反与反思的区别是思考向度的"联系自我的能力"②。这一概念是"二十世纪的主要成果，它们在这个方面的收获比其他任何社会科学学科都丰富"③。因为它"意味着能够为自己确定和正式提出明确目标，这些目标让一个人能够具有战略性，能够在他的自我反思中加以运用"④。

也就是说，在"自反"的概念图式下，个人可以进行"再一次"的思考，并且这种思考可以将自己的思维指向个人。它让自己的体验和事件的发生成为一个对象又一次被放在自己面前。胡塞尔认为这是"后—思"。这就与教育学的元理论相契合。教育学的元理论（metatheory of education）中的"meta"就是"后"或者"后来"的意思。它代表了"一种描述的、批判的和规范的关于教育的陈述系统的理论"⑤。另外，自反代表着一个主体的生成。这种主体开始具有了超越事件发生时刻的自己。它对未来再一

---

① ［瑞士］皮亚杰. 发生认识论原理［M］. 王宪钿，译. 北京：商务印书馆，1981：52.

② ［丹］克努兹·伊列雷斯. 我们如何学习：全视角学习理论［M］. 孙玫璐，译. 北京：教育科学出版社，2014：68.

③ Therborn, G. , 2000, *At the Birth of Second Century Sociology*：*Times of Reflexivity*, *Space of Identity*, *and Nodes of Knowledge*, in British Journal of Sociology, Vol. 51（1）.

④ ［丹］克努兹·伊列雷斯. 我们如何学习：全视角学习理论［M］. 孙玫璐，译. 北京：教育科学出版社，2014：73.

⑤ ［德］布列钦卡. 教育知识的哲学［M］. 杨明全等，译. 上海：华东师范大学出版社，2006：33.

次的事件发生提供了可资凭借的认知要素。

这一视域为探索民办高校农家子弟的学习意向之向度具有更加具体的描述价值。它能够帮我们分析农家子弟学习意向指向的问题：是指向自我还是指向外在社会要求。我们的目的是呈现他们为了自己的学业提升以及处境变换所进行的思维努力。我们期待通过还原他们的思维向度，来探查他们是运用自己的先验自我去重复已有的东西，还是存在超越的可能性，以及在这个过程中他们经历了什么。

第二节　研究背景中的欧美范式及其与我国暗合之处

总体而言，我国民办高校农家子弟学习行动及其获得感的研究在理论支撑上存在功能论和冲突论的理论偏好，功能论者如涂尔干、帕森斯和默顿，冲突论者如鲍尔斯与金帝斯、威利斯、布迪厄、伯恩斯坦等。因此，其解释的问题定位也表现为社会的事实性和客观性，有以下三个切入维度：城乡二元社会结构的大背景、以阶层为单位的中观背景、以文化资本样态为微观背景。

一、欧美研究的功能论、冲突论和诠释论三大范式与谱系发展脉络

就教育在个人与社会之间的价值定位而言，国外存在三种解释取向①：以社会需要为基础的功能主义，以个人意向为基础的诠释主义，以阶层为单位及其对下层民众持同情态度的冲突主义。

我们通过梳理文献发现，国内研究在谱系特点上表现为功能论和冲突论的特质②。然而这一研究取向的路径选择及其解释方式并不能满足笔者的研究需要和所关注的问题，即一个活生生的人说出"我想……"的问

---

① 参见：［英］布列克里局·杭特. 教育社会学理论［M］. 李锦旭，译. 台北：桂冠图书股份有限公司，1976：3.

② 我们所采用的维度是韦伯主义的诠释进路。

题。因此，我们的文献梳理主要以韦伯主义为主，功能论和冲突论被置于韦伯主义的相对面。而事实上，笔者在梳理文献的时候发现二者确实有很多相似之处，并且二者还在近代展现出某种合流的趋向。这样，三大维度就慢慢地变成了两大维度：功能论和诠释论。

（一）功能论与冲突论的合流趋向与特点表征

1. 二者的合流

功能论、冲突论和诠释论这三种社会理论的取向几乎影响了所有后世的社会学研究。各派人才辈出，源远流长。就研究的趋势而言，功能论和冲突论具有合流的趋向。例如，伯恩斯坦符码理论对涂尔干的思想综合①，英国学者布列克里局认为，这两派学者虽然在分析社会的指向上有很大的差异，但是，"当他们分析教育时也有很大的相似处"②，他们都相信教育具有将社会价值实现于个人的功能价值。与之相关，甚至还出现了"结构马克思主义者"③ 这样的概念界定。

结构马克思主义者以马克思的"决定"概念为出发点去分析教育的社会功能，体现出"基础与上层建筑"和"决定论"和"意志论"的争论④。他们的理论从批判米里班（Ralph Miliband）为代表的"意志论"决定论出发。米里班认为教育履行社会再制功能的原因是统治阶级个人意志运用自己的权力对教育的积极干预，而阿图舍（Louis Althusser）、霍尔（Stuart Hall）普兰札斯（Nicos Poulantzas）为代表的结构马克思主义者却批判这种理论。

结构马克思主义者认为教育再制功能的发挥并非来自个人的意志，而是

① 参见：谭光鼎，王丽云.教育社会学：人物与思想［M］.上海：华东师范大学出版社，2008：268.
② ［英］布列克里局·杭特.教育社会学理论［M］.李锦旭，译.台北：桂冠图书股份有限公司，1976：210.
③ 谭光鼎，王丽云.教育社会学：人物与思想［M］.上海：华东师范大学出版社，2008：415.
④ ［英］布列克里局·杭特.教育社会学理论［M］.李锦旭，译.台北：桂冠图书股份有限公司，1976：153.

客观经济功能自身的运行结果。这种观点首先由阿图舍提出。在传统马克思理论中，国家机器仅仅占据着上层建筑的一部分。阿图舍将国家机器扩展到整个上层建筑，并认为国家机器分为两种，一种是服从阶级冲突的压制功能，如法律、警察和政府行政部分，一个是意识形态部分的功能，而教育就隶属其中。教育的重要功能在于"统一"统治阶级意识形态下的分歧与矛盾①。霍尔进一步认为分析教育不能从个人的动机出发，而应该从"结构与过程"出发，将个人仅仅作为社会关系的脚夫（bearers of social relations）②。

2. 合流原因是二者共同的社会定位和实证的方法选择

（1）二者都强调工业社会的客观性

不管是功能论还是冲突论，所针对的现实社会形态都是工业社会。这种客观性被涂尔干界定为"社会事实"，被马克思描述为"生产力决定生产关系"，"经济基础决定"上层建筑。他们都代表了一种社会客观主义的立场。他们都强调社会科学研究需要借鉴自然科学的数学与实证方法，强调以社会中的客观要素作为研究对象。这种研究的潮流以美国为代表，像帕森斯、默顿都是美式思维的重要代表者。

这种思想范式来源于人文科学研究对自然科学研究范式的盲目崇拜。由于数学及其物理的运用催生了工业革命，而工业革命又催生了工业社会，这让数学被称为自然科学的王冠。因此，以数学为指导思想的实证思维成为当时及随后研究的效仿对象。不管是现代哲学的开创者笛卡尔，还是古典哲学的集大成者康德都曾经进行过这种尝试。例如，笛卡尔曾经试图用几何学的方法来写哲学，康德的哲学直接以牛顿力学和数学为重要支撑，而涂尔干和马克思的思想就是在这种时代氛围中孕育生成。

（2）二者都偏重实证方法和社会本位的立场

马克思和涂尔干非常注重社会分析的客观性。马克思曾经自己编制问

---

① L. Althusser, Lenin. *Philosophy and Other Essays* ［M］. London ： New Left Books, 1971：254.

② ［英］布列克里局·杭特. 教育社会学理论 ［M］. 李锦旭，译. 台北：桂冠图书股份有限公司，1976：204.

卷。涂尔干更是因"社会事实"的实证界定而名闻天下。他强调"把科学的理性主义扩展到人们的行为中去，即让人们看到，把人们过去的行为还原为因果关系……人们所说的我的实证主义，不外是这种理性主义的一个结果"①。马克思的唯物、决定的概念也带有很强的实证倾向。

另外，在个人与社会的关系定位上，二者都强调社会本位的分析立场。不管是马克思所强调的人的本质"是一切社会关系的总和"，还是涂尔干的社会先于个人而存在，都是将社会置于个人之前。二者的不同仅仅是"对'自然状态'中的人的内在的不同看法"②。这通过他们所使用的一对概念可以得到说明。对于游离于社会之外的自然状态的人，涂尔干将之界定为"失范"，而马克思将之界定为"异化"。就归因而言，涂尔干认为失范是社会事实客观性的应有之意；而马克思却将"异化"归因为资本主义生产关系的本质，这种本质让工人不掌握自己的劳动产品致使自己的社会价值相对贬值。

（二）德国社会学实证主义论战让研究范式转向韦伯主义

1. 社会学实证主义的论战

在 1961 年，在德国社会学社召开的大会上，两派社会学者进行了一场大讨论，一边是科学哲学家卡尔·波普尔（Karl Poper），一边是法兰克福学派的代表者阿多诺（Theodor w. Adorno）。其中波普尔主张社会科学的研究应该和自然科学一样。他有一个重要的观点是：社会科学的方法像自然科学的方法一样，都包括对特定问题的解决所提出的尝试性和试探性解决方案③。而阿多诺却认为，社会科学与自然科学不同，不能通过发现的方法来获得知识。因为社会不同于人与自然之间的主客关系，它不仅可以维

---

① ［法］E. 迪尔凯姆. 社会学方法的准则［M］. 狄玉明，译. 北京：商务印书馆，1995：3-4.

② ［英］安东尼·吉登斯. 资本主义与现代社会理论——对马克思、涂尔干和韦伯著作的分析［M］. 郭忠华，潘华凌，译. 上海：上海译文出版社，2013：286.

③ Karl R. Popper. *The Logic of the Social Sciences*［A］. Edited by Theodor W. Adorno. *The Positivist Dispute in German Sociology*［M］. Translated by Glyn Adey and David Frisby, London：Heinemann，1977：89.

持社会和成员的共存，还可以给社会和成员带来毁灭性威胁。社会的矛盾存在于社会之内，是社会所不可避免的。这种矛盾不可能通过增加知识和更加明确的智识表述而消除①。双方的争论不断扩大，波普尔和阿多诺分别发表文章以后，他们的弟子们开始讨论，波普尔这边以德国社会学家阿贝特（Hans Albert）为代表，阿多诺那边则以法兰克福学派的哈贝马斯（Jügen Habermas）为代表。

2. 论战的结果催生了韦伯主义

双方的争论导致了两个结果：其一，大家都在批判对方是实证主义者，而双方都不认同自己是实证主义者，争论的结果却导致了社会学对实证主义方法的批判。其二，双方都强调科学研究的客观性问题，但是他们对客观性的标准争执不下。最后双方都将自己的理论指向了韦伯。其原因在于韦伯是社会学研究首倡"价值中立"的学者。于是，双方就引用韦伯不同的方法论思想来批判对方，阿贝特一边强调只有遵守韦伯的价值中立，才能够"确保知识的客观性"；同样，哈贝马斯却认为"科学活动本身就是价值选择"的结果，学者选择了学者的生活，而不是学者的生活选择了学者②。

这样，韦伯学说在学术争论的背景下开始走向前台，直接或间接导致了社会学或者教育社会"钜观解释取向（macro interpretive approach）的方向"，"而此取向与韦伯（Max Weber）所提倡者相类似"③。这种理论的代表者金恩认为，它将"现象学的意志论（voluntarism）及其对社会行动的主观意义的强调与功能论和某些种类的马克思主义所强调的社会行动的结构性限制（the structural constraints）结合起来"④。

---

① Theodor W. Adorno. *On the Logic of the Social Sciences* [A]. Edited by Theodor W. Adorno. *The Positivist Dispute in German Sociology* [M]. Translated by Glyn Adey and David Frisby, London: Heinemann, 1977: 109.

② 顾忠华. 韦伯学说新探 [M]. 台北：唐山出版社，1994：188.

③ [英] 布列克里局·杭特. 教育社会学理论 [M]. 李锦旭，译. 台北：桂冠图书股份有限公司，1976：409.

④ R. King. '*Weberian Perspectives and the Study of Education*', British Journal of Sociology of Education, vol. 1, no. 1 (1980), P. 20.

（三）韦伯主义破行为下行动再到意向的诠释特点

与前两种解释取向不同，韦伯从个人的意向出发来解释个人的行动社会性。这样，行为的衡量标准就不再是社会的结构性要求，而是个人的意向了。与马克思"实践"概念所强调的革命性意向不同，韦伯对行动的意向更多涉及个人内在的自我及其理性选择。

1. 个人意向是社会解释的立场

韦伯坚持强调"主观性对于社会学分析的重要意义"①，认为社会学的意图在于"对社会行动进行诠释性的理解，并从而对社会行动的过程及结果予以因果性的解释"②。同时，他强调可以通过理解的方式来获得他人的行动意向。韦伯在 1913 年的《关于理解社会学的一些范畴》中提出"理解社会学"的概念③。他对 Verstehen（理解）的使用在意义上要"比德文或英文的日常用语要狭窄得多。本文中它首先指涉的是对行动者主观的'心智状态'（states of mind）加以观察和理论上的诠释"④。它代表了人类心智的某种"意向"。

以此为基础，韦伯进一步区分了行动和行为的概念，以及主观意向的意义和客观有效的意义。所谓的行动是指"行动个体对其行为赋予主观的意义——不论外显或内隐，不作为或容忍默认"⑤。外显的行为只能通过内在的意向性来理解，"内心意向与外在行为的因果性"是判断一个行动之社会意义的关键。

2. 个人意向下的行动社会性

韦伯认为所谓的社会行动就是"行动者的主观意义关涉他人的行为，而且指向其过程的这种行动"。对于其中的意义问题，他将之分为"事实

---

① ［英］安东尼·吉登斯. 资本主义与现代社会理论——对马克思、涂尔干和韦伯著作的分析［M］. 郭忠华，潘华凌，译. 上海：上海译文出版社，2013：187.
② ［德］马克斯·韦伯. 社会学的基本概念［M］. 顾忠华，译. 桂林：广西师范大学出版社，2010：20.
③ 同上，4.
④ 同上，19.
⑤ 同上，20.

存在的意义"和"纯粹类型的意义"。前者是特定历史背景下的意义或者是现实事例中的平均意义和类似意义，后者是"以概念建构的方式……来想象其可能的主观意义"①。他认为，我们可以通过"理解的确证"来达成对他人意向的理解；在理性的和拟情式的再体验中，我们能通过自己的知性能力来理解他人。

这对于诠释社会学来说具有很大的意义。因为在他看来，解释就是"行动在一个可理解其动机的意义关联中，我们的理解可以视作是对实际行为过程的一个解释……意味着能够掌握到根据行动者自己的主观意义，他的行动所系属其中（hineingehört）的意义关联"②。

3. 与个人互动的社会权威和支配合理性

韦伯没有从社会组织的外在表征即"权力"的概念出发来分析社会的支配类型。他将"支配"和"权威"（Autorität）视为等同的概念。据此，他就绕过了更具有社会属性的权力概念，而将分析直接指向了个人与社会互动的意志交融。

韦伯认为，支配是"一群人会服从某种特定的（或所有的）命令的可能性"，而且这种支配"没有统括所有行使'权力'（Macht）或'影响力'（Einflu β）的形态"。顾忠华先生认为，支配（Herrschaft）不是权力概念而是韦伯切入政治社会现象的关键词汇；其被翻译成权威是帕森斯的译法，这种译法容易让人想起"个人或团体高高在上的地位"，而韦伯并没有这个意思。所以支配和权威的概念都没有办法表达出韦伯用 Herrschaft 的意思。因为韦伯用这个词是为了描述"命令—服从的关系"③。

这种理论立场也可以在韦伯自己的作品中得到明确的印证。他强调对支配概念的使用是"狭义"的，"因此排除掉那些权力乃是基于一种利害

---

① ［德］马克斯·韦伯. 社会学的基本概念［M］. 顾忠华，译. 桂林：广西师范大学出版社，2010：21.

② 同上，28.

③ 顾忠华. 韦伯学说新探［M］. 台北：唐山出版社，1994：216.

关系的各方在形式上自由之互动"，"在我们的概念里，权威即等同于命令权力"①。他强调"每一种真正的支配形式都包含着最起码的自愿服从之成分"②。这样，他就在个人意向与社会支配之间建立了基于个人意向的互动模式。

4. 教育的价值是个人意向对外在生活的支配能力

韦伯对知识的界定也是从个人意向出发的。他强调，"只要人们想知道，他任何时候都能够知道；从原则上说，再也没有什么神秘莫测、无法计算的力量在起作用，人们可以通过计算掌握一切。而这就意味着为世界除魅"③，因此，学术教育者的职责是"确定事实、确定逻辑和数学关系或文化价值的内在结构"④；教师不能将自己的个人偏好带入课堂，也不能成为领袖。而学习的目的在于，学习技术知识控制生活以及与之相关的外在事物和人的行为，学会如何思维以及保持"头脑的清明"⑤。因此，无论是教师的教育还是学生的学习，其终极的目标是要"忠实于自己"并达到"终极的、有着内心意义的结论"⑥。

（四）舒兹借现象学将韦伯止步的理想型向个人意向自我侧的贯穿

德国学者舒兹采取了与韦伯相同的分析立场，认为社会学的研究具有与自然科学不同的研究方法和对象。他批判功能论者帕森斯和默顿，认为他们是用外在的社会行为来代替个人意向支撑下的社会行动概念，批判他们混淆了"社会事实"和"关于社会事实的陈述"这两个概念⑦。因此，

---

① ［德］马克斯·韦伯. 支配的社会学 ［M］. 康乐，简惠美，译. 桂林：广西师范大学出版社，2010：08.

② 同上，292.

③ ［德］马克斯·韦伯. 学术与政治 ［M］. 冯克利，译. 北京：外文出版社，1997：15.

④ 同上，24.

⑤ 同上，31.

⑥ 同上，32.

⑦ Alfred Schutz. *Parson's Theory of Social Action ：A Critical Review by Alfred Schutz, Edited by Richard Grathoff, The Theory of Social Action*, Bloomington：Indiana University Press，1978：10.

他认为，社会事实只能描述"行为"这一外在表现的社会意义，但是它无法去描述行为的主观意义，即个人基于内在意向生成的行动意义。而他认为，这是社会科学与自然科学最大不同，自然科学研究外在的可视化事物，以物理性的动作为研究对象；而社会学应该研究个人意向，从个人意向出发来研究社会行动从而绕过以社会要求为出发点进行研究社会行为范式。因为，行为的意义生成于个人意向，而非外在的社会结构。

1. 舒兹用意向概念强调人类动作的文化分析而据斥物理分析

舒兹进一步论证说，"虽然有关物理学的陈述所要处理的东西仅仅是被概念图式所提取的自然世界的现象，但是没有物理学家将会同意用有关现象的陈述代替他们自己发现的事实或者他们自己开展实验的事实"①，而社会事实则不同，所有的社会事实都应该被认为是在一定动机之下形成的，社会学家所使用的概念图式是"一种第二度的建构，也就是行动者在社会环境中所形成之建构的建构，行动者的行为正是社会学者的观察对象"②。

这样，个人的外在动作的观察点就发生了变化：从"社会事实"的自然科学考察范式转变为"个人意向"的考察范式。为了说明这种区别，他进一步分析了韦伯的伐木工人的例子。韦伯认为，我们对伐木工人的动作分析既可以通过"直接地观察也可以通由动机去理解"。然而如果我们想要了解伐木工动作背后的主观意义，尤其是，我们想要确定这个主观意义背后的社会意义，那我们只能通过意向来考察。因为他有可能是为了薪水，也有可能是为了自己取暖或者消遣，同时也有可能是表达情绪——"宣泄因愤怒而生的冲动"③。

---

① Alfred Schutz. *Parson's Theory of Social Action*：*A Critical Review by Alfred Schutz*, *Edited by Richard Grathoff*, *The Theory of Social Action*, Bloomington：Indiana University Press，1978：10.
② ［美］舒兹（A. Schutz）. 舒兹论文集（I）：社会现实的问题［M］. 卢岚兰，译. 台北：桂冠图书股份有限公司，1992：27.
③ ［德］马克斯·韦伯. 社会学的基本概念［M］. 顾忠华，译. 桂林：广西师范大学出版社，2010：27.

2. 舒兹用胡塞尔意向概念将行动的主观意义向个人自我侧延伸

为了对同一个体的外在行为之主观意义进行分析，舒兹重新检视了韦伯对行动意向的分析图式，也就是"动机观察与动机了解"的概念；前者对既有动作进行直接观察并获得意义，后者需要参照行为发生的具体情境来理解行动的主观意义①。

但是舒兹对韦伯将行动的分析止步于"类型"（理念型）的处理方式并不满意。他认为这种做法不利于行动的意义分析，因此，在对个体行动进行分析的时候陷入"标签"思维。例如，韦伯认为"我们可以直接观察一个人的行为意义而得到了解"②。但是舒兹不同意这个描述方式。他认为，我们在将砍树的动作叫作"伐木"的时候已经将之纳入一定的意义图式而进行理解了，然而，当一个人仅仅是使用斧头，目的不是为了砍木头，而"只是表现出要这样做，那又如何呢"③？

为了更加准确地解释这种现象，舒兹接受了韦伯对社会现象进行分析的两个重要前提：价值中立和个人本位。但是他发展了这两个分析指向。前者强调社会学研究的"中立"不是物理事实的"客观"，而是"价值中立"。它不能仅仅通过观察的方式，而是需要理解（understand），并且，社会事实的理解需要将动作作为人的活动，置于催生行为者产生行为的个体动机和目标的意义图式中去理解④。

因此，舒兹提出他自己的问题要求："如果我要找出可理解的意义脉络，以框合人的行为……则过去资料是不可或缺的。而又如果我想判定他们行为的主观意义脉络，是否与我所确认的意义脉络相一致，那么有关他

---

① 参见：［德］马克斯·韦伯. 社会学的基本概念［M］. 顾忠华，译. 桂林：广西师范大学出版社，2010：27.

② ［美］舒兹（A. Schutz）. 社会世界的现象学［M］. 卢岚兰，译. 台北：桂冠图书股份有限公司，1991：24.

③ 同上，24.

④ Alfred Schutz. *Parson's Theory of Social Action*：*A Critical Review by Alfred Schutz*，*Edited by Richard Grathoff*，*The Theory of Social Action*，Bloomington：Indiana University Press，1978：10.

们的未来资料也是必须的"①。

3. 舒兹用胡塞尔意向概念重新校正行动的意向属性

（1）韦伯社会行动概念的重新界定

舒兹借鉴胡塞尔现象学的目的是为了让行动背后的个人意向能够被分析。他将行动（action）界定为"行动者预先设计的人类行为，换言之，行动是以一个事先知道的计划为基础。而'行为'一词是指这个行动过程的结果，也就是已完成的行动"②。他认为，行动可以是内隐的，即内在的意识活动，其发生也可以表现出多种指向，不管是故意外显，或者刻意回避，总之，只要存在意识活动，就可以说存在了行动。

为防止分析中容易出现的"客观化"偏离，他进一步区分了个人意向的向度——原因动机和目的动机。所谓的目的动机（in-order-to motives）就是指动机中对"目的、目标"的观念，其实是向度于外的。所谓原因动机（because motives）就是涉及行为者对行动发生情境的背景、环境、精神特质等要素的观念构成，其实是向度于内的。

（2）柏格森绵延概念对意识不间断过程的强调

在舒兹的理论架构下，个人的动机状态是最为真实的社会事实。我们对世界的所有认识都来自人类心灵活动的一种构念（constructs），也就是"思想组织之个别层次特有的一套抽象物、概化、形式化、与理念化"③。而与这种概念化的表述相对的日常生活存在，其真实的发生是一个永不间断的"绵延"过程。

绵延是柏格森为了描述意识的过程属性而提出的一个概念。在那本著名的《论意识的直接材料》中，他对意识的构成提出了一个重要的观念：意识本身的构成是绵延的，会因为注意力度的不同而遭到分割，也就是

---

① ［美］舒兹（A. Schutz）. 社会世界的现象学［M］. 卢岚兰，译. 台北：桂冠图书
　　股份有限公司，1991：24.

② 同上，40.

③ ［美］舒兹（A. Schutz）. 舒兹论文集（I）：社会现实的问题［M］. 卢岚兰，译.
　　台北：桂冠图书股份有限公司，1992：26.

"严格属于心灵的是一种不可分割的过程，心灵通过它把注意力陆续集中在一个指定空间的各不同部分上"。也就是说，他认为意识本身是一个不间断的过程，我们所能够观察到的仅仅是意识外在的动作，这些动作仅仅是意识中所预想内容的一个部分。

"柏格森认为内在绵延之流，即绵延——具有不断形成与消逝的异质性——与同质的时间不同，后者是空间化的、量化的、非连续性的。"① 通过这种"异质"和"绵延不绝"的属性界定，舒兹确定了其研究对象——个人意识的独一无二。然后，他通过反省来确证其独一无二的意向主动性，也就是通过反省的"注意"从绵延中分离出经验，"觉察绵延之流预设了对此流的一种返身回顾、一种特殊的态度，也就是反省"②。

（3）意识向度的动态性对意识静态分析的取代

舒兹所关注的问题不是社会的结构情境向个体意识的植入问题，他所关注的问题是个体意识之内的、先验（transcendental）具有的社会构成问题。为了达到其研究的目的，他首先强调了两种事实下的合理性：社会结构视域下和个人意向视域下的合理性。他强调，从严格的意义上说，合理性（rationality）仅仅是生活于社会世界的科学发现者架构的概念，而不是生活于社会世界的行动者之内心意向中的概念③。

然而在"科学的语言"和"前科学的生活世界"之间存在某种意义关联，"每种科学中的意义基础（Sinnfundament）就是前科学的生活世界（Lebenswelt）"④。这就进一步指明了社会科学概念的现实基础与概念创设者之间的"事实因素"和"人的因素"。科学概念必然是活生生个人的内在意识对外在生活世界的意义附加，而不可能是外在生活世界的事实状态

① ［美］舒兹（A. Schutz）. 社会世界的现象学［M］. 卢岚兰，译. 台北：桂冠图书股份有限公司，1991：53.

② 同上，55.

③ Richard Grathoff. *Introduction. Edited by Richard Grathoff*, *The Theory of Social Action*, Bloomington：Indiana University Press，1978：ⅩⅩⅰⅤ.

④ ［美］舒兹（A. Schutz）. 舒兹论文集（Ⅰ）：社会现实的问题［M］. 卢岚兰，译. 台北：桂冠图书股份有限公司，1992：142.

对个人意向的外烁，所有科学概念的构成在前科学中都有个体意向与意向所面临情境的意义建构。但是，这种建构关系的原初样态会随着历史的发展而"遗失"，就像历史文物一样；文物最后只剩下了符号化的物，而对物的考古和解读却需要还原情境与理解情境。

这种解读和理解的入口是人及其超越性的建构能力和其"面向"的关系。为了重新呈现这种关系，就需要发挥人文科学（Geisteswissenschaft，文化科学和人文科学在德语中是同一个词）对概念生成的主体意向和意向所面对情境的还原，"透过凸显意义，也就是这个生活世界本身在构成科学成就之基本的理想化与形式化的固定过程中所经历的转换"①。这种还原不仅仅是指向主体意向对概念的生成，而且还指向意向发生时刻的真实生活世界，"这个被描绘成我们唯一的及统整的生活世界，隶属于涵盖着单纯的汝-关系（Hhou-relation）到最分歧的社会社群（包括所有科学，它们是从事科学工作之全部人类的成就总和）的所有社会生活现象"②。

他强调，这种还原不仅仅是对主体的还原，还是对社会文化情境生成的还原。这是他借鉴现象学的目的所在。他认为，通过彰显"超越（transcendental）主体性的意向成果而解释所有这些现象即构成现象学庞大的研究范围……是一种透过心灵而对世界进行彻底说明"③，透过对超越主体的这种意向性进行还原并说明，就能达到个体与社会及其文化结构的合一，"我、原始的身心整合的我、预显地经验的他人，这三者之间存在着第一个共同性（communality），形成较高层次的所有其他互为主体之社群的基础，它是自然（Nature）社群，不只属于我的原始领域，亦属于我的原始领域，亦属于他人的原始领域"④。

---

① ［美］舒兹（A. Schutz）. 舒兹论文集（I）：社会现实的问题［M］. 卢岚兰，译. 台北：桂冠图书股份有限公司，1992：142.
② 同上，143-144.
③ 同上，145.
④ 同上，147-148.

二、我国研究注重欧美谱系的功能论和冲突论而对韦伯主义关注较少

就目前我国农家子弟学习行动的研究脉络而言，其谱系构成主要是功能论和冲突论的取向。这一研究的谱系特点让我们非常关注高等教育的"入学公平"问题。事实上，这个问题没有答案。另外，入学的形式公平仅仅是一个方面。农家子弟在"求学"之后生成的获得感才是他们面对日常生活所最需要的东西，这是诠释主义路向的。

（一）研究范式重功能论轻韦伯主义诠释论

1. 研究侧重冲突论和功能论合流后的功能论

目前，我国对农家子弟学习的考察所依赖的概念构成侧重于功能论取向。它以阶层再制，经济基础与上层建筑之间的"符应"原则来分析农家子弟的学习行动。例如，冲突论代表者，如布迪厄、威利斯和伯恩斯坦等名家的著作和学说在当下学界流传较广。

这种研究范式以"家庭文化资本"为分析凭借来揭示农家子弟在"升学"中所面临的不公平现象。例如，程猛博士以在北京取得高学业成就的农家子弟为研究对象，提出农家子弟文化样态中的"先赋性动力""道德化思维"和"学校化的心性品质"① 概念。所谓先赋性动力来自对农民生活苦难的深刻洞察所生出的一种"靠读书改变命运"的想法，"道德化思维"就是农家子弟将学习与"报恩""懂事"等道德观念相关，"学校化的心性品质"是指农家子弟存在将学习作为证明自己的方式，这与学校教育对学习的界定和操作模式具有文化上的契合性。魏新岗博士对河北某地农村中学进行的研究发现，该学校的底层农家子弟存在"'混日子'就学文化、'亲恩型'师生情感文化与'情义'化的同辈群体文化"三种文化样态②。李涛博士对西部某农业县进行社会调查，发现"云乡少年"确实

① 程猛.'读书的料'及其文化生产——当代农家子弟成长叙事研究［M］.北京：中国社会科学出版社，2018：112-134.
② 魏新岗.农家子弟底层文化再生产及其教育破解［D］.大连：辽宁师范大学，博士学位论文，2019：Ⅰ.

也存在"反学校文化"的某些表征①，并且在农户中也确实存在一种"读书无用论"的论调。

2. 韦伯主义诠释论的取向较少

冲突论和功能论早在二十世纪初就传入中国。例如，涂尔干《社会学方法论》早在 1929 年就有了留法学者许德珩先生翻译版本，《社会分工论》也在 1935 年就有了王了一先生翻译版本。

然而"中国社会学直接舶来于英美的实证主义传统，在早期，孔德、斯宾塞的化约论—社会有机体论和涂尔干的整体论—功能论几乎脍炙人口，相比之下，韦伯侧重于从主观意图、个人行动去探讨对社会的理解、诠释的进路则少为人知"②，国内最早的韦伯作品是 1987 年于晓、陈维纲翻译的《新教伦理与资本主义精神》。在此之后，韦伯的作品才陆续慢慢地出版。然而，韦伯对个人主观意义之"理想型态"的处理方式让个人行动的诠释缺乏更加深入的概念图式。舒兹对现象学概念图式的运用解决了这个问题。

（二）研究问题聚焦于功能论视域及其社会事实的结构分析

国内对农家子弟学业的研究或直接或间接采用了冲突论或功能论的"社会事实"视角。例如，城乡二元结构是分析宏观社会背景；社会阶层是切入社会分析的单元；高考分配的公平是问题关注的焦点，家庭文化资本的差异是重要的诠释方式。然而教育效能的最后实现者是个人，社会事实的描述需要与个人的能动进行互动，并实现认同和重新建构才能实际完成。这也导致了基于个人意向的诠释定位及其对教育的必要性。

1. 城乡二元结构的宏观社会背景

与西方国家的工业社会分析范式不同，我国学者对中国社会的分析范式往往采用城乡二元的分析模式。李强教授认为，自改革开放以来，"社

---

① 李涛. 底层社会与教育——一个中国西部农业县的底层教育真相 [D]. 长春：东北师范大学，博士学位论文，2014：Ⅱ.

② [德] 马克斯·韦伯. 社会学的基本概念 [M]. 顾忠华，译. 桂林：广西师范大学出版社，2010：Ⅲ.（苏国勋. 总序二）.

会日益分裂为'城市—农村','中小城市—超大城市'四个世界，不同世界之间社会分层结构迥异，并且差异有加强的趋势"①。余秀兰教授认为，"城乡是两个不同的生活世界，城市人与乡下人处于两种不同的生存境遇中……农村家庭为儿童早期输送的文化资本远不如城市家庭"②。

在这样的理论模式下，我国学者大多都将教育问题的关注点聚焦于教育公平在城乡之间的差异，尤其是高等教育和优秀高等学府的入学机会问题上。例如，马文武博士的《中国城乡居民高等教育投资收益与风险研究：基于机会平等性视角》③，程家福、董美英的《高等学校分层与社会各阶层入学机会均等问题研究》④，李春玲教授的《'80后'的教育经历与机会不平等——兼论〈无声的革命〉》《教育不平等的年代变化趋势（1940—2010）——对城乡教育机会不平等的再考察》⑤，王振存博士的《文化视阈下城乡教育公平研究》⑥。

2. 社会阶层的分析单元

在英文中，阶层和阶级是两个表述，阶级是 Class，阶层是 Stratum。二者的区别在于，阶级偏重于人的"社会地位"，阶层偏重于个人成长的"内心观念"。Class 在柯林斯英文词典的解释为 "Class refers to the division of people in a society into groups according to their social status."，中文翻译成"社会等级；阶级；阶层"，也就是因社会的身份、地位、状态和情形的不同而对人进行分类的方式。而"阶层"这个词的英文表述为 Stratum，柯林

---

① 李强、王昊．中国社会分层结构的四个世界 [J]．社会科学战线，2014（09）：174.

② 余秀兰．中国教育的城乡差异——一种文化再生产现象的分析 [D]．南京：南京大学，2002：223.

③ 马文武．中国城乡居民高等教育投资收益与风险研究：基于机会平等性视角 [M]．成都：四川大学出版社，2018.

④ 程家福、董美英．高等学校分层与社会各阶层入学机会均等问题研究 [J]．中国高教研究，2013（07）.

⑤ 李春玲．'80后'的教育经历与机会不平等——兼论〈无声的革命〉 [J]．中国社会科学，2014（04），教育不平等的年代变化趋势（1940—2010）——对城乡教育机会不平等的再考察 [J]．社会学研究，2014（02）.

⑥ 王振存．文化视阈下城乡教育公平研究 [D]．开封：河南大学，2008.

斯英文词典将之解释为 "A stratum of society is a group of people in it who are similar in their education, income, or social status"，也就是因为教育、收入或者社会地位的相似性而对人进行分类的方式。

因此，中国对农家子弟的"阶层"界定与"阶级"更近。然而梁漱溟先生认为中国文化中的阶级差别并不明显。他认为"在中国耕与读之两事，士与农之两种人，其间气脉浑然相同而不隔"①。吴康宁先生也认识到"阶级"和"阶层"是两个不同的社会学概念②。虽然近来有学者认为要回到"阶级"概念的分析范式，例如冯仕政先生的研究《重返阶级分析？——论中国不平等研究的范式转换》③。然而，笔者认为这并不合时宜。因为阶级概念多用于社会结构的宏观分析。其对社会成员的分层模式是二元的，偏重于从社会的经济基础层面对社会关系进行分析。而中国的城乡结构及其市民与农民的分层模式并不直接来自社会的经济基础。它与后发现代国家所处社会发展阶段的历史原因相关。其分层更多的是职业分工导致的。

因此，中国社会的个人更多受阶层的分工影响，而不是受阶级的社会地位影响。城市市民大多都是农家子弟的后代，而农家子弟也在通过读书、打工、创业等方式离开农村，成了市民。所以目前中国社会的基础概念不再适用阶级的概念进行分析，而适合用一个更加具有一般属性和非冲突属性的阶层概念进行分析。

就目前国内的教育社会学研究旨趣而言，阶层这个概念也越来越受到悦纳，并成为一个主流的研究维度，像熊易寒教授的《底层、学校与阶级再生产》、李涛博士的《底层社会与教育——一个中国西部农业县的底层

---

① 梁漱溟. 中国文化要义 [M]. 上海：上海人民出版社 2005：136 (类似观点也可以在余英时的作品中发现).

② 参见：吴康宁. 假如大师在今天当老师：吴康宁教育随笔集 [M]. 桂林：广西教育出版社，2009：156.

③ 冯仕政. 重返阶级分析？——论中国不平等研究的范式转换 [J]. 社会学研究，2008 (05).

教育真相》、熊和妮博士的《命运共同体：劳动阶层教育成功的家庭机制研究》[1]。

3. 高教公平分配是问题焦点

改革开放以来，中国社会的分层机制开始发生变化，但是"文凭和学历"越来越成为区分社会地位的关键因素[2]。在这种背景下，通过高考改变自己农村身份进而变为城里人的"进城策略"成为越来越多农家子弟的不二选择。

然而作为中国当下最具说服力和应用性的学历凭证获得方式——高等教育入学考试的天平却一次又一次地偏向了城市人口，重点大学的农家子弟越来越少。另外，由于高等教育文凭的质量直接决定了文凭持有者日后的工作机会和收入水平，所以学者就开始将关注的焦点集中于高等教育的入学机会公平性问题，不管是家庭文化的研究还是城乡差距的研究大多在此维度展开。例如，余秀兰教授的博士论文《文化再生产：我国教育的城乡差距探析》（2006）就认为，在高考之前，城市家庭中积累的文化资本就优于农村孩子。像俎媛媛教授的《我国教育的城乡差异研究——一种文化再生产的视角》（2006），段建宏的《文化再生产视角下少数民族教育公平问题研究》（2017），张继平、刘博菱《高等教育不公平的深层原因及其破解策略——基于大学文化再生产的理论视角》（2015），潘泽泉、杨金月《高等教育场域中的文化再生产、阶层分化与教育公平及其中国实践》（2019），马洪杰、张卫国《文化再生产抑或文化流动：中国中学生学业成就的阶层差异研究》（2019）大多是这个思路。

4. 文化资本的诠释策略

近年来，随着冲突论思想流派的布迪厄、保罗·威利斯、鲍尔斯与金

---

① 熊易寒. 底层、学校与阶级再生产 [J]. 开放时代, 2010 (01); 李涛. 底层社会与教育——一个中国西部农业县的底层教育真相 [D]. 长春：东北师范大学, 博士学位论文, 2014; 熊和妮. 命运共同体：劳动阶层教育成功的家庭机制研究 [D]. 北京：北京师范大学, 博士学位论文, 2016.

② 参见：李强. 改革开放 30 年来中国社会分层结构的变迁 [J]. 北京社会科学, 2008 (05)：47-60.

帝斯、伯恩斯坦等人的理论的引入，用文化资本的样态来解释学业成就成为学界的一个主流研究范式，"在《学做工》研究范式强有力的影响下，学术界对底层子弟文化生产的研究被引向了看起来更具反抗精神的违规生身上……国内学者对青少年文化生产的研究也大多延续了威利斯的理论兴趣，聚焦低学业成就底层子弟的创造性与文化生产，刻画出了'城市的孩子'，'北京的子弟''以义的精神为核心的同辈群体''云香少年'"①。

这种解释维度甚至可以追溯到余秀兰教授的博士论文（前文已经引注）。笔者以"文化再生产"为关键词对知网 CSSCI 文献进行搜集，发现篇名中包含"文化再生产"的文献 50 篇，其研究趋势呈上升状态。就研究的理论基础设定而言，布迪厄、威利斯等"文化资本"理论的影响较大。就三种宏观理论谱系而言，二者的理论研究更偏重于冲突论的研究范式。

三、个人意向的觉醒与结构功能论理论涵摄的力所不逮

根据前文所述，不管是城乡二元的社会定位还是阶层的分析单位，抑或是文化资本的诠释策略，其焦点都集中于农家子弟获得高等教育入学机会的公平分配问题。因为政策一旦制定，个人为了获得这一稀缺资源就会重新组合自己所有的资源，而农家子弟的备选资源显然不会占据优势。

（一）学习意向由结构功能侧的离农需要转变为意向自我侧的入城需要

对于农家子弟来说，"离农"往往承载着大量的社会结构要求，如父母的期望、自己对辛苦的逃避等。但是农家子弟一旦进入大学，他们的学习需求就会由原来单纯的"离农"转变为"进城"。

---

① 程猛．'读书的料'及其文化生产——当代农家子弟成长叙事研究 [M]．北京：中国社会科学出版社，2018：7. 其中"城市化的孩子"来源于熊易寒．底层、学校与阶级再生产 [J]．开放时代，2010（01）；"北京子弟"来源于周潇．反学校文化与阶级再生产：'小子'与'子弟'之比较 [J]．社会，2011（05）；"义"来源于熊春文、史晓晰、王毅．义的双重体验——农民工子弟的群体文化及其社会意义 [J]．北京大学教育评论，2013（01）（此处注释来自程猛博士的整理）。

"离农"需要主要涉及他们的基础教育阶段，以通过高考这个标志性事件而终结。但是"进城"并融入城市生活则需要高等教育的质量。因此，农家子弟的文凭所具有的形式意义就会让位于其在教育中的学业获得感。这就将公平的"分配原则"转变为"差别原则"。

（二）功能分析的分配公平无法惠及学习意向的自我侧

1. 形式的公平无法介入个体学习意向的自我侧

只要大学所代表的优秀教育资源具有稀缺性，对高等教育公平分配的讨论就难以让农家子弟获得优秀的学习机会，即便原始的分配做到了罗尔斯的第一分配原则，也就是"平等地分配基本的权利和义务"①。然而一旦优势资源凸显，就会在权利和义务的获得方式上展现它的决定作用。社会民众也会以此为导向进行与之相关的资源配比。

在此背景下，出身于高阶层的孩子在高校入学考试之前就已经获得了更多的教育资源——他们的家庭能够为他们提供更加准确和有效的教育资源，而农家子弟的父母往往不具备这样的条件。所以不管我们在高等教育入学机会这一个标志性事件上所做的改变有多少，我们所能改变的只是资源的配比方式，却无法改变不同阶层家庭出身的孩子在资源对比中的不平衡状态。另外，罗尔斯正义论第一原则优先的定位目的并非是"平均主义"，而是在承认"不公平"的前提下保证社会的竞争意识和活力。

因此，高等教育的公平分配问题不能通过静态分析得以解决。教育的代际积累恰恰是教育的社会意义之所在。它包含了家庭的文化资本、教养方式、经济能力等方面的条件，是这些社会资源所综合作用的后果。而这就需要从"已经入学"的大学生开始，从学习获得感提升方面来进行他们自己的教育原始积累。

2. 形式公平导致的文凭诉求最容易让农家子弟面临风险

（1）"离农"诉求与高考策略的对应性降低

随着中国改革的深入和工业化的发展，农家子弟获得城市户口的办法

---

① ［美］罗尔斯. 正义论［M］. 何怀宏等，译. 北京：中国社会科学出版社，1988：12.

不再仅限于高考这一种策略，购买房屋的方法同样可以让他们获得城市户口。事实也确实如此。越来越多的农家子弟通过购买房屋或者借城郊的土地收购政策而自然获得了城市户口，直接变成了"城里人"。在这样的现实背景下，高考作为农家子弟实现阶层跨越的价值相对降低了。与之相对，考入大学对农家子弟的社会身份标识意义也开始出现变化。它不再是代表农家子弟身份质变的标志。高考变成了个人追求美好生活的一种选择。

（2）文凭标识陷阱与农家子弟的"入城"风险

当下的农家子弟对大学的理解仍然带有"文凭标识"的意味。其更多是"离农"语境下的大学教育追求策略，而不是"入城"语境下的教育追求。"考上大学就好了"就是这种思维的明显表现。这增加了高考的标签意蕴。"考上大学就好了"的期待让农家子弟认为考上大学就是自己学业受苦的终结，仿佛真的是"朝为田舍郎，暮登天子堂"。

然而文凭标识背后的个人学习意向及其能力获得才是他们能够"入城"生活的凭借。可是很多农家子弟对大学教育特质的标签化却让他们错失了大学教育的学习获得，而这恰恰是当下社会用人单位最为关心的内容。这种"文凭"的形式与文凭形式背后的学习获得内容之间的割裂让农家子弟面临"入城"并融入城市生活的风险。

3. 学习意向自我侧的被忽略而导致获得感降低并削弱农家的教育信念

农家子弟凭借文凭融入城市生活的风险表现在学习获得感的不足及其衍生的社会价值生成能力差。例如，当下城市用人单位确实存在对大学文凭的认同降低问题。这与大学生未对文凭的形式与内容进行意向和行动的自我结合有关。大学文凭这一标识仅仅满足了社会要求的形式要件。大学生通过自己的学习劳动为这一文凭付出的劳动时间，以及在这个过程中获得的社会价值增值能力才是大学身份要素的内容要件。

大学生上述能力的获得需要在个体内在意向方面进行生发并实现学习的获得。在此基础上，文凭的形式就具有了个体学习意向的生成内容，社会与个体之间也通过文凭实现了性质一致和内容多元；否则，忽略个体意向生成的文凭追求式学习可能让农家子弟及其家庭更加贫困。

因为农家大学生比他们的小伙伴需要更多的教育时间和经费。一旦仅仅获得了形式意义上的文凭而没有生成学历价值，这对农村家庭来说将会是严重的损失。试想，农家子弟为离开农村而读书，七年（高中三年本科四年）的花费和间接损失（他们小伙伴在城市工作还可以获得一部分收入）几乎可以够一栋三线城市房屋的首付款。我们再试想一下，如果两个小伙伴在农家大学生毕业后见面，一个刚刚开始，一个已经有了房子。这对农家大学生的打击也许无法言表：一边是自己的大学文凭贬值，自己的金钱和时间难以给自己带来城市的生活，另一边是自己的小伙伴却通过买房实现了"曲线入城"。这种双重的压力往往会让农家大学生在阶层跃迁中面临着失落的处境。

如果农家的经济付出和子弟的青春成本所结合的学业成果，无法转化为农家子弟的城市生活，那么它就会让农家命运雪上加霜。因为农村家庭除了为自己孩子提供经济支撑以外，他们对子女所选择的目的城市几乎没有任何社会资本和文化资本的资源支撑；当孩子大学毕业后，作为父母的他们在经济能力上也接近匮乏，此时的农家子弟需要独立面对买房、结婚等现实问题。这种青黄不接的局面可能会让农家子弟悔不当初，同时造成了教育资源不应有的浪费。

四、韦伯主义意向分析对功能分析的补充价值

（一）国外研究范式从实证到身体诠释的转化

如前文所述及，在研究范式上，我国社会学研究受英美实证主义的研究范式影响较多①。英美实证主义的生发有源远流长的历史传统。从笛卡尔"我思故我在"开始，现代西方开始了人文主义传统的思维碰撞，在此期间，逐步形成了经验论和唯理论的两大取向。前者以洛克和休谟为代

---

① ［法］布尔迪厄、［美］华康德. 反思社会学导引［M］. 北京：商务印书馆，2015：10；另见苏国勋. 总序二. ［德］马克斯·韦伯. 社会学的基本概念［M］. 顾忠华，译. 桂林：广西师范大学出版社，2010：Ⅲ.

表，或直接或间接地支撑了后世英美的实证主义，后者以斯宾诺莎和莱布尼茨为代表，主要在欧洲大陆流行。康德综合建构两派思维形成"思维的蓄水池"①，为近代思维模式确定了基本的边界和范式。

随后的新康德主义、韦伯诠释主义及舒兹对现象学的引入越来越让社会的诠释路径进入微观视角，进入到个人的感性世界。在二十世纪七八十年代，其催生了近代西方研究范式从实证主义向韦伯诠释主义的转变。

另外，就西方研究范式的历史走向而言，它表现为从个人内部去解释个人身体的转向，其发展脉络如下：古代是"本体论"，它追问"世界的本来是什么"；从笛卡尔开始转向了认识论，开始追问"我能认识什么"；康德对这个过程进行了综合的总结，也就是"我的认识是怎么变成知识的"这样的问题；最后发生了"身体"转向，其肇始于叔本华和尼采的意志哲学，成熟于现象学，其理论的重要特点是"从内部"考察人而"一反近代从'外部'观身体的机械模式"②。而这一转向与中国的"心学"可以说有异曲同工之妙，因为"'心'的问题从孔子开始重视"。其讨论存在两个维度：其一，"发心"或"动机"；其二，"意志"或"吾心"之"思考决定""选择"等动态功能。③

（二）农家子弟独特的内心世界需要被诠释和理解

1. 家族使命的超越：学习动机迎合社会结构要求而回避意向自我侧

"出人头地""光宗耀祖""祖坟冒青烟"等是农家重要的教育语言，孩子很小就会被教育"一定要争气，不要让别人看不起"。家里出了大学生，村民都会互相议论，说"人家孩子打小就不一样……如何神奇"；同样，一旦孩子考试不行，家长也觉得很丢脸。

很多时候，一个家里出了大学生，家长都会请上几桌；不管是炫耀还是传统，对家长和孩子来说，这都是一件"光宗耀祖"的事情。因此，学

---

① 日本哲学家安倍能成的比喻，参见：邓晓芒.《纯粹理性批判》讲演录［M］. 商务印书馆，2013：06.
② 陈立胜."身体"与"诠释"—宋明儒学论集［M］. 台北：台湾大学出版中心，2012：3.
③ 蔡龙九. 王阳明哲学［M］. 台中：五南图书出版股份有限公司，2015：103.

习对农家子弟来说更像是一个使命，这种使命与自己无关，但是自己又必须去完成。因为不能让父母丢脸，不能让亲戚朋友笑话。而一旦考入大学，就"鲤鱼跃龙门"了，就有点"飞黄腾达"的意思了；在不久的将来啊，就很可能是"一人得道鸡犬升天"了。因此，在个体内部的意向特征方面，中国农家子弟的学习行动并不是一种"再生产"的模式，而是超越的模式。而且这种超越的目的是和家庭命运连在一起的。

2. 万事靠自己："争气"是家族使命而失败却要个人担当

农家子弟家庭教育中的另一个重要特质就是"靠自己"。父母在教育子女的时候往往都会用"咱家要钱没钱，要人没人，你只能靠自己"这样的话语来教育子女。这种靠自己的话语方式并不像西方的"个人主义"那样的文化，而是伴随着一种内在的潜台词，那就是要"靠自己"完成家族或者父母的要求。所以"靠自己"这一话语形式的背后暗含着"听话"或者"懂事"这样的伦理要求，所谓"你看着办"并不是"你想怎样就怎样的"放飞自我，而是带有"你要按照我的意思来办"的潜台词，是带有伦理皈依型这种社会文化底蕴在里面的。

伦理皈依要求和"个人努力"往往交融在一起。这与西方工业社会及其后现代的个人主义有相似的地方，即都强调个人的作用。但是，中国的个人要求是在"伦理"认同的"懂事"语境下的个人，并不是西方纯粹的个人，因此，他们不会具有威利斯所说的"洞察"和"反学校"文化。所以一旦孩子学业成功，社会往往会强调家长"教子有方"；而一旦学业失败，则会以"不争气"的标签来追究个人的学习责任。

3. 有本事：农家对个人教育之能力标准的模糊不清

"孩子，你要长本事啊"，"呦，长本事了"，"有本事你别吃我、喝我啊"，"学好数理化，走遍天下都不怕"，"有本事走到哪里都不怕"，"不怕千招会，就怕一招绝"，这样的话语方式在日常农家的家庭教育中非常常见。然而，"本事"的日常理解与"本事"背后蕴含的社会职场要求之间的实现策略是模糊的。这让"本事"本身的教育意义面临困境，一方面，"本事"的世俗衡量标准带有很强的结果主义，就像纪录片《乡村里的中国》里的张兆珍所言"人没有钱，你再好也白搭，现在只要有钱就行了。人家有钱的王八坐上席，你无钱的君子你下流坏"①；另一方面，农家对"本事"的理解与城市生活的"职场能力"又存在很大的分歧，农家对"本事"的衡量标准往往是"传说"式、"极限"式的，比如"一件事情，谁都不会，就你自己会，我就不信你找不到工作"，"一件事情，你只要做到离了你不行的地步，就能降（读 xiáng，意思是能够要挟住用人者）住人了"。然而，在信息化时代，这种事情几乎是不可能发生的。

4. 考上大学就好了：身份标识的获得与错觉

"等你考上大学就……"这一话语几乎贯穿了农家子弟基础教育的整个过程。我国的农家父母和子弟往往对教育改变命运存在期待，甚至是很高的期待；期待通过高等教育离开土地，进入城市生活。虽然很多父母对教育改变命运存在怀疑，然而那往往是孩子学业失败之后的无助和困惑，甚至是无奈。

这与威利斯所描述的"反学校文化"具有不同之处。在威利斯对"小子们"的描述里，因为洞察了教育对自己的命运改变没有任何意义，底层子弟将主动性的发挥背离了向学校文化靠拢的路径，以逆反的方式走上了反学校文化的方向。然而我国的农家子弟并没有威利斯"洞察"或者"反学校"文化等明确的文化自觉。另外，国外劳工阶层的家庭是带有工业社会分工方式的工人阶层，而中国农家的真实情境是农耕社会的生活方式。在"洞察"的意义上，我国农家子弟并没有阶层意义的文化自觉。

（三）韦伯主义能为个人意向的理解和诠释提供概念图式

1. 意义主观性让意向理解与考察能突破行为而转向行动

在三大社会学理论中，马克思和涂尔干都是从社会的结构面来探索个人的社会化行为，但是韦伯强调从个人内在的意向出发来考察人的社会化。这一考察维度因背后相关因素的区别而分离了行动和行为，前者与个

---

① 焦波的纪录片. 乡村里的中国，20：00—20：34处，杜深忠的妻子张兆珍所言.

人意向有关，后者与外在社会要求有关。这一研究指向与德国形式社会学创始者齐美尔（G. Simmel）有关。

受新康德主义和生命哲学的影响，齐美尔认为社会是个体存在的"形式"，提出"具体社会现象，均应追溯到个体的行为形式，且应透过详细的描述，来了解这些行为形式的特殊社会形态"①。齐美尔提出了"理解"这一社会学的概念，但是韦伯"清楚地区分开主观意向的'意义'（gemeinter Sinn）与客观有效的'意义'（objektiv gütiger Sinn）而与他分道扬镳"②。

同时，韦伯将这种从个体内部"意向"出发的研究范式贯穿到底。他所选用的概念，像 Deuten（诠释）、Sinn（意义）、Handlen（行动）、Verhalten（行为）都强调这些词汇的个人意向意义。他还专门分清了行动和行为的界定，行为是指"人类行为的任何形式，无论根据什么参考架构来分析这些形式"③，类似于英语中的 behavior，而行动概念更偏重个人意向，类似于英语的 action。

2. 由量到质：突破统计学界定而去诠释农家子弟的情感世界

现实教育情境对个人的影响往往并不限于专业技能，往往涉及个人认知的双重纳入，即康德所说的曲行认知：个人主观意向的意义认同和生存心态的习惯思维，两者对一个人行动的生成方式类似于酵变，绝不是单纯的线性决定作用。

因此，结构功能论和冲突论以社会结构为背景的分析模式仅仅为农家子弟的学习行动提供了参照的背景。他们独特的成长经历以及内心的生存心态将决定他们在学校的表现。忽略这些现实的差异，对农家子弟的诠释就会导致一种"因果必然性"的假说和"规范—个人"的义务本位论。因此，我们采用"理解"和"诠释"的韦伯主义。

---

① ［美］舒兹（A. Schutz）. 社会世界的现象学［M］. 卢岚兰，译. 台北：桂冠图书股份有限公司，1991：2.

② ［德］马克斯·韦伯. 社会学的基本概念［M］. 顾忠华，译. 桂林：广西师范大学出版社，2010：20.

③ 同上，20.

（四）韦伯主义的理解和诠释能让教育深入个人内心进行引导

1. 韦伯主义对 education 和 pädagogik 所折射的两种教育定位之解读

关于这两个词的辨析是笔者所不能解决的大问题，但是笔者借这两个概念来明确我们处理个人与社会关系的教育定位。就目前的使用而言，education 这个词更多见于英语国家。根据英国学者雷蒙·威廉斯的考证①，这个词根来自 educare 带有"抚养和养育"的意思，它与含有"引导、发展"意思的 educere 是两个词语，从十八世纪末开始，这个词被附加了"阶层"的意义；通过"教养（bringing-up）"与"educated"的结合，它将很多仅仅具有教育经历的人排除在外。这在某种程度上表明，"教养"更多是一种内在的生存心态，是内心意向的考察方式，而"educated"仅仅代表某种受教育经历的完成。

与英语的 education 不同，德语教育学的概念是 pädagogik。例如，康德在《论教育学》这个授课讲义中所用的就是 über pädagogik②。德国学者布列钦卡认为这个词来源于希腊语的 pais，是指"儿童、青年和'过去'，从词源上来讲，'教育者'（paidagogos）一词是指侍从，他在家庭和学校之间陪伴着儿童"③，并且这个词还有引导、领导和教育的意思，也被称为"男童引路人"④，这就应和了苏格拉底的"产婆术"教学。

2. 论文采用 pädagogik 的教育学界定

Pädagogik 之"引出"的教育意蕴与教育的"心灵转向"具有契合性。对此，我们愿意接受柏拉图的回忆说和莱布尼茨的大理石纹理说，而反对洛克的白板说。因为回忆说和大理石纹理说折射出了"引出"和"转向"的教育意义。这一方面说明了知识来源中有"人"的要素，另一方面，也

---

① 参见：[英] 雷蒙·威廉斯. 关键词：文化与社会的词汇 [M]. 刘建基，译. 北京：生活·读书·新知三联书店，2016：187.

② Immanuel Kant. *Werke*（Ⅵ）[M]. Gernsbach：Insel-Verlag Frankfurt，1964：691.

③ [德] 沃尔夫冈·布列钦卡. 教育知识的哲学 [M]. 杨明全等译. 上海：华东师范大学出版社，2006：28.

④ [德] 布列钦卡. 教育科学的基本概念：分析、批判和建议 [M]. 胡劲松译. 上海：华东师范大学出版社，2001：19.

让教育的"引入"和"转向"具有了"个人意向"的可能性。尤其是莱布尼茨的"大理石纹理"说,在批判"白板说"的基础上,他针锋相对地提出,人类的意识世界就像"大理石纹理",有黑有白,既有自己的独立思考,也有后天的经验写入。我们接受莱布尼茨的界定,教育的意义就是引出个人内心的意向并教会他建构自己体验的生活性质,从而在个体明证的基础上实现获得感。

这就像小马过河的故事所说的,小马妈妈在让小马过河之前,就已经对老黄牛蹄脚的高度和松鼠的身高这样的感性性质进行了综合的建构,然后它应该能够发现松鼠和老黄牛的蹄脚在高度单位上几乎一致。在这些意向思维之后,它才让小马去试;小马也才获得了"水既不像老黄牛说的那么浅,也不像松鼠说的那么深"这样的获得感。

然而洛克的白板说及其经验心理学的界定却误导了人类的思维指向。洛克在用"白板说"强调感性材料的同时却给后世的教育心理学留下了"坏的遗产",那就是"用'感性材料''感觉材料'来偷换在日常直观世界中实际体验到的物体的感性性质"①。这让功能论和冲突论从外部考察学习意向的理论视域无法得到有效的反思。

基于这样的立场,我们并不认可农家子弟学习研究中的文化补偿说。他们一方面认可冲突理论者布尔迪厄的文化资本解释范式,认为我国农家子弟确实由于文化不利承载着符号暴力的冲击,在学校教育中处于文化上的劣势②,另一方面,他们认为,农家子弟考入重点大学是因为他们在求学中获得了学校文化的补偿,也即农家子弟家庭文化中的主动性与学校文化有某种契合之处。他们强调"依靠自我的能动性和重要他人的帮助——'遇到好的老师'这一人生成长经历中的偶然因素,农家子弟就能取得高

---

① [德]胡塞尔. 欧洲科学的危机与超越论的现象学 [M]. 王炳文,译. 北京:商务印书馆,2017:44.
② 参见:林秀珠. 从文化再生产视角解析中国教育的城乡二元结构 [J]. 教育科学研究,2009,(2):15.

学业成就，实现了社会阶层的向上流动"①。

其对农家子弟取得高学业成就的解释方式还是"功能论"和"冲突论"范式，还是强调教育的 education 概念，即从外部去解释农家子弟的学习行动及其获得感——成功的学业表现仅仅是因为他们偶然间获得了 education 的资源。然而我们认为，获得感并非外在的行为努力及其对外在教育资源的迎合，而是学习者生成了个人的学习意向，同时，这些学习意向也得到了 pädagogik 这一教育理念的成功引导。

五、韦伯主义诠释的教育策略帮农家子弟从补偿利益切实获益

（一）教育公平的分配原则与补偿利益

1. 差别原则中的"补偿利益"

高等教育的分配公平原则在很大程度上仅仅代表着基础教育阶段的成果，并不是说这个阶段的学习对于农家子弟来说不重要，但是相对于农家子弟的入城目的而言，它仅仅具备了一个最起码的形式要件。

如何在高等教育阶段给农家子弟提供教育，让他们在学习行动中实现文凭的增值才是他们能够进入城市生活的关键。而这个关键是教育分配公平原则所无法解决的问题。因此，这就需要高等教育的分配差别原则，也就是罗尔斯正义理论的第二原则，即"社会和经济的不平等（例如财富和权力的不平等）只要其结果能给每一个人，尤其是那些最少受惠的社会成员带来补偿利益，它们就是正义的"②。

对于农家子弟来说，获得高等教育入学机会的绝对公平几乎是一件不现实的事情，其原因前文已经述及。在高等教育中获得教育的"补偿利益"才是现实的问题。而这补偿利益的获得方式之一就是民办高校的教育。

---

① 董永贵. 突破阶层束缚——10 位 80 后农家子弟取得高学业成就的质性研究［J］.青年研究，2015，（3）：76.

② ［美］罗尔斯. 正义论［M］. 何怀宏等，译. 北京：中国社会科学出版社，1988：12.

2. "补偿利益"的获得需要个人学习意向的参与和学习行动的生成

农家子弟一旦获得了高等教育的入学机会，那么高等教育就应该"既来之，则安之"①。在他们学习意向和获得感的基础上，高等教育就"有义务安之"，就需要为他们融入城市的生活提供更加具体和深入的帮助。

究其原因在于，农家子弟离开农村现在已经不再是困难的事情。以笔者回家所见，以及与同学的交流所得，现在农村几乎看不到 80 后、90 后了，甚至连 60 后和 70 后也很少见。然而融入城市和离开农村比较起来，前者明显更为困难，也绝对不是一个大学文凭的公平原则所能回答的简单问题。大学文凭背后所承载的个人学习行动及其积累，越来越成为大学生融入社会的关键。

（二）补偿利益需要指向意向的个人属性才能变成获得感

1. 指向个人学习意向的高等教育

如同所述，高等教育的分配公平原则解决的是入学机会问题，其衡量标准往往是文凭。而分配差别原则却指向高等教育的内容。它指向每一个已经获得入学机会的在校大学生。据此，"补偿利益"就需要将教育的立场从教师转变为学生学习意向的获得感。而这种学习需要是以农家大学生"主观意义—学习行动"这一内在要素为指向。

此时，学习不再直接指向外在文凭的获取。当然，我们并不是说文凭不重要，而是强调个人主观意义的内在动机与学习行动的转化问题，目的是让大学生在这种内在转化中增加自己的学习劳动。这样，大学生就能够自主地为大学文凭的增值付出发自内心的劳动。这能够改变他们单纯为了文凭这一结果而可能出现的"混日子"思维。这样，他们自己的学习行动就转变为获得未来美好生活而进行的自主行动，转变为日常过程的学习体

---

① 选自《论语》中的《季氏将伐颛臾》："丘也闻有国有家者，不患寡而患不均，不患贫而患不安。盖均无贫，和无寡，安无倾。夫如是，故远人不服，则修文德以来之。既来之，则安之。今由与求也，相夫子，远人不服而不能来也；邦分崩离析而不能守也；而谋动干戈于邦内。吾恐季孙之忧，不在颛臾，而在萧墙之内也。"孔子原文的意思是强调环境对前来投奔的人给予好好的安顿，而不是强调一个人来到环境中的"认命"。本处取孔子原意。

验、意向及其获得感的满足。

另外，这一教育设想在高等教育阶段也是可行的。在基础教育阶段，我们的学生不得不进行迎合考试的被动学习。因此，大学的学习将为他们发现自我提供可能。因此，我们坚持认为，如何在高等教育阶段为农家子弟找到展现学习行动的个体内在意向非常重要。这不仅仅涉及他们将来融入城市的需求，而且还可以为中国的城市化建设提供更加优秀的"市民"。

2. 意向自我将行动结果与自我相关而让补偿利益转化为获得感

在现实生活中，我们内心意向中的生存心态具有双向性。其中，"迎合"社会结构侧之后生成的"获得物"让个人意向开始面对自己，尤其是自己在用意识关联于获得物时刻的原初意向。此时，会出现"这是不是我想要的"问题。这就是自反思维。其会让我们更加靠近意向的自我侧，也会进一步唤醒意向自我侧。

这让教育面对两种定位，迎合于社会结构侧的"猜"，或是"自反"到个人意向自我侧的"获得感"。前者生成的不是自己，后者是用自己的思维建构自己。这也许就是"认识你自己"的教育意蕴吧。

3. 被敬畏的自我意向能动架构关系并认同与融入

（1）意向的被敬畏让学习从被动接受变为能动架构

在韦伯主义下，意向与行动相关，是个人主观意义对他人的关涉。因此，我们弃用了"社会到个人"这一功能论和冲突论的分析定位，而采用了"从个人到社会"的分析取向。

这样，教育的价值定位就从结构功能论的社会事实到个人的演绎逻辑转变为个人对社会关系进行架构的诠释逻辑。我们并不否认"社会事实"的存在，也同意"阶层"和"冲突"要素的存在，但是这种解释方式往往是以教育之外的东西来解释教育问题①。

另外，从"社会到个人"的获得物逻辑容易生成受教育者的惰性或者欲望，让人生成"得陇望蜀"的教育之"追"。而从个人到社会的诠释逻

---

① R. King. ‘*Weberian Perspectives and the Study of Education*’, British Journal of Sociology of Education, vol. 1, no. 1（1980），p. 20.

辑则不同，它敬畏个人意向。这让个人意向生成技能进而建构社会关系。

（2）意向被敬畏让学习能披荆斩棘进而贯穿终生

对个人来说，终生都无法回避意向自我侧的需要。同时，它也会因超越性的能动而随机应变。它不仅能够"洞察"外在结构对自己个人意向的解释定位，还会以迎合和反抗的方式回应。如果意向没有被敬畏，那么，教学双方就进入了互不信任、互相防备的"失真"。

这就是说，个人意向的"超越"性让个体的学习行动并不必然指向"功能论"和"冲突论"所设定的结果。尽管社会功能论大师默顿通过区分"主观动机"和"主观动机造成的社会后果"来分析这一社会"失范"现象，用社会事实的"显性功能"和"隐性功能"来解释社会的结构要求在个人意向中的作用结果，提出"功能一词应该指研究者所观察到的一个行动模式或社会结构的客观后果"①。

但是个人的意向却并非这样的"显"和"隐"。因为对于个人自己的意向来说，其可以不说话，但是，并不代表什么都没有。意向中的"外显或内隐，不作为或容忍默认"② 等状态会一直存在，保持终生。

第三节　概念界定、研究方法与思路

一、概念界定

（一）意向性：一种从内部考察意识的新范式

1. 意向性是个人意识活动的核心特质

意向性是胡塞尔现象学的一个重要概念。布伦塔诺（Franz Brenta-

---

① ［美］帕深思，莫顿等著. 现代社会学结构功能论选读［M］. 黄瑞祺，编译. 台北：巨流图书公司，1981：14.

② ［德］马克斯·韦伯. 社会学的基本概念［M］. 顾忠华，译. 桂林：广西师范大学出版社，2010：20.

no）——胡塞尔的老师将这一概念引入现代认识论。其引入的目的是针对洛克的经验心理学，后者的思维范式具有将人的动作与物理机械运动相类比的倾向。

意向性概念促成了现象学与心理学的分道扬镳。这种不自觉的规范偏离让意识分析能够下移到个人，也能够将人类精神活动的能动特质纳入分析的范畴。在布伦塔诺看来，物理现象是单纯被动性的，而人的意识是能动的。因此，他没有用动机这样的概念，而是采用了"意向性"概念来描述这一能动特质。

（1）意向所指对象的"无"表明了结构对意向的无力状态

意向和对象的关系不是一种现实持有，而是意向的关系（intentional relation）指向，也即"每一个心理的现象，都是一种具备意向层面的不存在性的对象……在此，对象并不是指某个实际存在的事物，或者一个内在的客体（immanent objectivity）"①。

（2）意向所指对象的"无"表明意向相关物处于意向的关系架构中

在意识现象中，能被描述的关键因素不是对象而是一种关系，并且这种关系的衡量标准不是外在对象的可见物理属性。

这对学习行动来说具有关键的意义。因为在胡塞尔看来，我们在接受知识的过程中，意向性支撑的自我虽然指向了刺激物，但是这"并不能使它的知识并（作为达到这知识目的之手段）使那些个别的认识步骤成为一个意愿的对象"②。而且他强调这种接受性的知识获得方式不同于"真正的认识兴趣"。后者缘起于自我内心"因为……的缘故"（Willen）③ 这一

----

① ［英］Edo Pivčević. 胡塞尔与现象学［M］. 廖仁义，译. 台北：桂冠图书股份有限公司，1985：62-63.
② ［德］胡塞尔. 经验与判断——逻辑谱系学研究［M］. 邓晓芒等，译. 北京：生活·读书·新知三联书店，1999：233.
③ Willen，邓晓芒先生将之翻译成"意志"。参见：［德］胡塞尔. 经验与判断——逻辑谱系学研究［M］. 邓晓芒等，译. 北京：生活·读书·新知三联书店，1999：233. 然而，笔者认为不够妥当。德语词典将之翻译成"为了，因为……的缘故"，窃以为较为妥当。从发生学上来说，任何行动的发生都有"为了……的缘故"这一要素。

契机的萌发，表现为"自我要认识对象"。这样，自我就将自己的意志性要素渗入认识的所有步骤。此时的认识不是外在标准的获得，而是内在意向的生成表现。

2. 意向性的指向是内在关系而非外在对象

（1）意向性意识活动的关键是对关系的架构和处理

布伦塔诺强调，心理现象的关键是一种关系思维，也就是个人以"意向关系"的方式处理对象。对象的属性来自意向关系的架构，在"一个映像（presentation）里面，有某个事物被映像着，在一个判断（judgement）里，有某个事物被肯定或否定"①。

也就是说，在爱里面，有事物被爱；在恨里面，有事物被恨；在渴望里面，有事物被渴望。在此，"我和对象"是一体的，就像杜甫诗句中的"感时花溅泪，恨别鸟惊心"。它不是主客二元的对立，而是在"我"的意向中已经架构了与对象的关系，并在这种关系中将对象纳入到了我们的认识之中。

（2）学习就是个人意向对知识创者意向的理解练习

在意向的关系特质下，个人的学习意向已经将学习对象纳入自己的意向关系中。这个学习的对象并不同于社会结构下的客观知识，后者仅仅构成了学习内容的形式要件。所谓"横看成岭侧成峰，远近高低各不同"，客观的"山"会因主观观看视角的不同而表现出不同的特点；这些特点会被冠以特定的符号，像岭和峰一样。

然而经过历史流变，符号背后的视角和关系架构过程会消失。这让知识符号面对着形而上的处境，让知识获得了"客观的"身份。然而如果我们以学习者个人的意向为考察点，知识符号的有形形象就无法自动进入个人的意向关系中。个人必须学会还原和架构，学会用此方法重现知识符号的意向关系。

重现方法就是自己还原知识创设者的意向关系，就像看到苏轼的

---

① ［英］Edo Pivčević. 胡塞尔与现象学［M］. 廖仁义，译. 台北：桂冠图书股份有限公司，1985：62-63.

"岭"和"峰"一样。这样，我们就能将自己的意向靠近知识的创设者。这时候，那个活生生的人在架构关系时所形成的"远"和"近"的视角变化就能够被我们理解。

也就是说，个体化和具体化才是个人学习意向分析的关键。对此，胡塞尔强调，虽然世界作为整体是预先给定的，但是从意识的发生视域来看，"比指向作为整体的世界知识更原始的是指向单个的存在物"①。也就是说，就个体的学习行动而言，我们能够架构的关系并不是知识客观标准的外在，而是我们意向关系之知识要素的内在性。

（3）意向理解的练习方法是从行为到行动再到意向的还原

意向性概念让人类意识的分析有了理论可能。胡塞尔批判经验主义心理学对意识的分析方式混淆了"意识的个体明证性"与"明证性所带来的东西（Herbeiführung）"。其导致了一个结果，那就是经验心理学只能从外部去猜测一个人的内在意识状态，而"根本不可能出现那些本来的和真正的明证性问题"②，而这仅仅是学习意向考察的"行为"概念。因此，行为中的意向性仅仅构成行为可被描述的"种属特征"③。

而所谓的种属是"作为先天而先行于经验心理学的事实性"④。也就是说，这种描述仅仅是一种语言学的"名称"描述，仅仅一个符号化的东西。因此，我们还需要"排除任何对内在被给予性的超越解释，也排除那种作为实体自我的'心理行为和状态'的超越解释"⑤。而这也就需要与个人意向更加相关的"行动"概念。因此，意向性意味着对象在主体意识

---

① ［德］胡塞尔．经验与判断——逻辑谱系学研究［M］．邓晓芒等，译．北京：生活·读书·新知三联书店，1999：47.
② 同上，33.
③ ［德］埃德蒙德·胡塞尔．逻辑研究（二）（上）［M］．倪梁康，译．北京：商务印书馆，2017：793.
④ 同上，794.
⑤ ［德］埃德蒙德·胡塞尔．逻辑研究（一）［M］．倪梁康，译．北京：商务印书馆，2017：12.

中被意指，被瞄向"并且以表象的方式，或者同时也以判断的方式"①。

这对学习行动的意义就是，它能够帮助我们深入个体意识的内部。在我们将努力、刻苦、恒心、专心等社会结构性标准排除以后，在将所谓的"不争气""懒惰""笨"的负面标签排除以后，作为每一个农家子弟个人所经历的真实情感世界到底是什么，这些真实的世界将是我们进行个体要素考察的关键因素。

（二）学习获得感：个人意向透过符号对知识创立者意向的理解

所谓的学习获得感类似于"有朋自远方来，不亦乐乎"。它是对知识背后之意向活动的理解。个人对知识的学习其实是对知识创立者认知能力的理解，而不是对知识外在的符号系统及其逻辑结构的记忆。尤其是在后现代的信息时代，如果我们想要这些东西，完全可在互联网上轻松获得。因此，关于知识和学习我们做如下说明。

1. 学习的关系指向不是学习者与符号而是学习者与知识创设者

（1）教育对知识的呈现包括知识符号及其背后的作者意向

知识的意义不是对象的反映，而是认知能力的言说。从宏观上来说，我们对世界的认识永远都没有办法穷尽，因此，知识是"客观世界"的反映这样的界定方式太不"客观"了。因为我们无法为客观世界划定"整体"和"全面"的边界。

就整体而言，从地心说到日心说再到银河系以及河外星系，总有知识所不能描述的部分；从微观上说，不管我们如何言说，任何言说都没有办法描述言说者的全部情感，一句话只要说出口，话就成为了事实，如同法国象征主义诗人马拉美所说"亲爱的，诗不是意象，而是字词"②。

---

① ［德］埃德蒙德·胡塞尔. 逻辑研究（二）（上）［M］. 倪梁康，译. 北京：商务印书馆，2017：799.

② 来自法国印象派画家埃德加·德加（Edgar Degas）与马拉美（Stéphqne Mallarmé）的一个经典对话。晚年德加写了十四行诗请教马拉美，说："我有许多意象没写出来。"马拉美对他说："亲爱的，诗不是意象，而是字词。"向来刻薄的德加答道："老兄，我在你面前丢丑了。"参见：陈丹青. 陌生的经验：陈丹青艺术讲稿［M］. 桂林：广西师范大学出版社，2015：154.

因此，知识符号仅仅是我们靠近知识认知能力的凭借和形式要件，其背后的认知能力才是学习所能够发生的现实基础。如果我们真的对知识进行认发掘，就会发现，在经典的知识旁边都站着一个有名有姓、活生生的人，如同牛顿所说：他站在巨人的肩膀上。

（2）metaphysics 到 anschauung 所承载的"意向"解放与"看"

人类的认知能力从康德开始，发生了从"本体论"向"认识论"的转向。就提问方式而言，它从追问"事物背后的世界到底是什么"转向追问"事物给我的样子是什么样的"。这样，人类从对事物背后"不变本质的追求"转变为对"眼下"事物的接受。就概念来说，它可以被描述为"metaphysics"到"anschauung"的转变。

其一，metaphysics 塑造了"看"背后的类似之相并将之作为认识目标。

就"metaphysics"的汉语译名来说，郑昕先生将之翻译成"玄学"①，日本学者将之翻译成"形而上学"②。然而这个概念的前缀"meta-"金山词霸的解释是"（Greek = after or beyond）（希腊语）在……之后或超出"，中国台湾学者习惯将之翻译成"后设"。例如，中国台湾学者将"meta-ethics"翻译成"后设伦理学"。它不是去追问"对或错"的内容，不去追问"我应该怎么做"这样的问题，而是去追问道德言说本身及其逻辑的意义问题。

"metaphysics"反映了肇始于柏拉图的一种知识态度。比如，柏拉图的"ειδος, ιδε α"，陈康先生认为，不能翻译成"观念、概念、理型，理念"，而只能翻译成"类似之相"③，也就是去追求"physics"背后的"相"，眼前的 physics 仅仅是"分有了"它背后的相似之相而已。从某种角度，后世的理念论和经验论并不否认差异背后的"类似之相"，而是对

————————

① 参见：郑昕. 康德学述 [M]. 北京：商务印书馆 2011 版，倪梁康. 胡塞尔现象学概念通释：增补版 [M]. 北京：商务印书馆 2016 年版.
② 倪梁康. 胡塞尔现象学概念通释：增补版 [M]. 北京：商务印书馆 2016 年版.
③ [古希腊] 柏拉图. 巴门尼德篇 [M]. 陈康，译注，北京：商务印书馆，1982：38-40.

"相"的获得方式存在分歧；理念论认为它来自意识本身，经验论认为它来自外部。

其二，康德对 anschauung 的引入让自己"看"获得地位。

康德将知识对 physics 背后"相似之相"的追求转变成对人类认知能力的探索。他强调，自己所用之超越（transzendental）概念的目的是为了突出他的知识论立场，"在我这里从来没有意味着我们的知识与事物的一种关系，而是仅仅意味着我们的知识与认识能力的关系"①。为了突出人的认知能力，他将认知能力中的直观（anschauung）概念提到了认识论的前台并将之作为主体知识生成的第一要素。

康德强调"知识和对象发生关系……其直接的关系是通过直观的"②。这就将知识"物之背后的相似之相"转移到人的认知能力——直观上来。按照邓晓芒先生的考证，"anschauung"中的"an"代表"靠在上面"，"直接在上面"，而"schauung"是"看"的意思，合起来就是"靠在上面最直接的看"。这样，就打通了人的认知能力与知识的最后部分。它让个人自己的感性获取方式有了在知识生成方面的正当地位。

这样，个人的感性直观不再是一种等待被抽象的"样本"。在此，笔者需要强调一点，如果说知识的客观性是对象的反映，那么反映的也仅仅是客观的"属性"，是统计学上的大概率事件，至少到目前还没有发现一种知识可以真的"放之四海而皆准"。任何"客观性"都是一定条件下的"客观性"，并且这个"客观性"的词汇本身恰恰作为一种文化符号是人创造的，是主观的。

其三，胡塞尔进一步确认了 anschauung 的个人意义。

胡塞尔运用直观概念进一步推进个人知识生成和意义附加的正当性。因此，直观（anschauung）在他那里得到了更加明确的认可。他把直观作

① ［德］伊曼努尔·康德：未来形而上学导论：注释本［M］. 李秋零，译. 北京：人民大学出版社，2013：036.
② ［德］伊曼努尔·康德. 纯粹理性批判［M］. 韦卓民，译. 武汉：华中师范大学出版社，2004：61.

为认识的"一切原则之原则"，强调任何原初给予的直观都具有认识的合法地位，并且认识也只能在这种原初的给予性中被接受和被理解①。

进而，胡塞尔强调认识到的客观性之意义的最后规定存在于主体性和客观东西之相互关系中②。这样，肇始于笛卡尔的主体性在经过康德后，在胡塞尔现象学那里得到了总结：知识不再是客观对象的反映，而变成了"主体直接所见、所感之物"的描述和言说。这种描述和言说以语言声音和符号为形式，以个人直观与对象呈现之面的关系为内容。于是，知识的学习不再指向符号等有形的形式，而变成了探索知识所折射的认知能力及其背后的主体架构关系的发现活动。

2. a priori 与 transzendental 之间是知识创设者意向的生发区间

（1） a priori：知识对象在个人意向面前的状态

认识论的转向来源于康德提出的一个问题，即那句著名的"wie sind synthetische urteile a priori möglich"③，直译过来就是"如何发生合成（或综合）判断验前有可能"。其中的关键词汇 a priori 一般翻译成"先天的"或"先验的"④，但是韦卓民先生认为应翻译成"验前"⑤，因为康德用这个词绝没有"与生俱来"的意思。另外，这个词也不同于"transzendental"⑥，后者则应被翻译成"先验的"。

① 参见：［德］胡塞尔．纯粹现象学通论——纯粹现象学和现象学哲学的观念（Ⅰ）［M］．李幼蒸，译．北京：中国人民大学出版社，2004：32.
② 参见：［德］埃德蒙德·胡塞尔．第一哲学（上）［M］．王炳文，译．北京：商务印书馆，2017：508.
③ Immanuel Kant. *Werke*（Ⅱ）［M］. Gernsbach：Insel-Verlag Frankfurt，1964：59.
④ 参见：李秋零翻译版《纯粹理性批判》，艾彦翻译版《知识社会学问题》等。
⑤ ［德］伊曼努尔·康德．纯粹理性批判［M］．韦卓民，译．武汉：华中师范大学出版社，2004：7.
⑥ Transcendental 这个单词的德语拼写是 transzendent，翻译有多种，郑昕先生、韦卓民先生和李秋零先生都翻译成"先验的"。参见：郑昕．康德学述［M］．商务印书馆 2011 版；［德］伊曼努尔·康德．纯粹理性批判［M］．韦卓民，译．武汉：华中师范大学出版社 2004 版；［德］伊曼努尔·康德．纯粹理性批判［M］．李秋零，译．北京：中国人民大学出版社 2011 版。台湾大学哲学系教授关永中先生翻译成"超验的"。参见：关永中．导言：超验多玛斯主义专题［J］．哲学与文化，2014（09）总第 484 期．倪梁康先生翻译成"超越的"。

　　这一译法得到了邓晓芒先生的认同①。他认为"验前"确实符合康德的原意，并且认为之所以未能流行，是因为这个"验前"的描述方式不太符合中国人的语言习惯。然而，笔者认为"a priori"翻译成"验前"较为恰当。因为它遵从了康德对个体认识能力的强调，同时，它也突出了知识的直观属性和个人面对外物的感性状态。

　　（2）transzendental：认知能力的苏醒和获得感的生成

　　将"transzendental"翻译成"先验"，无法描述个人认知能力对知识生成的积极意义，不能恰当描述学习获得感。因此"超越"的翻译更为恰当。它很好地描述出了人的认知能力、知性、意向等在知识生成中的关键立场。

　　也就是说，在面对外物的时候，个人并不是单纯被动地接受外物给我们的印象；个人能够超越自己所见所感的当下体验，并在直观与外物呈现面的关系架构中实现超越和个体知识的生成。因此，韦卓民先生对康德问题的翻译——"验前综合判断是怎样成为可能的？"较为准确。他强调"验前"和"综合"对"判断"修饰的共同性，是"验前的，而又是综合的判断"②。因此，综合判断代表着个人知识生成的两个关键因素：

　　其一，知识生成是主体自我的生成。

　　康德认为所谓综合判断就是在判断的主项之中增加一个从来没有被想过，也无法通过"物理分离"的方式从中分割出来的东西。因此它是"扩大的判断"（Erweiterungsurteile）③。就学习的知识来说，综合判断代表着主体的知识生成。这种生成的结果既不是"纸上谈兵"的符号记忆，也不是为了考试所进行的功利选择，"而是在综合上加在我的概念之上的（而这个概念乃是我的状态的一种确定）"④。也就是说，知识一旦进入主体，

---

①　参见：邓晓芒.《纯粹理性批判》讲演录［M］.北京：商务印书馆，2013：029.
②　［德］伊曼努尔·康德.纯粹理性批判［M］.韦卓民，译.武汉：华中师范大学出版社，2004：46.
③　同上，43.
④　同上，535.

就与主体浑然一体。它不会像当下的"人设"一样，出现"人设崩塌"现象。

其二，它指明了主体自我知识生成的实现方法。

超越性是学习者实现自身知识生成的方法，是个体知识生成的核心要素。这种超越可以在自然科学和人文科学两个维度上展开，能凭借知识的符号形式来发现知识背后的主体目的。学习者通过理解的方式进入主体视角，并在诠释和理解中发现知识，同时，学习者也在理解中深入自己的内心世界，提升了自己的知识学习能力。

3. 学习者能用自己的知性贯穿 a priori 与 transzendental 并生成获得感

（1）人类认识能力的关键是知性

个体知性能力有时候也被翻译成智性。它是具有思维能力的自我对实践情境以及自我与情境的关系进行综合加工的能力。这种综合加工能力既不是个体心理对情境刺激的反应这一行为主义的视角，也不是将期待等同于现实的超验主义，而是知性的自发综合与自发建构。它的特质是对经验自我和情境的超越。

知性的概念是康德曲行认知逻辑的关键概念。因为康德认为，感性是一种信息获取的被动性，知识的成立还需要知性给这些信息数据订立秩序（order）①。知性概念也一直是哲学和认识论的关注焦点，如"像费希特、谢林、黑格尔，他们都抓住知性直观做文章"②。

（2）知性能力的概念定位是认识论而非心理学

康德的知性概念与心理学不同③，心理学强调经验自我的研究，而康德的知性概念是用来描述先验自我的，"像认知心理学、微观心理学都是通过对经验自我的感觉印象、理性抽象活动等等进行分析，来考察经验自我的内心是如何起作用的……但是康德认为不能把这个经验的自我和先验

---

① ［美］亨利·E·阿利森. 康德的先验观念论——一种解读与辩护［M］. 丁三东，陈虎平，译. 北京：商务印书馆，2014：33.

② 邓晓芒.《纯粹理性批判》讲演录［M］. 北京：商务印书馆，2013：323.

③ 参见：李德显，孙凤强. 个体社会认知的曲行结构及其教育促进——从《小马过河》说起［J］. 教育科学，2019，35（5）：17-22.

的自我混为一谈"①。

康德将心理学界定为"思维的自然的形而上学"。而他认为，所谓的自然是"所给予对象的可能总和"。他认为，经验自我设定下的心理学是"关于自然的原有（经验性）的学说所应属的地方"②。因此，知性概念与心理学概念的重要区别在于认知所凭借的基础不同，如果从已经存在的东西进行考察，则是心理学的范畴；如果从个体认知能力的最为深处和独创的想象力维度进行考察，则是知性的能力，或者"更恰当地说，是想象力的任务"③。

这种区分来自康德对传统认知理论的翻转。他将自己的认知理论从本体论转向认识论，即以个体的知性能力为基础考察认知而不是将认知限定在外在对象上的认知图式。以康德后世传人自居的胡塞尔对此有过专门的描述，即"心理学所谈论的那种心灵生活，的确经常被认为是而且现在仍被认为是在世界中的心灵生活。但是，作为哲思者的纯粹化了的……沉思过程……却禁止客观世界的这种存在效果"④。

（三）学习获得感生成的概念诠释图式：自我面向体验与超越

1. 自我学习体验是获得感生成的直观材料

（1）区别于日常语言的现象学体验概念

日常语言的体验概念往往侧重心理感觉中的外在事物或者外在观感。而胡塞尔现象学对体验的界定方式与日常语言的体验不同。其不是在与外在事物的关系中来讨论体验，而是在与意识内部的意向相关这一视角上来讨论体验。

例如，一件事本身并没有变化，但是我们对这件事情愈希望，可能导

---

① 邓晓芒.《纯粹理性批判》讲演录［M］.北京：商务印书馆，2013：141.
② ［德］伊曼努尔·康德.纯粹理性批判［M］.韦卓民，译.武汉：华中师范大学出版社，2004：695-697.
③ ［美］亨利·E·阿利森.康德的先验观念论——一种解读与辩护［M］.丁三东，陈虎平，译.北京：商务印书馆，2014：33.
④ ［德］埃德蒙德·胡塞尔.笛卡尔式的沉思［M］.张廷国，译.北京：中国城市出版社，2002：34.

致的失望就会愈大。失望强度的增加与外在事物本身没有什么关系，而来自我们内心的意向。在这一点上，胡塞尔把康德的知识与人的认识能力相关的主体维度深入到了意识内部。因此，也可以说体验是意向体验。

（2）体验是意识深处主观意向的感受

在现实生活中存在这样一个现象，当我们面对同样事物的时候，主观的观感会因为我们自己的心绪而有所不同。这种主观观感不是来自意识外部，而是来自意识内部。

但是经验心理学对这一现象的分析建立于"对象意识"这一较大单位而止步于此。胡塞尔现象学不认同这个解释。其把内在意识分为两个部分：指向外部实际事物的"实项"（reell）内容和"意向的"（intentional）内容。"实项内容"指意识活动和感觉材料，"意向内容"指"意识"对象及其被给予方式①。

胡塞尔认为认识活动和行为确实具有实项因素，但是"思维所意指的、所感知的、所回忆的事物却只能作为体验而被发现，而不是实项地作为一个部分、作为真实地在其中存在着的东西在思维自身中而被发现"②。也就是说，体验的意义并不是来自外部世界的实项分析，而是来自意识内部的意向。所谓"风声鹤唳"，并不是来自对风本身的害怕，而是来自自己内心的恐惧；草木为兵是内心恐惧对草木的投影。另外，意向体验对主体自身来说是一个未完成的存在，如同唐寅《桃花庵歌》中所说"别人笑我太疯癫，我笑他人看不穿"，在他人的外在视角看来，也许仅仅是"疯癫"，然而在主体自己的体验而言，却是"此中有真意，欲辨已忘言"。

因此，如果我们将之作为一个"客观对象"来理解，那么理解就会因为对象的不确定而无法肯定。因为人家自己都不是那么了解自己。但是我们若以"愿意"这一能动的意向要素来理解别人，愿意与别人感同身受，那么，那个被我们意愿所指向的具体个人的真实感受就是自己的体验，也

---

① ［德］胡塞尔. 现象学的观念［M］. 倪梁康，译. 北京：商务印书馆，2017：14（中译者注）.

② ［德］胡塞尔. 现象学的观念［M］. 倪梁康，译. 北京：商务印书馆，2017：45.

就是"只要感知、想象表象和图像表象、概念思维的行为、猜测和怀疑、快乐和痛苦、希望和恐惧、期望和意愿等等在我们的意识中发生，它们就是'体验'或'意识内容'"①。

需要进一步强调的是，现象学认为体验生成并非源于实项的外在对象和外在感知，而源于内在的意向。这其实很好地解释了一个现实的现象，随着我们慢慢地长大，自己所经历的事情会越来越清楚，但是过去的事情并不是没有经历，而是因为它缺少意向，而没有成为体验，所以它并没有构成在我们内在的意识之中。

（3）体验是对意向和意向对象的关系涵摄

在体验中，意向与意向对象是缠绕在一起的。在 1913 年完成向超越论现象学的转向以后，胡塞尔明确强调了这一点，指出"在体验中意向是与其意向客体一同被给予的，后者作为意向客体是不可分地属于意向的，因此它本身真实地存在于意向之内"②。

体验对体验者来说是整全的。它是个体基于意向而自动生成的东西。在个体心动的一刹那，欲望、意愿，感受，感知、回忆、想象以及为此所进行思维判断就一起生成了。虽然我们可以通过概念的方式来进行描述，但是概念描述的内容完全来自描述者本人的"想象"内容而不是体验的整全内容。

但是如果描述者对自己的描述加上了"我愿意"这一主体意向，那他的想象以及想象之上的意向就可以与体验者互通。这种互通来自人类的本性以及本性之上的主体性。它让理解可以发生。

另外，体验中的意向和意向对象处在不间断的绵延中，二者构成的"体验"存在于个体生命时间的"流"中。在日常生活中我们之所以会忘记一些事，并不是因为这件事没有发生，而是因为这件事从我们的意向世

---

① ［德］埃德蒙德·胡塞尔. 逻辑研究（第二卷）〈一〉［M］. 倪梁康，译. 北京：商务印书馆，2017：766.

② ［德］胡塞尔. 纯粹现象学通论——纯粹现象学和现象学哲学的观念（I）［M］. 李幼蒸，译. 北京：中国人民大学出版社，2004：156.

界滑落了，如同宫崎骏在《千与千寻的神隐》中所说的"发生过的事情，你永远都不会忘记，只是想不起来了"，但是，一旦这件事成为我们的意向指向，我们就会在自己的体验流中抽取，然后回忆，进而重新进行意向性的加工。

体验之"流"永远处于未完成状态。它的意向及其意向相关项一直处于面向未来的开放性中。也许这种"未完成"恰恰是人类本身的属性。就生理属性来说，人类是"过早出生"的物种①，婴儿大脑如果发育完全，则要比现在人类婴儿的头骨大两倍以上，就会因超过产妇骨盆的极限而难产致死。与之相对，我们的意识体验也一直处于未完成状态，一个意向和意向对象单元的实现就会紧紧跟着另一个意向和意向对象。它就像时间一样，难分难舍，绵延不绝。

（4）意向及其相关物的关系体验让教授者和学习者意向融合

在体验的世界中，个人的意向和意向对象并不是一个随机的自然发生，而是带有主观意向的"作为"。它既是一个人真实的意识状态，也是一个人处于教育和学习面前的真实状态。而这是对古希腊教育观念的再确认。其如同柏拉图洞穴隐喻的故事描述（参见下图）②。

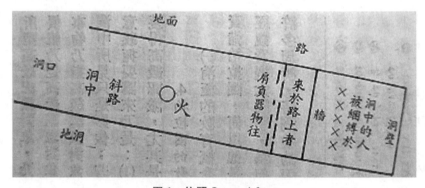

图 1　依照 James Adam

---

① ［英］理查德·利基. 人类的起源［M］. 吴汝康、吴新智、林圣龙，译. 上海：上海科学技术出版社，1995：36.

② 参见：江日新、关子尹编. 陈康哲学论文集［M］. 台北：联经出版事业公司，1984：75.

洞穴内被绑缚者的身体连同其意识状态才是真实的教育对象。用柏拉图的话说，身体和灵魂一起才是真实的教育情境。他批判将"真正知识灌输到原先并不拥有知识的灵魂里去"和"把视力塞入瞎子的眼睛"，而教育"能最快、最有效地实现灵魂的转向或转换"①。因此，"洞穴人"的真实体验是教育者和学习者所要面对的最为真实和客观的现实。在能够将"发生"变为"作为"的自动性意识描述方面，灵魂和意向对意识的描述立场是一样的。因此，灵魂的转向不单单是个体对外在"客观意义"的认同，重要的是个体内在意向的转向和生成。

教育不是将外在的知识符号强硬地塞入，那对教育来说是掩耳盗铃和刻舟求剑的行为。这就好像一个教师，如果他不去解开被绑缚的人，不让那个被缚者自己"开眼看世界"，那么多少的言说和表现都无法改变那个被缚者获取信息的"二手"性。这就像船上的刻痕一样。更何况，教师也不能保证自己不是"身在庐山中"，不是另一个在洞穴中的人。

因此，教育之"转向和生成"的绵延不断和活动属性是外在的"客观性"所无法全面诠释的。用外在客观价值对被教育者和学习者进行人为的分割策略也是不公平的。这种不公平的教育理念会让教育丧失进入个人意向的接入凭借——我愿意这一主体意向。这样，个体也无法实现灵魂的转向和学习者自我的提升。

2. 洞穴与阴影：经院哲学的超越概念否定个人直观导致个人自我否定

（1）经院哲学的超越概念否定感性直观

"超越"这个概念来自经院哲学的"Transzendentalien"。在那里，它是超越于现实可见之物的理念存在，代表着柏拉图的一种界定方式，是"一种超越出任何范畴规定而直接属于存在本身的存在规定"②。

在此"超越内涵"下，教育所指向的对象是超越于主体之外的"客观"和"本体"。这种超越概念的界定策略催生了教育的"课堂关注"，

---

① ［古希腊］柏拉图. 柏拉图全集［M］. 王晓朝，译. 北京：人民出版社，2003：515.

② 倪梁康. 胡塞尔现象学概念通释：增补版［M］. 北京：商务印书馆，2016：505.

即，它将课堂这一超越于主体之外的东西作为客观对象予以认识，就像日常语言中的"好好听课""小手放好"等，与之相对，认识者自己的感官获取和事物给予方式则是应该排除的主观要素，而认识的目的就是要去追求超越一切感性基础之外的"类似之相"。而这些东西是需要在课堂中予以排除的。

（2）经院哲学对"感性"的否定为自我否定埋下伏笔

而如前文所述，"感性直观"是外在事物进入个体的第一通道，经院哲学"超越"概念的本体指向却让个人面对着否定自己的强大压力。错过自己看到的东西而去追求世界的本源是以否定自己和自己的当下为代价的。

然而就绝对客观标准而言，世界本源无法被整全地呈现。在此，主客一体并无分歧，而所谓"世界本源"的对象界说仅仅是人为创设的文化客体。因此，其仅仅能够被理解而永远不可能被认识。这就是康德用"二律背反"的认知悖论所要揭示的问题。例如，知识到底是客观的还是主观的？如果是客观的，那么我们为什么把一些重要的知识开拓者命名在知识的谱系中？如果是主观的，那么我们为什么能够重复和再现一些东西？

经院哲学的"超越"概念及其对感性的否定恰恰将人的认知努力导入了误区，从而，它也就无法揭示"发生"这一教育学最为关键的概念。于是，我们对知识的分析就陷入了主观和客观的二元悖论。于是，以经验主义和理性主义为代表的二元思维开始泛滥。而其中一个重要误区就是"自我否定"。最后，其导致问题的解决失去了"解决者"这一主体。

"发生问题"也即康德的"综合判断"问题是解决方式。否则，执着于主客一端的解释会导致学习者对学习结果的一知半解和心理的模糊主义，别人不追问，还觉得知道；一追问，就不知道从何说起了。这种心理模糊主义会以"大概"和"差不多"这样的词汇出现。当然，这与谦虚态度无关。在这样的学习理念下，我们对学习对象的意向活动更多是一种"似懂非懂"的"大概率"事件，而知识语言也像"算卦语言"，听起来好像是那么回事，但是一旦到个人身上，却又觉得不太适合。

（3）近代自然科学对经院哲学的"超越"逆转

近代数学及其支撑的自然科学的发展改变了超越的"物化指向"。自哥白尼、伽利略以来，数学的精密运用让自然科学迅速发展。这让传统认识论的宏观基础——地球在认识中的基础作用发生了变化。在从"地心说"到"日心说"及其更大的银河系和河外星系的认知拓展中，人类发现，用"Transzendentalien"的办法去指向外物永远没有尽头。

因此，人类不再期待创设包罗万象、能够描述所有问题的宏大理论。因为地球仅仅是宇宙的一个部分，并且是一个很小的部分。在这样的"世界"意识下，人类的认识目标发生了变化，从追求"永恒的真理"转变为追求"有限的真理"，从追求"无限知识"到追求有限知识的"界限"。

这样，人类知道去追求一个无所不包的知识体系是不可能的，现实可能的策略只能是用有限的意识去追求有限的知识。霍金的描述很好地说明了这一趋势，"一蹴而就地设计一种能描述整个宇宙的理论，看来是非常困难的。相反，我们将这个问题分成许多小块，并证明许多部分理论"①。

在这样的背景下，"Transzendentalien"的意识指向发生了变化，从对外物的超越转向了个人认知能力的超越。经院哲学中的超越概念被放弃了，康德的超越概念慢慢地被认可并贯穿到后世的现象学及它的转向。在这样的转向下，从个人意识内部去解释行为以及行为的意义及其发生问题成为更加明智的理论选择。

3. 超越与被给予方式：现代认识论超越概念对自我的悦纳

（1）转向自我超越：学习者个人对"内外"的自我跨越

超越（Transzendent）是人类认识事物的关键。在我们日常的认识活动中，当我们用手去摸一个桌子的时候，如果别人问我们摸到了什么，我们会说摸到了个桌子。而这恰恰暗含了意向学习和符号记忆的区别。前者，个人从自己摸到东西入手；而后者，学习者以别人给设定好的"桌子"这个答案入手。一旦个人无法区分这一区别，自己也就无法体验超越并错过

---

① ［英］史蒂芬·霍金. 时间简史［M］. 许明贤，吴忠超译. 长沙：湖南科学技术出版社，2012：18.

了学习获得感的生发机会。

因为日常言说是"桌子"，个人体验是温度、软硬、粗糙程度等直观的信息，日常语言说"看到桌子"，而科学研究是"光的反射"，这中间的距离及其超越却是学习获得感的实现可能。我们看到桌子是因为桌子反射了光线。这说明了我们仅仅是在事物给予方式上接触到事物，桌子的背面或者不反射光线的桌子对我们来说是未知的。

为了改变这一误解，我们在研究中对自己的立场重新定位，用主客的"关系发生"这一诠释框架来代替"主客"二元的本体概念。同时，我们将"主客"二元发展为"主体、主观方面"和"客观方面，客体"，用主体的主观方面与客体的客观方面——被认识之物的显现面和认知者的"面向"之直观——这一更加具体的概念体系来描述知识的主体生成。其中主体的主观方面表示"感官获取方式"，客体的客观方面表示客体的"显现之面"。前者的核心感念是意向，后者的核心概念是显现。这就让知识的主体生成有了比"主客二元"更加精密的考察方式。

我们以这样的方式探索认识活动并不是无聊的自寻烦恼，是为了将自己的学习考察置于个人学习者意识内部的意向性，为了实现知识追求到知识之主体生成的转变，即从"主客"的本体策略转向以"主观方面和客观方面"承载的认识发生的"认识论"。其中，超越"Transzendent"的概念是承载这一转变的关键概念。

（2）超越的学习者不是占有作品而是理解作者

在"Transzendentalien"认知转向的基础上，知识的学习关系发生了变化。知识的学习不再是对符号的记忆。它变成了知识符号背后的主体性理解。这种认知能力的重新诠释是从康德开始的。

自康德以来，人类开始从"对象是什么"这样的问题上走开了，"'我'能认识什么"这一发问方式开始进入认识的范畴。此时，我们意识到所有知识的符号形式都是具体个人对具体情境的主观描述，就像我们想到"力学"就会想到牛顿、想到相对论就会想到爱因斯坦一样。

然而当学习者回到"我"，符号的物理性状和背后的情感将会因为我们自己而变得不同，第一感觉永远是情感，而不是符号的意义。这就好比，小孩子向成年人要糖吃的时候会说"再给我一个"，英美的孩子会说"one more"，"1+1＝2"这样的等式对他们来说是很久以后才发生的事情。

（3）理解作者就是让自己"看"并悦纳"自己看"

学习的现实发生不是将"外物"纳入我们意识之中。这种外物不管是符号、声音还是画面，都不能直接进入到我们的意识。因为它不符合我们意识的接受方式。

其对我们来说仅仅是触发之物，是刺激发生的缘由，但不一定是知识生成的缘由。它的意义仅仅是为我们提供了描述知识学习被动性的部分。因此，强调"知识是什么"这一认知方式的结果只能导致被动记忆式学习。它将刻苦承载的刺激频率和强度当作优秀品质，通过不停地刺激和保持强度的方式来让信息保持在认知关系中。此种学习策略下的知识还是相对于我们自己的那个"被动部分"。它给我们的东西还是一个符号、一个标签，如同我们看到商品上贴着的价格标签。它对我们自己的意识来说没有什么现实意义。

因为价格标签之现实意义的生成来自我们自己意向的生成。当我们内心产生"我想买下来"这一购买意向的时候，标签的意义模式就会发生变化，它开始对"我"有意义。同时，意向的相关物——"那件衣服"背后的属性特质（也即，那件衣服上有我们想要的某种属性，比如保暖、美等）和购买意向一起出现在我们的意识内部。此时，标签的意义不仅仅是"价格"性，它不再是类似于"格"这样的度量单位，而变成了物品本身相对于"我"的属性，在意识层面可以描述为"这样的东西我想不想买"，"如果我想买，我的钱够不够"。此时，客体就变得对主体具有了主观意义。

（四）体验和超越的学习获得感对于个人的现实性

通过上面的例子，我们可以发现，知识的符号仅仅是进入知识之意义属性的形式要件。个人进入知识殿堂并让知识在自己身上生成的方式是超越（Transcendental）或者叫先验。但是，这种理论设想是否能够在一个个活生生的个人身上实现呢？这是我们在此想要说明的问题。

1. 超越本身的现实实现问题

（1）意向对象的"无"与外在的"物"是同一而非统一的现实

超越者是具有主体性的独特个人，被超越的对象却是带有"客观"性的存在。二者之间如何实现交互呢？这涉及一个认识出发点的逆转。从客体的"客观性"来说，外物也许是客观的，但从我们自身的意识出发，最近的东西已经是观念化的，就像杜甫诗词里说的"感时花溅泪"，花的露珠变成"泪"是因为"感时"。

因此，观念化的东西才是标识认识在主体自身内部发生的凭借。历史上的经验论和理念论的争论恰恰是在认识的"物—人"这一客主关系上的争论。从主体意识层面上说，客体确实是存在的，人的认知能力也是存在的，但是，最靠近意识的部分一定不是"物"，而是"观念物"。

因此，"符应"理论的"统一"策略是不恰当的。不管是强调外物的"实在"并将主体性隶属于其中的经验论，还是强调人的主体性并将外物纳入主体的理念论，都没有解决认识的"发生"问题，因而要么是"独断的怀疑"，要么是"怀疑的独断"。其原因恰恰是没有给认识的超越性（Transcendental）以合法地位。这让其用认识表述的"符应"标准代替了认识发生的"同一"追求。

（2）同一是观念的同一而非实在的同一

康德"超越观念论"（Transcendental Idealism）的理论构想就是为了克服"物我"统一的"符应"策略。它强调"我偶尔也把先验观念论称为形式观念论，以区别于质料的观念论，后者是一种常见的观念论，本身怀疑或否认外部事物的存在"①。这种界定让他绕过了"主客二元"的争论，同时也将认知的"发生"问题牵引到主体之面的发生上来。

这个主体之面既不是强调外物的"反映论"，也不是强调主体的"独断"，而是将"关系"的架构作为认识发生的凭借。如同前文所描述的购买衣服的例子，通过"想买"这一主体来架构"衣服的性价比"，从而突

① ［美］亨利·E·阿利森. 康德的先验观念论——一种解读与辩护 ［M］. 丁三东，陈虎平，译. 北京：商务印书馆，2014：41-59

破了标签的符号属性，并将购买意向的衣服纳入主体的意义中来。

2. 个人自我对意向关系的"自知"生成的超越现实性

（1）超越是用自我标准尝试理解和诠释

在超越的概念下，知识的生成是一个个具体主体的主观方面与其所面对的客体的客观之面的反映。这就是我们日常语言中的"有名有姓"的人和"其他人"的界定方式。例如，我们提到力学就会想到"牛顿"和"牛顿的苹果"，苹果这个客体是我们都会遇到的，它从树上掉下来也是我们日常经历过的，但是从中发现"力学原理"却只有"牛顿"能够做到。

在外烁的学习要求中，我们会将符号化的"牛顿"和"牛顿力学"及其理论表述作为我们学习的指向。这种学习方式以记忆作为最为基本的学习技能。但是，意识和物理物体（包括符号和图像）毕竟是两个不相容的东西。这种外烁的知识处理方式并没有解决内生的问题，还是会面临剥落的现实。

然而在我们超越了知识的符号将自己置于那个活生生主体的主观方面的时候，情况就会不同。因为我们是用自己的主观方面来面对那个知识创设者的主观方面。此时理解就会发生，知识也就进入了我们自己的意识。这让知识成为内生的东西。

以牛顿力学的学习为例，如果我们运用自己的主观方面去思考牛顿的主观方面所思索的问题——既然苹果一定要掉到地上，那么星星和月亮为什么不掉到地上呢？此时，我们就会理解牛顿力学符号表述背后的主观方面，从而在理解中生成了自己的知识。这种知识的生成需要超越（Transcendental）知识符号这一物理属性，来到知识符号的背面——那个有名有姓的主体的主观方面。

（2）超越概念让意向关系的描述更加精确

超越概念对学习发生描述的精确性让知识学习更靠近个人。它比"主客二元"架构能更精确地描述认识主体的主观方面。它所要描述的内容不是"客体近端"的东西，而是最靠主体意识的东西。我们将之界定为"意识近端"，即"显现之物"在意识端的状态，好比是"盲人摸象"，它是从个人意识中显现的东西为出发点来考察认识。就主体来说，这比主客关系的考察方式更精确。

就此而言，康德强调，"实在性、实体性、因果性的概念，甚至存在中的必然性"等概念的功能是为了描述主体经验中的知识，而不是对"客体意义"的规定①。这就突破了"主客二元"的认知方式，而变为了"主体、主观方面"和"客体、客观方面"四元的分析模式。在四元的分析模式下，外物的存在是"自在之物"，就像我们经常会说"认识世界"，但是"世界"是什么？恐怕很多人都无法说清楚。如果继续追问：世界是个时间规定。如果是，世界有没有开始，有没有终结？如果没有开始和终结，那么"整个世界"的"整个"从何说起？如果世界是空间的界定，同样面临这样的问题。

这就是古代形而上学认识方式的困难。而超越的概念通过探讨"主观方面和客观方面"这一更加准确的认识方式解决了这个问题。在这样的视野下，原来的"客体"变成了"自在之物"从而被排除出认识的范畴，而原来的主体内部生成的"主观方面"却具有了认识的意义。这就将人的主体性从对永无穷尽的"自在之物"中解放出来。

3. 超越的意识结果是对自己所选之事的"我愿意"

（1）可见和可感是知识在教育中的两种状态

主体对客体之客观方面在自己主观方面的"显现"进行超越促成了自然科学的发生。这种发生一直被界定为知识的客观性。它其实是自然科学创设者描述自己"可见"世界的客观性。然而如何让另一个人也能够走到那个"客体客观方面之显现"，让他能够用自己的眼睛看则是一个"可感"的标准。这就变成人与人的关系。这就是教育关系的人文属性。

另外，"超越"毕竟是一个主体之主观方面的发生问题。它暗含着王国维在《人间词话》中所说的"独上高楼，望尽天涯路"这样的主观方面。那么，主体的主观方面如何被其他主体理解呢？主体所完成的超越结

---

① ［德］康德．纯粹理性批判［M］．李秋零，译．北京：中国人民大学出版社，2011：458.

果会不会是一个人的"自娱自乐"和"个人臆测"？如果这种主体主观方面的超越最后以知识的符号形式表现出来，那么如何保证知识在主体之间传递的时候能够做到"蓦然回首，那人却在，灯火阑珊处"① 中的"那人"对所有的主体"显现"？

事实上，历史中的"暗合"和理解及其误解与不解随处可见。在《三国演义》中，曹操说"天下高见，多有相合"②，我们也经常说"英雄所见略同"。但是"高见"和"略同"是如何实现的？毕竟那些"前卫"的艺术家和学者往往不被理解。在人类历史上，生前不被理解而死后备受荣耀的不胜枚举。

（2）防止误解的两种超越和理解

为了防止误解，就需要两个维度的超越："物理事物"的超越，"文化事物"③ 的超越。格尔茨曾经给出了两种超越策略，那就是"寻找简单并

---

① 王国维. 人间词话 [M]. 上海古籍出版社，1998：23. 原文为："古今之成大事业、大学问者，必经过三种之境界：'昨夜西风凋碧树。独上高楼，望尽天涯路'。此第一境也。'衣带渐宽终不悔，为伊消得人憔悴。'此第二境也。'众里寻他千百度，蓦然回首，那人却在，灯火阑珊处'。此第三境也。"

② ［明］罗贯中. 三国演义 [M]. 辽宁古籍出版社，1994：333.

③ 文化（culture）非常难以被界定。按照英国学者雷蒙·威廉斯的考证，culture 这一概念的初始阶段被用来表达过程（process）的词汇，表示对"农作物或动物的照料"。后来德国学者洪堡（von Humboldt）将 culture 用来指代物质层面，而用 civilization 指代精神层面。十九世纪四十年代后，Kultur 的德文词开始被使用。其内涵与十八世纪普遍历史（universal histories）研究中所使用的 civilization 相同，克莱姆（G. F. Klemm）将之进一步引入人类的发展，在其《人类文化史通论》中将人的发展分为野蛮、驯化到自由。美国人类学家摩尔根做了类似的工作，但是英国文化人类学家泰勒采用的是克莱姆的界定方式。参见：［英］威廉斯. 关键词：文化与社会的词汇 [M]. 刘建基，译. 北京：生活·读书·新知三联书店，2016：148-157. 笔者注：文化这个概念在演进中经历了从外向内的过程，从对物的照料向人类历史的考察演进的历史。因此，笔者采用的文化概念不是"物质文明"或者"精神文明"这样的偏重于外在表现的文化界定方式，而是采用了格尔茨（C. Geertz）、列维·斯特劳斯（C. Lévi-Strauss）和古纳夫（W. Goodenough）等人的维度。这个维度将"观念的领域，即象征（symbols）的力量，视为塑造人类行为中最重要的因素"，而不是将"文化"概念置于物质与意识的范畴，认为文化是"社会物质生活中物质条件的次级反映（secondary reflection）"。参见：［美］基辛（R. Keesing）. 文化人类学（二）[M]. 张恭启、丁嘉云，译. 台北：巨流图书公司，1989：35.

怀疑"和"寻找复杂并使之有序"①。

对此，知识的符号和图表对我们来说仅仅是物理属性的东西，但是，它反映了知识符号的一体两面：一方面，它代表了一个活生生的人对他所面临客体之客观方面的超越；另一方面，一旦个体将自己的超越结果符号化并进入到社会范畴，那就是"覆水难收"，正如毕加索所说的"一幅画挂上墙，就死了"②。

这样，带有个体"可理解"源头的知识符号就变成了物理事物。此时，学习者与知识符号的关系只能是印象与记忆。如果学习者想要理解知识，只能是走到知识生成主体的主观方面，才能理解知识的主体意义。

（3）学习的超越和理解助长主体及其主观性的知识生成

我们对知识的理解存在于知识生成源头的主观方面，同时，知识表征方式的符号化只会给我们印象。针对知识的符号学习类似于对待物理事物的自然科学范式。这是经验心理学所要解决的问题，也就是前文所说的"寻找简单并怀疑"。其中的关键要素是"简单"。其原因在于，我们面对的是"一个"世界，并且我们都"在世界之内"。

自然科学范式的"寻找简单"来源于我们现实生活之物理世界的单一。我们只要超越知识的符号，将自己的主观方面转向知识符号所反映的单一客体——自然物，就能再现创设知识符号的那个人所进行的知识生成过程。因为自然在终极意义上是单一的。所以认识活动所指向的客体也是单一的。这决定了以自然客体为指向的自然科学标准：可重复和可验证。

然而当我们将考察的指向限定于知识生成者这一主体及其主观方面的时候，"寻找简单并怀疑"的方法将会出现问题。因为这涉及"文化科学"的范畴。此时，个体成长的地域空间和时间延续仅仅是其感官世界的内容，知识的综合判断于知识创设者的发生才是学习者要面对的。这也许是

---

① ［美］克利福德·格尔茨. 文化的解释 ［M］. 韩莉，译. 上海：上海译文出版社. 2014：43-44.

② 陈丹青. 陌生的经验：陈丹青艺术讲稿 ［M］. 桂林：广西师范大学出版社，2015：129.

尼采用"瞧，这个人"① 作为自己自传的用意吧。

那么这个人发生了什么？毕竟，个人主体和主观方面的生成才是知识创设的主要源泉。此时，它不是"物质条件的次级反映"，而是观念构成的"理解"范畴。

此时的超越性理解需要面临两个范畴：一方面，"感官决不会也决不可能超越我们自身所能感受的范畴，只有通过想象，我们才能形成"他人感觉的概念②；另一方面，科学的说明不是"从繁到简"，而是用"理解性较高的复合物替换可理解性较低的复合物"③。如果我们想要理解知识符号的意义，那么我们需要超越知识的符号这一物理特质，需要还原知识创设者的主体性和主观方面。此时，我们就能够理解他人，也就是能够做到"天下高见，多有相合"。

另外，这种策略对于我们来说也具有现实性。其原因就在于，在理解的超越和超越的理解中，我们自己的意愿就会折射出最大的人性特质——"我愿意"。由于我们是作为"类"存在的人，同时，我们作为人类的类存在是生活于世界之内，并且这个世界是一个世界，因此，以"我愿意"承载的主体及其主观方面的意愿基础就是"超越"和"理解"的前提。

这也可以说明为什么所有社会规范像伦理规范和法律条款等将"我愿意"作为基础条件的原因。同时，主体的主观方面一旦表现为"我愿意"，其作为一个独特的个体就会在知识符号的超越中有了学习的出发点和触发点，也能够在超越中实现自身理解能力的增强。

这样，学习者在对知识创设者一次又一次的理解中了解了知识生成者创设知识的过程，也在发掘人家主体性发挥方式的思维训练中学会了那些知识创设者的思维观念。这样，学习者这一主体的主观方面与知识符号背后那个知识生成者的主观方面就能够通过理解达到重叠，知识的符号化也

---

① 尼采将自传取名为《瞧，这个人》。

② ［英］亚当·斯密. 道德情操论［M］. 王秀莉等，译. 上海：上海三联书店，2008：3.

③ ［法］克洛德·列维-斯特劳斯. 野性的思维［M］. 李幼蒸，译. 北京：中国人民大学出版社，2006：227.

就通过主体的意义附加而在学习者内部生成了。

二、对象与研究方法：中国农家子弟的诠释和理解

我们对民办高校农家子弟学习获得感的研究起点是个体的意识内部，以及这种意识的生成问题。因此，结构功能论和冲突论视角下的知识客观性仅仅是我们进行学习行动研究的形式要件，知识背后的主观要素才是本研究试图去揭示和诠释的东西。另外，我们也不同意将美式研究范式直接应用于我国农家子弟。为此，我们深入欧洲的认识论范式，用康德和胡塞尔的先验观念论和现象学还原我国农家子弟内心状态。

（一）对象：我国农家子弟独特的内在文化观念

1. 我国农家子弟才是研究的基础

如果柏拉图的教育界定——教育即心灵的转向是可被接纳的。那么心灵转向就需要个人内在的稳定起点。然而当下农家子弟学业成就的研究与个体内在意向的相关度却不是那么紧密，而更多地表现为结构化的思维模式。这种研究取向一般以学校教育的结构性特质为基础。

对于高学业成就的农家子弟，研究往往侧重他们对学校教育结构的应和之处，如程猛博士的研究。对那些没有取得高学业成就的农家子弟，研究也侧重从学校结构面去解释个体的差距，如布迪厄的文化再生产、威利斯的反学校文化等。然而，以学校结构面为解释凭借的研究策略无法描述个体学习行动和获得感背后的学习意向。这让研究仍止步于受教者的"心灵"之外。这样，教育即心灵的转向也就无法具体操作。因此，我们从农家子弟个人的学习行动所承载的学习意向及其获得感出发，来揭示农家子弟的内心世界，并以这种内心世界为基础导引教育。

2. 我国农家子弟与欧美类似阶层子弟的文化观念差异

（1）农家子弟的家族身份感与欧美类似阶层意识不同

我国农家子弟对社会单位的体察是宗法家族社会。因此，基于阶层概念的"文化洞察"并不适用于他们。他们的父辈和祖辈大多没有离开乡下。在日积月累的代际传递中，不管是村里的有钱人还是普通的人，哪怕

以前的地主，在宗族的血缘脉络中，大家都是一家人，都有或远或近的亲属关系。所以，对于我国农家子弟来说，宗法社会和其中的家族单位是他们最为直接的社会单位意识。

（2）农家子弟对高等教育的情感是期待与失落而非洞察

我国的农家父母和子弟往往对教育改变命运存在期待，甚至是很高的期待。他们期待借助高等教育离开土地，进入城市生活。另外，从农村到城市，具有很强的地域差距和直观感触。这与西方社会中的市民社会单元不同。因为，同样在城市生活，阶层的改变远远比离开农村的表征要模糊得多。

因此，西方工人阶层的子弟可能会"洞察"，但是中国农家子弟却并不怀疑"高考"对他们离开农村的帮助。另外，日常语境中的农家父母可能会表达失望，但是，那仅仅是一句"气话"，他自己有了孩子，还会让孩子去读书，他们的失望话语仅仅是对自家孩子竞争失败的言说策略。

（3）农家子弟的捣蛋行为是对学之"求"的失落而非"反学校文化"

由于农家子弟的阶层意识不强，并且对农家及其子弟来说，高等教育的意义是"超个人"的，还承载着更多的"争气""出人头地"等，所以，农家子弟的学习行动也很少有"反学校"文化。

因为"反学校"文化更多的是涉及对学校教育环境的不认同。而我国农家子弟对学校文化不是不认同，而是认同情感下的学业无奈。在学校教育主流认同模式下，一旦"学业表现"不尽人意，他们就需要一种新的刷存在感的方式。那些与学校要求不符的行为方式更多隶属于这些自我表现，而不是"反学校"文化的有意识行为。

（二）康德和胡塞尔：德国哲学的知识生成与获得感诠释

1. 康德将"知识符应"变为"能力生成"的教育定位

康德改变了知识的发问方式，从"知识是什么"的发问方式转向知识是"如何可能"，也即从"本体论"转向"认识论"。数学和自然科学的发展拓展了人的认识范围，人试图掌握的认识对象不断扩大。因此，"知识必须符合于对象"的认识论假定失效了。另外，数学和自然科学作为革命性的认识成果，其成功之中必然暗含着某些规律性的东西。为了发现这些规律性的东西，康德借鉴哥白尼的认识论策略，把"天体围绕着观测者旋转"观测方式转变为"观测者围绕星球旋转"。以此为基础，他提出了认识论问题原点："应该有可能在验前得到关于对象的知识，在对象被给予之前就确定关于它们的某些东西"①。这样，他就把知识的"如何可能问题"引向了人的认识能力。

为了分析知识和人的认识能力之间的关系，康德进行了三个方面的理论架构。其一，他重新确定知识关系，将知识与"对象符应论"② 转变为人类认识能力的"生成论"。其实现方式是其"先验或者超越"（Transcendental）的概念，强调知识是知性把"'出现符合于规律'的性质赋予出现"③，也就是"人为自然立法"。其二，他通过"物自体或自在之物"（dinge and sich selbst）的概念将对象排除出认识能力。这就将人的认识能力从遥不可及的本体追求中解放出来。其三，他以"感受性和知性"概念来分析知识生成中人类认识能力。感受性是来自感官接受外界刺激所形成的经验"杂"和"多"，其中"杂"代表着无序，"多"代表着"非单一"性。这就是感受性的特点，不可言表。而知性在"根据一种统一性而确定的杂多"④ 中能够给出"规则"的能力。

2. 康德的"二元和曲行"让知识的生成能力得到诠释

康德的认识论是二元的。他认为，知识来自感受性和知性这两大主干，二者对知识的构成价值同等重要；它们"不能畸重畸轻，没有感性就没有对象对我们被给予出来，而没有知性就没有对象被思想。思想而无内

---

① ［德］伊曼努尔·康德. 纯粹理性批判［M］. 韦卓民，译. 武汉：华中师范大学出版社，2004：17.

② "对象符应论"是我们自己提出的一个概念。它被用来标识本体论认识方式下的知识追求方式。这种态度相信知识的衡量标准在于对对象的符应。

③ ［德］伊曼努尔·康德. 纯粹理性批判［M］. 韦卓民，译. 武汉：华中师范大学出版社，2004：151.

④ 同上，151.

容，是空洞的，直观而无概念，是盲目的"①。

（1）康德认为感性和知性是同等重要的二元要素

一直以来，知识与权力和权威有着浑然一体的关系。这形成了知识的垄断和阶层属性。理性对知识生成的作用远远大于感性。这样，个人的感性也就服从于理性，而理性又让个人之外的更大理性得以介入，从而，个人的感性就从属于外在理性。这也就让个人丧失了自我知识的生成契机。

然而在康德看来，理性和感性是二元的，并且对于知识的生成同等重要。"'畸重畸轻'，据德文直译当为'没有一个是放在另一个的前面的'。从这一句，我们就可知道康德并不把认识中知性自发地提供出来的因素作为在知识（经验）产生过程中先于或重于感性的因素"②，两者同等重要，同时作用，不分先后。

知识的理性因素和感性因素仅仅是知识生成的功能和分工的不同，无任何高下之分。代表着下里巴人的俗文化和代表着阳春白雪的雅文化在感性审美面前是同等重要的，如同孔子评价《诗经》的话"思无邪"，其中不管是《关雎》中的情思，还是《卷耳》中的"嗟我怀人"的思念，抑或是《草虫》中的"亦既见止，亦既觏止，我心则悦"的直白，都是真实的感性，都是真实的感情流露，所以，都是"无邪"。

这样，感性就获得了知识生成的独特的、合法的地位。另外，由于感性带有明显的个人属性，其内容的丰富性并不等于外在理性视角的简单分割，而是来自个人内心的独特性。就这种独特的内心感受性而言，外在的触发得以进入个体内心世界的缘由恰恰不是触发之物的客观性，而是个体感性的独特获取方式，如同前文所说的，花的露珠变成"泪"是因为"感时"。这就为个体的知识生成提供了独特的地位。这个地位是最小的结构分析单元，同时也是教育所需要探入的最基本构成。

---

① ［德］伊曼努尔·康德. 纯粹理性批判［M］. 韦卓民，译. 武汉：华中师范大学出版社，2004：92.

② 同上，92（中译注）.

（2）感性和知性的知识生成是曲行的

另外，知性和感受性在知识构成中发挥作用并非是一个反映与被反映的线性过程，而是一个曲行的过程，"（1）任何一种认识都需要一个对象以某种方式被给予（这甚至适用于形成问题的理智直观或原型［archetypal］直观）；（2）由于像我们这样的有限心智是接受性的而非生产性的，因此它的直观就一定是感性的，基于对象所施加的一个触发；（3）感性直观本身不足以产生对对象的认识，它需要知性的自发性地协作"①。

也就是说，知识在个体内部生成的方式绝对不是一个刺激与反应的行为主义策略。它必然存在知性的一种自发协作，并通过主动的意义附加将知识纳入个体之内。

3. 胡塞尔用意向概念将认识能力导向个人能动

（1）胡塞尔微观诠释对康德宏观立场的进一步改进

康德认识论是以数学和牛顿力学为理想模板的理论，其问题域是"自然"的知识如何在人的认识能力中变得可能？为了实现他的理论目标，他主要在三个方面展开论述。首先，他改变了知识的关系指向，用先验主体的概念将知识的考察基础从外在对象转向了人；其次，他对自然的界定方式是"对象化"的自然，而不是"自在之物"的自然，也就是"按照普遍的规律被规定"的此在②；最后，他将知识的客观性界定为概念的统一性，也即概念界定的"同一"，即"在直观中所给予出来的一切杂多都通过它而在对象的概念中得到统一"③。

这样，认识就在他的概念体系中获得纯粹主体性，具体表现为：首先，作为认识的对象不是自在之物，而是通过一定方式对象化的物。这个

---

① ［美］亨利·E·阿利森. 康德的先验观念论——一种解读与辩护［M］. 丁三东，陈虎平，译. 北京：商务印书馆，2014：109.

② ［德］康德. 未来形而上学导论〈注释本〉［M］. 李秋零，译. 北京：中国人民大学出版社，2013：036.

③ ［德］伊曼努尔·康德. 纯粹理性批判［M］. 韦卓民，译. 武汉：华中师范大学出版社，2004：161.

方式就是人的知性附加。因此，自然的秩序和规律是"我们'输入'的到出现中去"①。其次，作为认识主体的人类是二元存在的。感性能够获取自然给予我们的信息，知性能够自己对这个信息附加秩序。最后，关于人的认识能力、自然和对象的关系，他认为不是人类对自然现象的总结而获得知识，而是人类运用理性"迫使自然对理性自己所决定的各种问题作出答案来"②。

然而康德这种认识论的"蓄水池"意义代表着一个转向，即自中世纪至现代的认识论总结和对后现代"身体诠释"之认识论的"蕴含"。其具体表现如下。

自 17 世纪末牛顿力学的提出，到 1781 年康德第一批判（即《纯粹理性批判》），起源于欧洲的自然科学范式确实证明了"人定胜天"。借助自然科学的力量，人类的足迹遍布地球的各个角落，同时，人类开始将自己的视角转向地球之外的自然世界。在此背景下，"光"作为一个重要的对象进入了物理学的范围，随之而来的是改变牛顿立场的量子力学。

在这样的背景下，人类对物体的关注开始突破物体的外在表征，进入物体内部，"不连续""非对称""不确定性原理"等词汇越来越被物理界所认同。量子力学与牛顿力学最大的不同在于其解释事物的"微观单位"，因此这种解释立场更准确。

认识论的现象学与量子力学的发展几乎同步。虽然目前没有信息显示二者之间存在相关的关系，但是，舍勒在其知识社会学中确实引用过量子力学著名学者索末菲的《量子论的基础与玻尔的原子模型》③。同时，二者在思维特质上也具有很大的相似之处，其解释角度都是从内部最小单位入手，量子力学从原子、电子入手，而现象学从人的意识内部的"体验、意向"入手。

---

① ［德］伊曼努尔·康德. 纯粹理性批判［M］. 韦卓民，译. 武汉：华中师范大学出版社，2004：161.
② 同上.
③ ［德］马克斯·舍勒. 知识社会学问题［M］. 艾彦，译. 南京：译林出版社，2014：201.

（2）胡塞尔对偏自然思维范式的改进

康德的"先验主体"理论是相对于自然科学而言的先验主体。他在总结了伽利略、托里赛利和斯塔尔的实验后说，观察并不能获得必然性，而发现"必然性的规律就是理性的惟一任务"①。理性发挥这一功能的方式不是以学生静听的方式，而是以法官逼问的方式，从而，人类就获得自然面前的绝对主人身份。因此，康德的理性主导价值是建立于人与自然的关系模式下的。此种理性仅仅在人对自然的驾驭技术上具有充分的描述意义，并不能解决个人内心的完满与归宿问题。

事实也确实如此。当我们通过自然科学成为自然主人的时候，由来已久的物资短缺转变成了对物资的"欲望"和"贪婪"，危机并没有消失，恰恰相反，世界性的危机更加严重，阶层的相对贫困，全球性的经济危机，战争接连爆发。于是，人类开始重新反省。例如，史宾格勒提出"西方的没落"，认为没落的原因在于欧洲思维方式偏重发挥外在而不"指向於内在"②；而胡塞尔现象学提出"欧洲科学的危机"。其中，胡塞尔现象学影响更为深远③。

胡塞尔认为，这种危机来源于人类过于依赖以数学为代表的"自然思维"范式，这种范式把人与自然的支配关系及其思维模式作为一切知识和正当性的判断基础，并试图将"自然思维"的范式运用到人类的生活世界中，然而，"生活世界"的"自明性"毕竟与自然科学的"证明性"不同。

"自明"给予的东西"在知觉中作为在直接现前中的'它自身'被

---

① ［德］康德. 未来形而上学导论〈注释本〉［M］. 李秋零，译. 北京：中国人民大学出版社，2013：15.

② ［德］史宾格勒. 西方的没落［M］. 陈晓林，译. 台北：桂冠图书有限公司，1978：31.

③ 联合国教科文组织文化活动部国际合作署主任施耐德曾经做过经典的描述"胡塞尔的影响彻底改变了大陆的哲学，这不是因为他的哲学获得了支配地位，而是因为任何哲学现在都企图顺应现象学的方法，并用这种方法表达自己。"参见：［美］施皮格伯格. 现象学运动［M］. 王炳文，张金言，译. 北京：商务出版社，2011：xxxiii.

经验到的东西，或是在回忆中作为它自身而被想起的东西"①，这种东西才是日常生活中的个人常态。科学家也是人，他们和我们一样都是有血有肉的人，也有七情六欲，也需要柴米油盐，其成长经历的生活日常才是涉及他们自己的意义单位。笔者在此并不否认科学家为科学贡献的社会化考察方式，但就个体来说，从自然出发的考察方式无法描述其内在的世界，如同人们很难理解牛顿最后要研究神学一样。此时，人文思维的理解、主观意义概念开始变得重要，而现象学的还原方法也就应运而生。

（三）诠释与理解下的教育：自身被给予和学习获得感

1. 自身被给予与学习获得感：教育之知识生成的个人标准

（1）教育与学习中的"自身被给予"

教育是人与人之间的关系。在此前提下，物化的东西需要在人与人之间的关系架构下进行还原。它需要借助情感理解和诠释；绝不能成为一个数量化的"概率"事件，不能成为一个"共性"的"被排除者"。

与结构论、功能论强调意义"客观属性"的分析策略不同，现象学的理论目的是为了将意义分析的起点设定为个体的意识内部。其目的就是为了让每一个人用自己的眼睛看到自己想见到的那个单一之物。胡塞尔认为，任何普遍性都存在个性的根源。所谓的普遍性仅仅是思维逻辑的主动援引之结果。他重新解构了"意义"的阐述方式——从知识的表述结果倒推知识形成中的意义建构，用"自身被给予"的概念代替了"客观性"或者"本体论"的概念，以"被给予方式"代替了"刺激"这一标识外在对象的描述方法。

（2）"自身被给予"让外在的"看"转向意向自我

在现象学看来，亲眼所见未必就是事实，且不说指鹿为马的故意，

---

① ［德］胡塞尔. 欧洲科学的危机与超越论的现象学［M］. 王炳文，译. 北京：商务出版社，2017：161.

"颜回偷食"① 的误会也是我们日常所经常见到的。因此，如何在个人亲眼所见与自我意识之间取得"明证"则需要现象学还原的方法。这就要求回指本心，将观看行为本身呈现给自己，进而让事实的焦点出现。现象学所针对的问题不再是我们看到了什么，而是针对"观看行为"本身，然后以"观看行为"为研究对象，去反观行为背后的"视域意识"②。

2. 自身被给予不能被认可的原因

（1）功能论视角下的视域及其生存心态

人类视域的形成并非全部来自自己的眼睛。当我们真的生活于皇帝新

---

① 孔子穷乎陈、蔡之间，藜羹不斟，七日不尝粒。昼寝。颜回索米，得而爨之，几熟，孔子望见颜回攫其甑中而食之。选间食熟，谒孔子而进食。孔子佯为不见之。孔子起曰："今者梦见先君，食洁而后馈。"颜回对曰："不可。向者煤炱入甑中，弃食不祥，回攫而饮之。"孔子叹曰："所信者目也，而目犹不可信；所恃者心也，而心犹不足恃。弟子记之，知人固不易矣。"故知非难也，孔子之所以知人难也。参见：［秦］吕不韦. 吕氏春秋［M］.［汉］高诱，注.［清］毕沅，校. 上海：上海古籍出版社，2014：389-390. 类似的版本也出现在《孔子家语》中：孔子厄于陈、蔡，从者七日不食。子贡以所赍货，窃犯围而出，告籴于野人，得米一石焉。颜回、仲由炊之于壤屋之下，有埃墨堕饭中，颜回取而食之。子贡自井望观之，不悦，以为窃也。入问孔子曰："仁人廉士穷改节乎？"孔子曰："改节即何称于仁廉哉？"子贡曰："若回也，其不改节乎？"孔子曰："然。"子贡以所饭告孔子。子曰："吾信回之为仁久矣。虽汝有云，弗以疑也，其或者必有故矣？汝止，吾将问之。"召颜回曰："畴昔予梦见先人，岂或启佑我哉。子炊而进饭，吾将进焉。"对曰："向有埃墨堕饭中，欲置之则不洁；欲弃之则可惜。回即食之，不可祭也。"孔子曰："然乎！吾亦食之。"颜回出。孔子顾谓二三子曰："吾之信回也，非待今日也。"二三子由此乃服。参见：［魏］王肃（编）. 孔子家语［M］. 沈阳：万卷出版公司，2009：131-132.

② 视域（Horizont）是胡塞尔喜欢用的一个概念，涉及他的构造现象学。因为在他看来，我们所看到的东西并非孤立，同时，能为我们所看到的东西也并非全部主观，二者之间存在一个类似工具性选择的"视域"概念。在这个概念下，能够进入我们知觉中的东西并非单独存在，而是因为"在某个知觉域中"而被知觉（参见：［德］胡塞尔. 欧洲科学的危机与超越论的现象学［M］. 王炳文，译. 北京：商务出版社，2017：205）。然而，我们在运用这个概念的时候，提出运用"视域意识"的概念来反思视域背后的意义形成模式。当我们看到某个东西的时候，并不仅仅是这个东西的客观存在，而是因为它的"意义"。而这个意义的形成方式才是"视域"的基础性原因。例如，华人看到红色，可能会想到"喜庆"，看到一些篆书，很容易想到具体的现代汉字；而西方字母国民却很难有这样的认同效果，因为所受教育而形成的"视域意识"不同。

装故事设定的生活情境，我们很难做到对自己视觉内容的确信，有时候真的像鲁迅说的：路仅仅是走的人多了。

而在所有这些"走的人多"的思维中，最容易进入思维的恰恰是"数学"的大概率刺激方式。这也是休谟哲学让人痴迷之处。他强调没有什么因果必然性，仅仅是"走的人多"后的思维习惯。这也呈现了近代思维范式的一个特殊之处：为什么是数学？

自从笛卡尔、伽利略和牛顿以来，以数学为核心的自然科学取得了人类视域意识的独霸地位。我们已经习惯了自然科学的思维范式，科技的每一次进步就相当于在我们眼前加了一个"视域意识"。它将社会生活世界的文化观念以我们无意识的方式植入我们心中。这部分视域意识往往成为教育正当性和实践性的理论支撑。

基于此，我们的观看行为本身发生了变化，亲眼看到与自我确证之间出现了裂痕。亲眼所见的真理明证性与自我的意义附加之间需要一个外在的"专业化"视域认可。此时，人类特有之事就发生了，我们的知性能力会主动援引"逻辑"，进而形成事件的价值判断和意义属性。例如，我们走在大街上的时候发现钱包不见了，回头的一刹那，见到另外一个人正好手里拿着自己的钱包。此时，我们的想法并不来自我们见到的钱包。如果社会上的拾金不昧风气占据主流，我们就会认为那人手里的钱包是拾到的，正要还给我；如果盗窃盛行，我们立马就怀疑那人偷了我们的钱包。并且，我们对视域意识的援引往往是自动发生的。而这种视域意识的援引方式和特质就是功能论思维的发生方式。

（2）自身被给予是情感之质统摄"量"而非"量"覆盖"质"

数学和自然思维范式获得支配性视域意识的原因在于，它们支持的工业革命将人类从自然的受宰制者变为了支配者，如同康德所说：逼迫自然给我们想要的信息。这是人类几千年来的梦想。在这样的信念下，人类开始对自然科学的第一功臣数学思维及其数据化的表述方式信赖有加。因此，以数学思维为代表的自然思维成为当下处理社会和教育问题的重要视域意识。

　　然而数学自己在科学发展的路上却未能独善其身。且不说数学自己信奉的"证明"逻辑在"$1+1=2$"上无法实现，也不说数学所经历的三次危机：整数概念的"数"与"$\sqrt{2}$"的非整数概念，牛顿与莱布尼茨的微积分，罗素的集合悖论。虽然数学的危机最后由数学家给解决了，然而，数学却无法解决自然科学家自身这一"人的意义问题"。

　　也许科学家是科学的弄潮儿和法官，是确定自然科学对错的终极裁判，可是科学家的世界由什么来承载，他们回到生活的世界甚至还不如你我这样的普通人会生活。另外，学术造假现象也足以说明，数学的使用者也是有"意义"的人。造假者会选择符合社会意义要求的数据来构成"三人成虎"①。

　　为什么会这样？因为人类除了外显的物质生活和社会行为以外，还存在涉及自我的那部分意识生活。它涉及个人的情感自洽、自我完满和获得感等问题。这些是数学所无法解决的，就像纳什②面对女性时的仓皇无措。毕竟，阿Q的"吴妈，我要和你困觉"虽人人都懂，但却不能说，而"我要和你早上一起醒来"却更合乎社会理解的视域意识。这也许恰恰说明了数学的简单直接与情感的复杂多变。毕竟，数学需要证明，不管你喜欢还是不喜欢。而情感不需要证明，它需要"情感在场"，"$1+1=2$"的表述远远没有"再给我一个好吗"来得更加温情。

　　这一现象的出现恰恰是因为数学"量"将个人的感性之"质"给覆盖了。人类源于物资资源的"稀缺"而发展的自然科学和工业文明没有办法解决"稀缺"问题。因为其问题指向不是"满足和获得感"这样的情感问

---

①　庞葱与太子质于邯郸，谓魏王曰："今一人言市有虎，王信之乎？"王曰："否。""二人言市有虎，王信之乎？"王曰："寡人疑之矣。""三人言市有虎，王信之乎？"王曰："寡人信之矣。"庞葱曰："夫市之无虎明矣，然而三人言而成虎。今邯郸去大梁也远于市，而议臣者过于三人矣。愿王察之矣。"王曰："寡人自为知。"于是辞行，而谗言先至。后太子罢质，果不得见。[西汉]刘向．战国策[M]．济南：齐鲁书社，2005：266.

②　约翰·纳什（John Nash，1928.6.13—2015.5.23）纳什均衡概念和均衡存在定理的开创者，1994年诺贝尔经济学奖获得者。

题，而是"欲望"。可是，欲望不是用来满足的，而是用来被驾驭的。这就像"火"的启示一样，不能用柴去满足火的需要，否则火会烧光一切。欲望被满足之后不会停止，而是生成更新、更大的欲望。自然科学和工业索取方式对欲望的处理策略恰恰是纵容式的抱薪救火，第一次工业革命和第二次工业革命随之而来的恰恰不是富足，而是世界性的战争。

那么生成满足和获得感的东西是什么？它是个人内心的情感需要和自我和解能力。因此，它是"质"对"量"的"统领"。欲望的外在指向需要回归自我并在自我内部通过沉思生成"调节能力"。这种调节能力不是那种"与世无争"，那是对"道家"思想的误解。所谓的"无为"和"不争"不是自甘堕落，而是不与人挣与己挣。它是"动心忍性曾益其所不能"的"苦其心志"。

这需要内心世界的回指，需要我们从外在自然的指向上折回，将人类思维的努力转向意识的内部，去深层描述和探查。在探查和理解中，我们一次又一次地靠近另一个灵魂。在对他者精神世界的了解中，我们可以了解这个世界的视域意识及其形成，从而，我们也就开始具有了反省"视域意识"的能力。

3. 意向设定与教育剩余：获得感视域下教育诠释原点的定位

（1）教育与我自己的问题：学校教育给我们带来什么

相对于有限的生命时间，我们在学校的时间几乎占据了整个青春时期。但是，在面对"你在学校学到了什么"这一问题的时候，我们还是有点茫然，不知道如何是好。是成为一个好学生？还是将学习当作工具去获得好的生存技能？教育对我们自己的意义是什么？当我们离开学校环境之后，在我们用"文凭"这一社会标识而获得工作机会以后，整个受教育经历给我们留下了什么？

对这些问题所采用的诠释原点不同，问题的答案也不同。如果以个人意向自我侧的生成为原点，那么教育的生成就是自我设定的生成；如果以教育的功能定位为原点，那么"学力剥落"和"教育剩余"概念就会出现。

113

（2）剩余物：一种教育立场的分析

"教育"与"剩余"这一问题的描述开始为大家所关注来自爱因斯坦的演讲，即一个人在忘记学校学到的东西后剩下的就是教育①。但这句话并非原创，虽然爱因斯坦没有注明出处，他说的是一个才子对教育进行了独特的定义。仔细查找文献就会发现，这个思想很可能是怀特海在《教育的目的》中的表述。他强调说"当你丢掉你的课本，烧掉你的听课笔记，忘掉你为了应付考试而背诵的细节，你的学习对你来说才是有用的"②。这就让教育的逻辑起点回到了学习获得感这一基点。

然而这种诠释的原点定位显然是"教师"和"教育"，而不是"学生"。可是，以教师的教育为中心的反思策略是一种理想的应然状态的分析策略。其作用就像商人通过给自己的账目加几个零的办法来增加财富一样③。

于是，教师立场的另一个界定就出现了。其将教育的剩余与学生学习结果进行比较后提出"学力剥落"④ 的界说。然而"学力剥落"的概念界定还是以"知识学习"为目的指向的一种教育分析策略，而不是以"学习"本身为指向的研究策略。从某种角度上说，它还是学习行为的可视标准，并没有指向学习者本身的学习意向及其获得感。如果"学力"剥落

---

① ［美］爱因斯坦 . 爱因斯坦论科学与教育［M］. 许良英等，译 . 北京：商务印书馆，2016：133.

② ［英］怀特海 . 教育的目的［M］. 庄莲平，王立中，译 . 上海：文汇出版社，2012：38.

③ 原话为"企图用笛卡尔著名的本体论论证来证明一个最高存在者的存在，只是白费力气和自吃苦头；我们仅仅由理念来丰富我们的洞见，所得的结果，和一个商人在他的现金账上加上几个零来改善他的地位，毫无二致"。参见：［德］伊曼努尔·康德 . 纯粹理性批判［M］. 韦卓民，译 . 武汉：华中师范大学出版社，2004：537. 因此，那种以教师所教授内容和方法为中心的反思策略无论如何并没有离开教育的"理念"设定。而以"学习获得感"的学生立场出发，才能反思教育的结果，并将之纳入改革范围。

④ "学力剥落现象"（知识剥落现象）是日本学者近年频频使用的批判"应试教育"的专门术语，用来形容"为考试而教，为考试而学，一旦考试结束，死记硬背的知识犹如镀金那样剥落殆尽的现象"。参见：钟启泉 . "知识教学"辨［J］. 上海教育科研 . 2007（04）：8.

了，那么学生也会在除学校学习以外的其他学习行为上表现出剥落的事实，可事实恰恰相反，学生会将自己的注意力转移，如打游戏等。

（3）现象学的意向设定对学力剥落和教育剩余的重置

对学力在学习行为上的表现不佳这一现象的原因进行分析，"功能论教育"的原点定位方式表现出解释不力的困境。这就让"学力"背后的"学"开始进入了学习研究的视域。这也就将"教育"及其与"知识"的相关性和与之有关的人与人之间的关系被重新置于苏格拉底问题面前。

苏格拉底的问题是"知识是否可以教"？他认为自己没有可供教授的知识，同时也不会教育的技艺；当法庭指控学生因为学习他的知识而受到蛊惑这一结果的时候，他为自己辩护说"他也只有'朋友'而没有'学生'，而且也没有教育别人的荣耀。实际情况是他没有'这类知识'"①。

这就将教育的结果和学习者的生成结果分开了，而作为学习者所学习的东西并不必然是教育者所教授的东西。因此，他表达了"我既然不知道，也就不认为我知道"② 这一教育者的基本立场——教师要知道自己教的东西是什么。因此，面对"败坏青年"的指控，他提出了教育更加深层的问题："谁把他们变好的，披露给大家"③。而如果不知道"好"是什么，那么也就无法以"好"的标准进行教育，那么所教授的东西也就可能是人云亦云，那么"传声筒"这一微妙的界定方式就可以将教师的职业位置消弭，因为教育者并没有对教育本身附加特别的贡献。

苏格拉底这一论断之所以让教育者"魂牵梦绕"，并且像幽灵一样挥之不去，这就是因为问题的讨论和面对让教育的正当性时刻面临自己的逻辑起点。然而，现象学的个人"意向设定"概念可以让这个问题的解释自得圆满。因此在个人意向看来，所谓的"学力剥落""教育剩余"都是一个事情——我不愿意。教育剩余仅仅是个人学习意向设定的结果。学力剥

---

① 范明生．苏格拉底及其先期哲学家［M］．台北：东大图书股份有限公司，2003：258.

② ［古希腊］柏拉图．苏格拉底的申辩［M］．吴飞，译．北京：华夏出版社2007：80.

③ 同上，91.

落也是个人的学习意向并没有对之进行设定。

在这一基点之下，学生的"会"并非来自老师的教，而是来自学生的学。教师的职责恰恰不是教授知识，而是还原知识，还原到知识的主体性与客体性上。同时，教师还需要在理解的基础上对学生进行意识还原，还原到学生的那个清醒自我，从而生成意向，并将之指向外在的一切。这种指向并不限于知识，与自己生命意识的觉醒更加相关，与觉醒之后用自己的眼睛看更加相关。

因此"学到了什么"并不是"教育的剩余"。它是学生自我学习的"设定生成"，是学生将自己整个的受教育经历置于自己的学习意向面前所生成的部分。因此，学习获得感、学习意向的生成和教育效果最后就共同指向了教育本身。这一指向彰显了现实教育操作方式在还原之后的本真。在还原的方法下，学生个体的学习获得感可以作为教育的"剩余物"来呈现教育的过程，这一教育还原的策略是从学习者立场反观教育者立场、从学习获得感反观教育目的的策略。它能够比以教育者为指向的反思具有更加明证的现实性。

（4）个人自我的设定生成：学习获得感的意向诠释

"设定"这个概念是胡塞尔现象学中的一个重要概念，其与"立场"（Position）"命题""执态"和"信念"等相关。胡塞尔用"设定"概念来描述意识行为对其对象存在与否的信念状态，"设定在其原初所予性中有其原初的合法性基础"①。此时，意向物的衡量标准不再是外在的客观事物，而是类似于个人信念的内在"设定"。

因此，其合法性基础就与个体自我的原初动机相关了，意向生发出的原初动机通过设定行为给外物以意义。在这个视角上，胡塞尔又一次拉近了康德的直观和知性之间的距离，直观在此也不是纯粹感性的直观；而是带有意义设定的直观，知性也不是纯粹的知性，而是带有个体原初动机生成的知性。

---

① ［德］胡塞尔．纯粹现象学通论——纯粹现象学和现象学哲学的观念（I）［M］．李幼蒸，译．北京：中国人民大学出版社，2004：242.

　　于是，学习者对自己所要学习的内容先有了一个自主的判断。并且学生的"自主"性可以通过他们在学习行动中所援引的逻辑来分析，能够探查个体内在的意向状态。这个意向状态深植于个人的灵魂之中，用康德的话说就是"这根尚不为人所知"①。因此，社会的可视化考察方式仅仅是一种可能性，当我们以学习行为这一可视化的身体动作为考察单位的时候，会得出"学力剥落"的结果，但是如果我们以个体学习意向的意义设定及其援引逻辑的方式为考察单位的时候，学力并未剥落，而是被溺心灭质了，这也许是卢梭那句"出自造物主之手的东西，都是好的，而一到了人的手里，就全坏了"②的教育视域意识。因此，怀特海强调最有意义的智力发展是自我的发展③。

　　怀特海认为自我的发展在"16 岁和 30 岁"之间，按照他所引用的大主教坦普尔的名言"问题不在于他们 18 岁时怎么样，重要的是他们之后将成为怎样的人"④。这说明大学阶段是一个自我发展的关键时期，按照中国当下的入学制度，儿童 6 岁入学，18 岁正好是进入大学的时间。然而，青少年进入大学是带着特定"意向"进入大学的，而不是一个肉身来到了学校；他们的意向中有家庭的期许，有自己的欲望。这些意向中的"视域意识"支撑着他们的设定行为以及对社会逻辑的援引方式。就中国的农家子弟来说，他们的意向更多的是来自"离农"和"入城"，其中并非全部是自我的需求。

　　农家子弟意向背后的这些"视域意识"是需要还原的，并且这个还原是带有"超越"特质的还原。为了描述个体的还原，胡塞尔将自我区分为心理自我和纯粹自我。前者代表经验生活中的那个自我，如前文所说的"当时只道是寻常"中"当时"就是一种经验自我的描述。而我们一旦跳出那个经验生活，回首往事，特别是面对失去自己最爱的人之后再去回想

① ［德］伊曼努尔·康德．纯粹理性批判［M］．韦卓民，译．武汉：华中师范大学出版社，2004：57．
② ［法］卢梭．爱弥儿［M］．李平沤，译．北京：商务印书馆，1978：5．
③ ［英］怀特海．教育的目的［M］．庄莲平，王立中，译．上海：文汇出版社，2012：1．
④ 同上，3．

和那个人一起生活的场景，那个场景就开始有了更多的意蕴，比如怀念，思念，睹物伤情等，此时就是还原之后的纯粹自我，才知道自己到底有多么依靠那个人。因此，胡塞尔说"纯粹自我是超越还原的结果，即意识领域经过悬置后的剩余物"①。

并且胡塞尔认为"当我们还原到'纯粹内在性'时，作为一种现象学剩余剩下了什么东西，以及因此什么东西可看作是和什么东西不可看作是纯粹体验的真实组成成分"② 就会出现。这样，那个纯粹的内在性，那个独一无二的自身就开始萌生，于是，真实自我的意向设定和设定相关物就具有自己的独特视域。此时的自我是在排除了一切他者视角之后的那个纯粹自我，此时面对的经验世界也是在排除掉了一切理论设定的那个经验世界。

另外，在中国当下的教育视域下，大学是中国整个教育体制所最有可能实现这种教育理念的地方。一方面，他们父母的期待和要求会降低；这表明他们学习意向中的他者视域降低，另一方面，大学的课程也与日常生活更加接近。因此，这让自我的还原并呈现纯粹自我具有了现实性，同时，也让基于纯粹自我的自主学习和终身学习变得现实。此时，学习开始成为一种需要，而不是一种任务。

如果在大学阶段，学生还是在经验自我的盲从中学习，那么教育结果还是会培养那些"精致的利己主义者"。因为他们学习的目的并不是为了自我的发展，而是为了获得社会的积极评价与利益分配，为了满足社会的评价结果。他们的学习意向会主动或被动地回避自我的体验和感受，从而其自我中的自我否定会成为一种学习指向的重要要素。

这种要素中的"否定"情感将自我设定的基点设定为自我相对面的社会，这让学生出现了异化学习和异化人生。当然，在此并不是否定社会价值的存在，而是重新校正个人和社会之间的生成关系；不是功能论者涂尔

---

① ［美］维拉德·梅欧. 胡塞尔［M］. 杨富斌，译. 北京：中华书局，2002：105.

② ［德］胡塞尔. 纯粹现象学通论——纯粹现象学和现象学哲学的观念（I）［M］. 李幼蒸，译. 北京：中国人民大学出版社，2004：170.

干所强调的社会先于个人而存在，而是强调个人通过学习开发自我的社会价值并反哺社会，这就是需要个体还原之后的纯粹自我学习。此时，学生通过将自我的经验体检进行超越，并通过对这种体验进行适当变形的诠释而让社会文化呈现多元视角，进而滋养社会。

同时，还原之后的纯粹自我的学习也是学习的高级形态。因为这种学习并没有回避个人的体验，也就开始了自我的悦纳。同时，学习的内容——知识本身也不再是客观的单一标准，它开始呈现被描述的对象和描述者的主观视域，其中主观视域的剥离也能够让个人对知识的理解变得可能。这一点，史宾格勒的描述具有前所未有的启发意义，"自然是一'形态'（shape），高级文化的人们在这形态之中，综合并传译他们所感觉的印象；而历史是一个'造像'（image），人们从这造像来印证世界的存在，与他个人的生命间的关系，所以研究后者时比较切近真实"①。因此，不管是自然物还是人类文化历史的人造符号，都是个人的生命释放，其中蕴含的生命属性具有"人同此情"的相通性。

（四）诠释是理解的诠释而非精神偷窥

1. 理解是对他人情感的感知

另外，基于关怀和理解目的的情感探查不是自然思维的主客逻辑，不是对他人精神世界的"偷窥"，而是一种寻找人文情怀的情感释放场域；不管是有钱人还是没钱人都是人，都渴望被温情的理解，渴望情感关怀，痛苦需要被感知，喜悦需要被分享。它是深入探查不寻常之处后的"当时只道是寻常"，更是"而今识尽愁滋味，欲说还休。欲说还休"之后的"天凉好个秋"的"静穆"。这需要的不是数学的方法，而是人文科学的方法。

这种人文的方法不是自然科学的"刺激—反应"式的线性逻辑。它是以自己的方式深入自己意识内部，通过自我的意识回指来实现"本心"的脱颖。因此沉思和自反是其主要的描述策略。这与自然科学的技术路线以

---

① ［德］史宾格勒（Oswald Spengler）. 西方的没落［M］. 陈晓林，译. 台北：桂冠图书股份有限公司，1975：5.

及策略方式不同，只有自己才能做到面向自己本身。而胡塞尔现象学的还原方法至少使这一问题的解决提供了可能性①。在此视角下，数学的统计学工具价值和工具性价值背后的意义模式就具有了人文科学的属性——数学仅仅是人类意义的另外一种表达方式而已。同时，个人的感受和温情同样需要具有其存在的现实性，统计学的小概率事件不能被视为"应予排除"的"理所当然"。

另外，此时的人文科学是价值悬置之后的理解。因此，"面向事实本身"比事实的好坏更重要。在现象学看来，所有的科学语言都是人类主观意义附加的结果，我们作为盲人只能接受那个事实：我们不可能摸到整个大象，他人也有自己的触摸方式。这种自然处境的"未完成"和"不完满"是真实的生活处境，也是社会交流的价值，它为我们提供了体察到别人视域意识的开阔视野。

2. 理解的积极意义是警惕支配力的僭越

情感还原的"理解"也是对自然思维中无处不在的支配力僭越所能采取的一种据斥方法。任何技术领域的"单一""简单"都解决不了个人生活的情感需要。面对痛苦，再多的数据调查和言语论证都不能代替自己心中"重要他人"的一个拍打，一个眼神、一个拥抱。情感需要理解，需要被感知，而不是需要被证明。在情感还原中，自然思维的"一"劳永逸恰恰应该被反省和警惕。因为也许在自然科学领域简单意味着"真"，而在人文科学环境中，"一"的不同获取方式却值得沉思，它可能是专断。

因此，在视域意识的反思与还原中，自然科学范式和人文科学范式不再是史诺所提出的"两种文化"的冲突②，而是一个共同的意义世界，并且这个意义世界是指向一个共同的自然"在世"，同时，它们也都是在人

---

① ［美］舒兹（A. Schutz）. 社会世界的现象学 ［M］. 卢岚兰，译. 台北：桂冠图书股份有限公司，1991：10.

② 史诺认为，社会正在自然科学和人文知识分子之间形成两种文化的隔阂，二者不能互相理解，"有时甚至对对方带著讨厌和敌视的态度"。 ［英］查尔斯·史诺（C. P. Snow）. 两种文化 ［M］. 林志成，刘蓝玉，译. 台北：猫头鹰出版事业部，2000：97.

的作用下建构的意义世界。

这也是胡塞尔现象学的一个重要工作，就是"把自然科学与自然科学家们扯回那个仅有着主观性及相对性的生命世界中来加以思索"①，也就是还原到大家都习以为常的"生活世界"中来。这就像一对相对的个人概念：慎独和隐私。在自己的日常生活世界中，个人是最为基本的意义单位。这个意义单位不是因社会结构要求而生成的"君子慎独"，而是基于支配力僭越的警惕所生成的"隐私"保护。

当然，这里并不否认科学家的知识创造具有社会意义，而是从一切有形之物、从"'自然立足点'的科学中，对这个世界获得一个真正具有哲学意义的认识"②。因为在意义的人文视域下，所谓客观的自然科学范式仅仅是标识了一个部分——那个能够被其他人所可能经验的部分。就像自然科学追求可重复性一样，这部分可以让其他人在同等条件下能够重复进行。而科学家在设定实验条件和形成实验假设方面的意义附加部分却是人文的部分。因为理性只能保证在理性推理方面起作用，生活世界的直观观察却并不需要这些，它需要的是另外一种方法——"还原"。

（五）农家大学生学习获得感之意向基础的提取方法

1. 社会学自传

社会学的传记取向代表了二十世纪八十年代社会学研究的一个新取向，托马斯与兹纳涅茨基于1918—1920年间出版的《身处欧美的波兰农民》，被认为是最早的传记研究。他们认为个人生活记录是完美的社会学研究资料③，强调研究中的个体发现与主体彰显。

美国社会学家默顿于1988年首先提出"社会学自传"的概念④。他认

---

① 蔡美丽. 胡塞尔 [M]. 台北：东大图书公司，1989：151.

② [英] Edo Pivčević. 胡塞尔与现象学 [M]. 廖仁义，译. 台北：桂冠图书股份有限公司，1985：138.

③ 鲍磊. 社会学的传记取向：当代社会学进展的一种维度 [J]. 社会. 2014（5）：175，191.

④ Robert K. Merton. *Some Thoughts on the Concept of Sociological Autobiography*. In Matilda White Riley, ed., Sociological Lives. Newbury Park, CA：Sage Publications, 17-21.

为，自传可以通过自省的方式回顾自我，并且这种方式是其他个体所无法替代的，个人自传反映了一个人对社会结构变迁所做出的独特意义附加，是"从文字上表达了一个人对他自己的生命历程的反思"①，是对意义体验的重新审视。

这种意义附加过程形成了文化的独特样式，同时，它与教育相通，因为文化本身就含有过程、表意等意蕴。按照英国新左派文化理论领导者雷蒙·威廉斯的考证，文化的早期用法是一个"表示'过程'（process）的名词，意指对某物的照料"，在"历史与'文化研究'里，主要是指'表意的'（signifying）或'象征的'（symbolic）"②。这也应和了威利斯对文化特性的界定。他认为，文化的特性在于"社会能动者'意义创造'的积极过程，尤其是在理解自身生存环境，包括经济地位、社会关系以及为维护尊严、寻求发展和成为真正的人而构建的认同和策略的过程中。"③

2. 半结构深度访谈

汤姆·文格拉夫认为半结构深度访谈具有两个重要的特征：其一，"作为整体的访谈是你和你的被访谈者的共同产物"；其二是"深入事实的内部"，后者指向了被访谈资料的意义构成，"对访谈资料的理解和解释可以大体等同于对被访者赋予访谈资料（话语）的意义"④。

这种意义的附加过程暗含了个体行动的社会意义。按照韦伯对行动的解释，"所谓'行动'意指行动个体对其行为赋予主观的意义——不论外显或内隐，不作为或容忍默认"⑤。另外，我们对农家子弟的意义附加过程进行深度的访谈时候，也确实发现了他们成长路径的文化印迹。因为按照

①　[德] 威廉·狄尔泰. 历史中的意义 [M]. 艾彦、逸飞，译. 北京：中国城市出版社，2002：29-30.

②　[英] 雷蒙·威廉斯. 关键词：文化与社会的词汇 [M]. 刘建基，译. 上海：三联书店，2016：148-153.

③　[英] 威利斯. 学做工：工人阶级子弟为何子承父业 [M]. 秘舒、凌旻华，译. 南京：译林出版社，2013：2.

④　杨善华、孙飞宇. 作为意义探究的深度访谈 [J]. 社会学研究，2005（5）：53.

⑤　[德] 马克斯·韦伯. 社会学的基本概念 [M]. 顾忠华，译. 桂林：广西师范大学出版社，2005：3.

美国释义人类学者克利福德·格尔茨对文化的理解，文化概念"既不是多重所指的，也不是含混不清的：它表示的是从历史上留下来的存在于符号中的意义模式，是以符号形式表达的前后相袭的概念系统，借此人们交流、保存和发展对生命的知识和态度"①。他强调这种文化探查的深度事实需要以被访谈者"习惯语句"来实行，然后对此态度进行转译。这一点对于笔者来说具有现实性。笔者自己和周围的同事和朋友也有很多都是农家子弟的一员，所以对于农家子弟的话语方式相对比较熟悉。

本书主要通过对山东某民办高校 X 学院随机抽查的两个班级 65 个人进行抽样，以课堂作业的方式要求学生书写个人的教育自传，除去写得很少的，共得到 48 份个人教育自传，其中农村学生 46 人，县城学生 2 人，父母受过高等教育的 2 人。

另外，以山东某 985 高校为平台，随机选取家庭出身为中产阶层的大一新生 15 人为样本（样本选择来自辅导员的推荐），然后从中选取比较有代表性的学生进行至少两次的深度访谈，每次访谈至少一个小时，每周访谈一次。访谈地点选择在两个地方，一个是教师的办公室，一个是在咖啡馆。

个人自传和访谈主要集中在四个维度：对待金钱的态度；父母的教育期待；自己的教育期待；与父母的沟通方式。对于被访谈的对象的编码方式，农家子弟用 N 编码，对于城市中产用 Z 代表。

三、研究者个人意向自我侧对方法的应用立场

对知识、对象和人的关系这一认识论的定位，我们采用了康德主义及其后继者胡塞尔现象学的路向，即，用知识与人的认知能力相关这一立场代替知识与对象的符应立场。

在这样的定位中，认知能力、心灵、文化、文明等教育的"名"开始具有了"概念"的意义。为了始终将我们的教育分析框定在"心灵转向自

---

① ［美］克利福德·格尔茨. 文化的解释 [M]. 韩莉，译. 上海：上海译文出版社. 2014：44.

我并生成获得感"这一主题之上，我们区分了常用的两个教育术语——文化和文明。对此，我们借用史宾格勒的做法，将文明界定为外在的，而文化是内在的。因为，个人内心的心动缘起一定不是文明，而是文化①。

另外，我们创设了"民族心态"这个概念。它让我们的分析指向了民族内心的思维逻辑和品味。另外，民族心态与文化的内在性一脉相通，它能防止文化和文明混用、滥用和误用。这并非画蛇添足。它是为了保证我们对个人学习意向的分析指向不被偏离。

（一）教育立场：绕过符号去发现人的艺术创造

1. 我们面对的不仅仅是符号还有自己在符号面前的镜像

我们面对的物上一定有一个自己的生存心态。有一个好玩的故事，一个英国人看到中国大妈在给自己的猫洗澡，顺嘴用中文问她在干嘛，她说鼓捣猫呢，那个英国人听到的是"good morning"。

就物理属性来说，我们听到的是声音，而这声音被理解的关键是其背后的意义或者说生存心态。因此，我们听到的东西是生存心态的折射，是我们自己心里的东西。而这才是教育要面对的东西。这些东西悬浮于民族心态这一文化之中，外人永远都不能理解；在他们看来，所有的这一切其实是文明。

我们将文化与民族心态相关的目的②视为论述"教育即心灵的转向"这一命题中的"心灵"与"转向"。也就是说，在个人与社会互动的一系列心灵转向中，教育的定位到底是促使心灵向哪个方向转向，其转向的正当性是什么？

就正当性而言，教育是比治大国如烹小鲜更加慎重的事情。"百年树人"，而当下种下的因可能会绵延百年。因此，教育所种下的因是"心"，

---

① 此概念界定来自史宾格勒。他认为，文明是外在的，文化是内在；西方的文明正在没落，而与之相对，文化会正在兴起。

② 在此，我们对动机和目的也做了区分。这一点，我们借鉴了亚里士多德的四因说：质料因、形式因、动力因、目的因。我们区分目的和动力的根据是意向性的向度问题，当强调意向的生发缘起之自我侧的时候，我们会用动机概念，当强调社会机构侧的时候，我们会用目的概念。

会伴随一个人一生的每时每刻。这绝不是一句驯化和训练所能阐释的。因此，教育要建构时代，但绝不能媚时代，因为教育是国家和民族孕育良才的生发之地。试想，万千的储备粮草都是霉烂之物，而我们却浑然不知，一旦天灾岂非人祸？这一点，只需看一下近代化历史上的中日表现就可以一目了然①。

近代历史的中日表现差别有很多原因，但是教育却是被说得最多的。我想日本人肯定会想起他们的福泽谕吉，否则，不会把日元印上他。而福泽先生的重要贡献是看到了大时代，那种超越了千年亚洲文化而面向世界的大时代。因此，在民族心态和个人生存心态和"面向未来"之间，教育具有独特的职能属性，那就是以"心"为基础理解与沟通；否则，它就将自己的民族置于虎狼之侧，却不教给他相处之道，那就是孟子口中的"罔民"，就是"不教而诛"。

2. 教育的生存大心态是对未来时代转向的直面

教育所要面临的未来是"转向"本身。它不是转向的具体行为。教育在民族心态和个人生存心态之间的沟通凭借是独立的判断、选择和决断。它是中庸之道，而非媚。为什么要是这种立场？

因为民族心态代表着方向，代表着一个民族最为稳定的生存心态，但是，民族心态需要一种新鲜的血液加入进来，而这个新的东西就是个人的意向。而教育就是二者之间的协调者。教育本身的境界不仅仅决定了民族心态的传承，而且它还代表着创新的可能。这一点，我们可以回想每一个王朝政治的开始阶段，开拓者和革命者能够进入到权力的中心；而到王朝的后期，具有个人属性的意向性就越来越难进入到权力的中心。

教育做到转向要求策略是：直面问题并能够转向。转向的目的是能绕到后面去，见到那个人。这是教育的策略选择。只有这样，个人生存心态的灵动和民族生存心态的稳定才能建构。因此，教育才是民族的脊梁；其

---

① 中日近代化的历程比较：1840年鸦片战争，1853年黑船事件，随后大约四十年，甲午战争，随后大约又四十年，日本全面侵华，"二战"后近十年日本恢复到战前水平，二十世纪六十年代日本国民生产总值上升到世界第四名。

他要么是骨，要么是气，要么是血肉，绝非脊梁。

试想如果师徒情谊、骨血亲情都不能保证，那么人的生存心态就会远离任何东西——不再相信。并且，这种不再相信不是因为被骗，而是因为被骗之后的伤心以至死心。一旦如此，民族心态和个人心态因为情感缺失就会赤裸裸，我们的心潮澎湃和热泪盈眶也不再对它打开。一旦如此，那个时代就会在我们自己的记忆中被抹去，我们更不会和我们的子孙谈起；不需要很多年，那个时代就被历史除名了。

3. 教育之"常"的文化与生存心态

天道有常的"常"不再是对"常"本身的求取，而变成了对"无常"和"不确定"的解读和接受。因此，教育绝不能在民族心态和个人生存心态之间偏执一端；否则，追求"教育生成"的成就需要会让渡给安全的"低端重复"。

人云亦云的重复操作确实容易上手，但那不是教育的职责和工作，那是培训和训练的。因为教育的指向不是行为，而是心灵的转向和获得感。一旦缺失了这种意向自我侧的自信，买椟还珠、南辕北辙、叶公好龙、刻舟求剑，任何一个故事都可以毁掉我们自己的人生。

试想改革开放初期，那些拿自己祖传的"明青花"去换冰箱和彩电的际遇，八十年代的冰箱和彩电几百块，工资几十块，明青花换了彩电还很开心，四十年过去了，估计彩电和冰箱都不知道哪里去了，估计回炉都不知道多少次了，而那些青花却一步步地登堂入室，有的还被视作"国之重器"，这就是天道。

为了靠近这天道，教育需要绕过"森林"和"老人"① 代表的经验主义和理性主义。就经验主义来说，大家会开心地谈论卢梭，但涂尔干说，没有一个民族选择卢梭作为自己的教育理念，这就像父母会劝别人——孩子做自己喜欢的就好，回头却不愿意将这句话用在自己孩子上。另外，如果你追问："你知道孩子喜欢什么？"估计人家会觉得你怪怪的。与经验主

---

① 下文有专门的讨论，即尼采的"上帝死了"的宣言：难道这真有可能？这位老人在他的森林里还没有听说，上帝已经死了吗？

义相对，柏拉图以"教育即心灵转向"强调了理性主义，但是后现代以来，"孩子你要听话"这一理性主义的教育目标越来越无法"面向未来"。因为"未来还没有来，而听话的'话'却是已经发生"。

此时，康德"综合"概念中的建构思想越来越发生"田忌赛马"的效益，一切都没有变，变的只是组合方式。而这种组合方式就是学习获得感，否则，网络、电脑、手机等提供的信息搜索就会代替教育。然而，我们自己在搜索的时候也会发现，我们缺乏不是信息的数量，而是信息的质量。在面对这些信息的时候，我们总会觉得离我们的需要还差一点。而这个"差一点"就是康德哲学的"验前"、超越概念中的"可能世界"，也是教育需要发挥作用的空间。否则，如果成长是自然的，要教育有什么用，自然成长就好了；如果目标是理性的，要教育有什么用，反正结果都是必然的，就像我们的父母和孩子的交流一样，孩子你努力就好，等成绩出来了，家长又不满意，然后说"你真的努力"了吗？

这些讨论的目的是为了将教育从 education 转向 pedagog 来，进入个人的内心并在理解的基础上 pedagog——引出、陪伴才是教育的真正方向。而这也是现代、后现代的思想潮流。笛卡尔将这个方向扭转到人上来。于是经验主义和理性主义交互作用生成了康德哲学。康德将知识转向了"人的认识能力"。但是，欧洲人并不满足，确切地说，德国人并不满足。尼采大骂康德，认为"能力"概念仅仅是饮鸩止渴，能力背后还有"自由和意志"。然而，中华民族的儒家与康德哲学最近。另外，就中国当下民族心态中的教育定位来说，也存在理性主义和经验主义的偏离现象。例如，老师喜欢问"你听懂了吗?"，学习也喜欢回答"我懂了。"。而"懂"就是一个理性主义的立场，与之相对的经验主义呢，就是"你学这个有什么用?"。

4. 教育之"用"是去"物用"成"人用"

几千年前，就大葫芦的"物用"问题，庄子与惠子有一段争论：惠子的意思很明确，东西太大就超过了它的职能，所以，导致其"无用"。庄子的结论也很明确，惠子啊，"物用"不足不是因为"物"，而是因为我们自己没有发现"人用"。

"人用"才是大用，这就与康德"人类认识能力"才是知识生成的定位契合了。虽然康德的"能力"暗指了"理性"，这让他被后世误解并批判，但是"综合判断"却被肯定下来。因此，他对尼采哲学、胡塞尔现象学、海德格尔的现象学的影响不是支配，而是启发他们走向了另一个侧面。他们其实都是在解决康德哲学的"超越"性问题，只不过，他们的理论关注是"自我超越"这一"人用"问题。

然而反观我们自己的教育，康德的"理性"和他之前的经验主义和理性主义思维却一直阴魂不散，例如家长和老师都喜欢问"懂了吗"。这就在思维范式中存在一个说不清的"静止的懂"，然而，"懂"对任何人来说都不能自我确证，毕竟复述听到的内容绝不能代表"懂"。

这就让教师的要求和学生的学习在教育中的结合缺乏确切的结合点，于是教学之间的意向就出现了"临渊羡鱼"又"无网可织"的割裂：教育的目的是促使心灵的转向，然而，教育对心灵却一无所知。于是，教学关系就变成了，"师问：懂了吗？生答：懂了。然后是各自为政：教师说学生的学力在剥落，学生说知道做不到是正常的"。这样，教育中的经验主义和理性主义就出现了；教师将理性要求直接等同于学生的感性实现，学生无法实现，然后就说老师的要求假大空。

5. 教育通过个人意向的面对而重现"情真意切"

在康德之后，尼采、韦伯的意向行动概念、胡塞尔的意向性概念让进入个体心灵之内的研究具有可能性。这也是我们将之称作"学习获得感"的理由。它是自我的获得感，而不是迎合于社会结构的获得物。因此，我们将"心态"这一意识概念作为教育所处的意识领域，其中民族心态是社会结构侧的意识状态，而个人生存心态是个人意向自我侧所面对的意识。

对此研究进路而言，研究的难点已经不是"面向未来"的问题了，而是如何面对冲突论和功能论的"森林"和"老人"的问题了，比如教育的社会宰制属性、伦理属性等。对此，我们采取了"悬置"的方法——对之"存而不论"。再说，那也不是教育所能解决的问题，与其越俎代庖，还不如关注自己的事。所以我们用民族心态和个人的生存心态这样的意向性概念作为进入个人意向自我侧的"堂门"。此时,康德的概念体系可以为我们提供帮助。紧接着,我们会借鉴胡塞尔现象学和尼采的意志哲学来重新诠释民族心态,转过这"堂门"并"入室"——向个人意向自我侧推进。

另外,为了保证阐释的聚焦,我们将"中西"文化做了更加狭义的运用——所谓的"西",专指欧洲的德国。我们没有采用英美思维脉络的原因是德国的"欧洲大陆"传统更适合中国的"大陆"观念。另外,我们想澄清的是"理性"之误解。理性和感性的界定仅仅涉及知识生成之缘起的功能发挥,像康德、胡塞尔这样的人,感性和理性都很丰满而细腻①。

我们做此强调的缘由是否定一个错误的教育定位——理性目标的定位。这种定位动不动就将"喜怒不形于色"这样的标准作为能力。然而,我们认为,感性丰满之后的理性是可能的,但是缺乏感性的理性一定是假的,就像当年管仲临终劝齐桓公警惕开方、易牙和竖刁一样。另外,没有理性的人也绝不能说是感性的,他只能说是放纵。因此,理性与感性是表里的关系,感性和理性绝不能截然二分。而这恰恰是中华民族的思维奥妙,虽不语却情感炽热、丰富。这就像《西游记》中悟空和菩提祖师的师生情谊,悟空回学校找老师求助,祖师并不见他,一句:"悟空,你知罪吗","弟子知罪了","茫茫南海必有医树仙方",简单却令人泪目。

(二)听说与知道:教育与我的双向关系

当我们说出一句话的时候,我们的意向自我侧并不一定能够分清说出的内容和自我的关系。意向自我侧说出的内容是"知道",复述别人的话是"听说"。做此区分的目的是为了回应教育中的"懂"这一问题。

当我们强调"懂"的时候,我们的思想定位其实还是"功能论"和"冲突论"的界定方式,并没有区分言说内容的两个部分,其一社会结构

---

① 就像大家在强调康德理性的时候,却没有注意到他生活的感性。例如,爱说笑话,风趣幽默,还曾经抱怨吵闹而专门给自己城市的市长打电话,答应教廷不说宗教的事情,等人家死了,一句"人死了,契约结束了,我可以再说了",等等。胡塞尔的传记和日记中有很多的"苦闷描述"。

侧的要求，其二，意向自我侧的自我确证。对此，我们借鉴了胡塞尔现象学的思路，即是将日常教育语式的"你听懂了吗""你知道吗""懂吗"这样带有结构意蕴的问题转向"你学到了什么"这一自我侧意蕴的问题。为了去校正笔者自己的思路，笔者曾就这个问题去和俄罗斯、波兰、法国和意大利的留学生讨论；发现他们的老师喜欢问"你今天学到了什么"。这让笔者更加自我确证了自己的研究对象——学习获得感问题，并探索民办高校农家子弟的学习获得感问题。

1. "知道"是意向的自我确证

"我知道"是意向的自我确证。结构侧对个人自我侧进行直接演绎的时候，其理论基础是功能论的。它强调社会先于个人而存在。此时，学习获得现象的衡量标准就是"获得物"。其于意向中的生成状态是，意向自我侧生发出社会结构侧的向往。然后，他会借助行动将社会结构侧的要求"实在"化或部分"实在"化。这就达成了一个社会的现实，行动者满足了社会的要求。然而，此时的个人意向并没有终止，相反，社会结构侧的要求因为被实现而丧失了对个人意向自我侧的吸引力。更进一步，个人意向会自反这一结构侧的实现状态，它让个人意向自我侧的需要被唤醒并立刻回到"生存心态"和"自我侧"上来。比如，他会自然地说出"这是不是我想要的"这样的话。

此时，如果他是在联系自我的"自反"方式上思考，那么就会生成"自我确证"的我知道；如果他还是将自我侧与生成的关系附属于社会结构侧，那么，他生成的就是"反思"。这就像爱因斯坦的三个小板凳，如果他看到别的孩子造出了漂亮布娃娃，而去模仿布娃娃的时候，他就会生成和别的孩子一样的"布娃娃"这样的反思；如果他"自反"到自己的时候，他生成的就是我要造一个什么样的小板凳这一"自我确证"思维。

2. 意向的自我确证性是知行的"一"而非"合一"

意向自我侧的"知"和"行"同源并不分彼此。在自我确证的"我知道"那里，"知道"是相对于自我侧的，"我"和"知"以及随后的言语之"道"是"一体"，"我知道"作为一种生存心态包含了社会结构侧的符号内容和自我侧的确证。

这种双向性可以通过我们日常"我知道"这一言说背后的意蕴来说明：其一，对肯定要求的知道，即我知道"你让我那么做"；其二，对否定要求的知道，即我知道"你不让我那么做"。然而对这两种相对的要求，我们都可以说"做不到"。例如，像肯定语式：我知道要好好学习，但是我做不到；或者像否定语式：我知道不能早恋，但是我做不到。

这种意向的冲突恰恰说明了"知道"与"听说"在个人意向自我侧的混同。此时，言说中的"知道"是相对于社会结构侧。其实，此时的"知道"是"听说"而非知道。因此，他不管选择什么，毕竟还有另一个面向，所以，"过了坎，还有沟"。而真正的知道仅仅有一个相关的主语——我，"知道"是生成于"我"的，所以，它在根源部分是一体的。

我们提此问题的目的是针对当下时代"追"别人而轻慢自己感受的教育倾向。因此，需要强调的是，我们也并没有采用"追求知识"的教育侧面，而是将教育引入"心灵转向"这一更加微观的个体意向自我侧，以"获得感"的自我和解来代替"获得物"的追求。这也是中华民族生存心态的重要内容，就像"道"和"禅宗"被普通民众所喜爱一样。

3. "知道"是学说概念和日常言说的同一

我们对教育的"知道"之强调是为了探索个人意向自我侧的"确证"，也即"我自己知道我说的是什么"。它让个人的学习从"人云亦云"转向内心的自我和解。因此，我们对中华文化和德国哲学的运用不是从语义、文献考据等方面开始，而是从"转向"生成的思想渊源方面，从心灵的思想、精神和思维的逻辑建构方式入手。这也决定了我们对德国哲学思想进程阶段的选择：从康德哲学到胡塞尔现象学。

康德之前，我们主要关注了经验主义和理性主义的生发与困顿，目的是探索康德解决方式。胡塞尔之前，我们主要关注的是新康德主义；韦伯，目的是探索"向个人主观的意识内部转向"这一脉络是如何催生当时的心理学向现象学转向的。因此，我们只是稍微关注胡塞尔之后的现象学脉络，比如海德格、舍勒、列维纳斯和汉娜·鄂兰（阿伦特）；就会发现，门徒真的很难超过教主，但是可能会比教主更狂热。

（三）研究者个人意向自我侧的研究立场

自柏拉图提出"教育即心灵的转向"以来，从个人意识内部探索"心灵转向"成为教育学挥之不去的问题。我们的研究就是在此基础上开始的。但是，柏拉图将转向指向了社会的要求，并没有照顾到个人与社会互动的双向性。为此，我们借鉴了布迪厄的"生存心态（habitus）"概念，并将之作为个人意向自我侧与社会结构侧中间的意识构成。生存心态指向个人意向自我侧的时候就是获得感，另一个面向就是获得物。

1. 韦伯主义和"宁可贱卖也绝不贩卖"的立场

（1）从个人内在意向出发诠释社会行动的韦伯主义

韦伯是首位从意向与行动的主观意义方面来分析个人行动的社会学者，他率先区分了主观意义和客观意义。这一进路与中华文化更加契合。然而，实证主义的研究范式更与当下中国研究的生存心态相迎合。故，我们对德国社会学的实证主义论战及其韦伯主义的兴起关注不多。然而，我们认为实证主义教育研究方法仅仅提供的是"教育志"而非"教育学"。二者的关系是"志"背后才是"学"。"学"是讲脉络、谱系的，所谓"仿旧须宗雅则，肇新亦有渊源"就是这个道理。

另外，中国的教育社会学并不适合用数据化实证方法。我们的民族性和个人心性特点是内敛的。而实证主义应用较多的英美民族是个人主义，他们在个人与群体之间的落差并不大，喜欢就喜欢，不喜欢就不喜欢，很直接。这在实证数据生成上可以表现出来。他们的表达几乎就是自己真实的意思表示，就算存在"不实"，也有章可循，比如隐私（大家对此存在共识：每个人都有隐私，其内容无关乎公共性。因此，基于非法目的探索隐私会比隐私内容的不当更让人感到反感。比如，人家有外遇和狗仔用偷拍的方式拍外遇，这在美式法律中，它会优先保护隐私而制裁偷拍行为。另外，法庭也不采信这个证据）。

然而中国的个人心性往往门禁森严，个人表意的衡量标准是民族文化，而不是其表意内容。它需要的是情感的理解而非数据的呈现与证明，就像一个笑话说的：一个美国留学生对中国朋友说"你真漂亮"，中国朋友说"哪里哪里"，那个美国朋友就很紧张的去看中国人，最后说"鼻子，鼻子很漂亮"。另外，就数据的解读来说，数学的简单逻辑无法呈现中华文明的时空广延。这种理解和情感上的微妙是无论如何也无法用量化的方式来衡量的。这一点，我们回想自己在填问卷时所体验的微妙情感就会发现，我们一般并不会对问卷采用谨慎态度。

（2）宁可贱卖也不贩卖：研究者自我侧所阐发问题的信念

我们对待研究与写作的态度类似于康德的"宁可贱卖，也不贩卖"。它是笔者的生命问题，也是笔者所不得不面对的问题。为了能对这个问题得到自我满意的解释，笔者用了将近十年的时间靠近问题，又用了十年的时间阅读问题。对此，笔者的立场像《肖申克的救赎》所说：一生的时间那么长，总得找点事做。与其找别人的问题，还不如揪着自己的问题，所以，这与其他的东西没有关系，与笔者的自我和解有关系。

我们想要表达的立场有两个：其一，问题是生发于笔者自我侧的生命问题，它是笔者在"活"而非"不死"的生命态度之下的体验和获得感。这就像爱因斯坦的三个小板凳，虽然品相不美，却是自己做了多次之后的结果。其二，在"原创"和"真"的立场下，笔者强调"真"并不偏重"原创"。所以，我们将问题生发的情感基础看得比理性基础要重。我们的处理态度是这样的，天地万物都存在时间维度的开放与闭合，前者为活，后者为死。而毕加索的话也确实奥妙地说明了这一现象：一幅画配上镜框挂上墙，它就死掉了。

语言和学说也如此。为了避免问题因社会关注热点的原因而死掉，我们转头来关注我们自己的问题，并且我们将问题情感及其体验作为关注的焦点，这是为了保证我们的问题意识不死，但是，我们也对闭门造车存在警惕。因此，我们不是用别人的概念来界定我们自己的情感；我们采用了另一个方向，我们给自己的情感找一个概念图式。

因此，我们所有选择和运用的概念图式都曾经被我们自己还原到创设者那曾经活着的问题，然后才是将心比心的选择和借鉴。这让我们的行文稍微啰唆。因为，我们会对自己选择的关键概念进行出处和"活体状态"的相关校正。笔者认为这是营养液和福尔马林的区别，前者可以让我们的思考和情感活着，后者只能保证不腐烂。在这样的机制下，我们才开始不停校正、反思与自反的思维向度。

2. 重原著轻期刊的文献选择

就文献选择而言，笔者的引文以著作和译著为主，期刊较少。笔者不怀疑这样做会受到"闭门造车"的质疑，但是，笔者的理由有三条：

其一，生命时间有限。在读书和科研的路上，有一条最近、最节省时间的路，它就是读原著。但是，这条路走起来却非常困难。因为，它需要读者拿出自己的部分生命作为牺牲。同样，它也会给出活的、原汁原味的东西作为酬赏。在此，笔者父母的话时刻激励着自己：孩子，咱要钱没钱，要人没人，你还舍不得下力气，这可怎么活？

其二，笔者的私心。笔者入行的时候都过了而立之年——人家都博士毕业了，而我却刚想入门。没办法，登山之前那段平缓的林间小路只能匆匆越过，血肉之躯、手脚并用并以命相搏是笔者与这山的沟通方式，而那裸露和无法绕过的岩石也是笔者的挑战和凭借，从洛克到休谟、卢梭再到康德、胡塞尔，涂尔干再到韦伯，这条路虽费力气，但并不痛，也不苦。这可能与笔者的生命特质有关。比如，当时麦当劳风行的时候，跟某人去吃，笔者看着人家吃完，自己在回家的路边买 10 块钱 20 支的羊肉串，觉得那才是饭，虽不是精心烹制，但却是一手食材。这与庙堂和江湖位置无关。如果做不到天人合一，笔者愿意选择返璞归真，就像那羊肉串。

其三，"以身试药"也是笔者的一个重要信条。生活、爱好、职业和事业一体，因此，我们将自己的研究结论在自己身上尝试，发现还挺好玩的。在有自己的爱好之前，笔者都不好意思说自己有多不着调，否则，也不会而立之年才会选择一个全新的专业。那个时候绝对不能说是"好学生"，也不努力，逃学和回避让学习痛苦异常。现在的笔者觉得非常不错，每天除了吃饭、睡觉和必要的生活需要以外，就是读书和教书，如果没有其他的事情，一天最少能读书八个小时，但是，就阅读的数量而言，最多也就是 20 页。

也许真如尼采所说，一个人知道自己为什么而活，就可以忍受任何一种生活。从一开始的问题泛化，到问题越来越聚焦，到最后方法的获得，再到最后概念图式的选定，再回首，已经是十年了，感觉就像低头在书桌上偶然抬头一样。

这里需要重点自我剖析一下，因为个人爱好去读书，然后是因为问题而读书，然后是编制学术谱系和思想传承与脉络，这些东西其实并非一直快乐，但是，它是偶尔不快乐。笔者持续而稳定并有侧重的阅读时间已经坚持了十年，最近发现，不是读书需要耐心，而是耐心需要读书。因此，笔者一直保持并乐此不疲，并非"苦中作乐"，而是"乐之而不觉苦"。读书满足了笔者自己的需要，它让自己一个又一个地自己想通了自己困惑的问题，让自己在自我确证的基础上得到了获得感。

3. 无谱系无文献的文献取舍

我们对文献的取舍坚持无谱系则无文献的立场。一本文献被我们选择的前提是我们能够在学术思想和脉络中将之定位。在这种定位中，文献背后的"真"与"情"就会暴露无遗，所谓"知我者谓我心忧，不知我者谓我何求"就是此理。因此，一旦在"人同此情、事同此理"的理解基础上对之进行了定位，我们就能够在脉络还原中做到"知我者"，也就能够将文献与自己的问题关联起来。所以，一个文献即使再经典，如果我们不能对它定位，我们也会果断割爱。然而，如果它卡在我们的问题脉络中，那我们必要"得以而后快"。

对这样的文献，如果能买，我们一定买来；如果买不来，我们就托关系影印。这一点有两个例子让自己倍感欣慰。

其一，"社会学自传"的研究方法是我们选择的一个重要方法。默顿的一篇文章标志着这种研究方法的确认。但是，在我们自己的圈子，包括我们认识的港台朋友都没有能帮我们找到这本书。后来，我们知道它收录在一本论文集里，恰巧师娘去美国访学，热心的师娘费尽周折帮助影印下来。当时的自己，感觉像神灵附体。

其二，德国社会学实证主义论战的那本论文集，由于出版时间都快四十年了，它已经断版了。我们人托人，最后找到一本四十年前的老英文版，品相一塌糊涂，书脊都碎掉了，但价格并不便宜。但我们还是买了下来。由于书脊碎了无法阅读，我们就找人专门修复了一下。可天道真的酬勤，随后，我们在阅读中得到一种全新的阅读体验。它让我们体会到，西方思想的独特进路，这就像两个武林高手的对决和表演，双方以学派为单位你来我往，哪怕所引文献出自一位名家——韦伯，却也各有所长，让人眼花缭乱。

4. 喜新不厌旧：迎新无须辞旧的阅读立场和获得感

当我们自反自己的阅读观念时，笔者自己人生中第一次因自己的阅读而生成的获得感让笔者记忆犹新，并终生难忘。它也让笔者对二手文献始终心有余悸。

高中教室的后墙引用了庄子的一句名言：吾生也有涯而知也无涯。老师说这是要求大家能用有限的生命去追求无限的知识。笔者在上了大学后对此感到奇怪：庄子主张"无为"啊，那句话分明是儒家的想法啊；去翻看原著，发现后文"以有涯随无涯，殆已"。也就是，前半句仅仅是庄子所要批判的靶子，后一句"殆已"才是思想的奥妙。这让笔者在自信的时候又对"以讹传讹"的二手文献哭笑不得。于是，笔者也就将宁可少读，但绝不绕过原著去读二手文献的阅读立场。

同时，我们对文献的处理方式是将文献置于脉络和流派中进行概念分析，而不是进行语言学分析。因为名家的语言各有所指，但是他们的思想却有持久的稳定性。离开了谱系和思想脉络，我们无法去理解语言本身，更不要说理解名家的思想了。例如，如果我们不理解柏拉图的"回忆说"，就无法理解洛克的"白板说"；如果不理解"白板说"，就无法理解"大理石纹理"。为此，我们选择了"概念分析"和"思想还原"的研究定位。

另外，笔者的外语实在太烂了，又不懂德文和法文，这让现象学的阅读只能选择译著。但是，我们对译著版本的选择却尽量慎重。另外，我们对书籍的购买绝不会照单抓药，而是从人物到版本到译者再到出版社一样一样地梳理。对于英文文献，我们尽量选择原著。

第二章　民办高校农家子弟学习
意向对学习的偏离

如前所述，意向有两个关键要素：个人性和能动性。二者决定了意向者自身对意向对象的考察往往处于一种尚不确定的状态，但是，这种不确定的状态绝不是"空"。"空"仅仅是标识其外在表现"不动"的概念，但是，在个人内心却仅仅是"无"。因为其中至少还有"心动"。而"心动"的触发因素有两个：个人自己与生存心态的社会结构面向。

因此，我们对农家教育期待的考察没有采用"目的"和"动机"这样的概念。因为这些概念还是偏行为主义的分析策略，其往往会形成一种考察暗示，那就是从外在行为来推测行为者内在的意识状态。为了避免这种考察错觉，我们采用现象学的方法——直接回到意识活动本身来考察农村家庭的教育期待，也就是回到自我的意向及其空泛特征来考察农家子弟的学习获得感。

在这一考察指向下，农家子弟对学习意向也存在两个：其一，满足父母、挣钱、出人头地等社会结构的要求；其二，个人意向自我侧的学习获得感需要。然而，就我们的访谈和教育自传的收集情况，他们大多表现为前者。

第一节 民办高校农家子弟学习意向的表现

一、学习意向的自我侧与社会结构侧

（一）意向自我侧是最靠近自我的意识部分

在现实生活中，我们可能会为了外在的原因而有所行为，但是扪心自问，我们自己还是会对自己的行为方式有一定的衡量，这个衡量标准就是最靠近自我的意向。意向是胡塞尔为了强调人类意识的自主性和自动性而采用的概念。

就自主性而言，它的生发基础是自我的同一（identisches Ego）；就自动性而言，它表明了一个自我的意识活动是连续的绵延（strömendes Bewuβtsein），这就将意识活动和物理变化区分开来。因此，自我不能被划分为生物、关系性和反思性的自我。这种自我的处理方式因为哲学史家塞格尔的总结而为学界所知①。然而，自我在当下的真实状态是一个活生生的意识状态，自我所生成的意向基础也不是外在的物理实存，而是这些实存的"当下化"。

（二）意向借当下化来提供思考的内容

在现象学的意向概念下，自我所面对的"我思内容"并不是具体的可感事物，而是自我按照自己意向中的视域意识对可感事物"当下化"之后的建构物，是"意向成就的现场化，当前化，客体行为'在这里'，原初

---

① "哲学史家塞格尔曾总结，从洛克到德里达的自我观念包含三个层次：生物性的（bodily/material）自我，即我们身体的物质性存在和生理需要；关系性的（relationsal）自我，即社会文化塑造的身份认同；反思性的（reflective）自我，即我们反思和改造自身的能力"。参见：黄晨. 自主意识是真实的吗？——兼评当前"认知革命"的贡献与局限 [J]. 世界哲学, 2015（5）：100.

地在这里，在现场的东西呈现出来"①。

我们在过去见过和听过的东西以及我们对未来想象的东西一旦呈现在我们的思考面前，它就不再是现实的存在，而是意向将之当下化之后的存在。例如，某个在我们生活中曾经的重要他人，如亲人、恋人等，当我们回忆的时候就会发现，他们的脸部轮廓变得模糊，但自己和他们在一起的悲欢离合却会以深刻记忆的方式留在我们的脑海中。之所以这样，就是因为那些悲欢离合是我们的意向认同和建构后的东西，它将永远存在在我们的意识内部。

意向当下化的概念能让我们分清楚意向成就中"被动的经验成就"（Erfahrungsleistung）和"自发的思想成就"（Denkleistung），后者是"作出确切意义上的判断和裁定的自我的成就"②。

这就将纯粹自我的主体性从自我这个较大的概念中剥离出来。此时，个人意识内部的那个主体性以及筛选外在信息内容的自我明证性才是意识的真实意向。胡塞尔在晚期作品中明确表示"我们把自我我思（在最广泛的笛卡尔意义上使用这个词）的先验明证性的重心，从同一的自我转移到多样性的我思活动，即转移到那个同一的（正在沉思的、我的）我生活于其中的流动的意识生活——那种总可能会更接近地确定这种最后的表达的东西——之上"③。

这就改变了意识的考察方式，这也是现象学与行为主义最大不同的意识考察方式。在现象学看来，外在的行为表现仅仅是内部意向的冰山一角。它仅仅是同一的自我借助意向对意向相关物进行认同并综合建构过程的外在表现而已，其背后是意向本身的整个当下化过程。在这个过程中，那个"同一的自我"贯穿始终并无太大变化，所谓的变化仅仅是外在的观

---

① ［德］胡塞尔.欧洲科学的危机与超越论的现象学［M］.王炳文，译.北京：商务出版社，2017：202.

② ［德］埃德蒙德·胡塞尔.被动综合分析：1918-1926年讲座稿和研究稿［M］.李云飞，译.北京：商务印书馆，2017：87.

③ ［德］埃德蒙德·胡塞尔.笛卡尔沉思与巴黎讲演［M］.张宪，译.北京：人民出版社，2008：67.

看者对意向生发者在"知与不知"之间的"知我者谓我心忧，不知我者谓我何求"。

（三）意向的基本特征是空泛

意向的生成方式决定了意向的空泛特征——自我和外在对象之间的空泛。在意向生成的刹那，意向与意向相关物是一起给予"我思"的，意向相对于"自我"，意向相关物是意向对外在事物的当下化。并且，意向对意向相关物的指向并非线性的"一对一"的方式。

它像是自我"心动"刹那所发出的"光"。这个意向的光线照向物体，物体就呈现在意向的"光晕"之中，光晕将所照射物体的光照面和阴影面一起纳入意向的光晕。这就像我们看待外在事物的方式，首先映入眼帘的是有光的部分，阴影在它的背面。然而，意向的要求却不限于这个部分，它想一劳永逸的把握这整个物体。这决定了意向的"超越"（transzendental）特质。这个超越特质决定了我们要走过去，决定了我们想要走到背面去看看的冲动。

想要走过去看背面的冲动就是意向。这也决定了"相对于意向的无而非空"的界定方式，尚未显现于视线中的背面对自我来说是尚未确定但可以确定的可能状态。我们可以借助行动将这种可能状态变成感知的现实存在，即在自我内心意向的催生下走到事物的背面。可是，无论我们怎么走到现实存在的背面，事物的阴影部分对我们还是永远存在。这也就决定了意向本身的空泛状态是一直存在的。

意向的这种空泛状态在意识的当下化中是一个时间维度的存在而不是一个空间维度的存在。不管我们如何眼见为实，事物也不会一直在我们的眼睛里。因此，胡塞尔用"当下化"概念来描述意向对意向相关物的涵摄方式。当下化就是以当下的时间为起点来讨论"意识的滞留"和"前摄"。前者以"记忆"的方式保留了已有的感性内容，后者来自我们意向中去自我证实意向相关物的冲动；前者来自经验直观刺激下的"被动的经验成就"（Erfahrungsleistung），后者是超越自我"自发的思想成就"（Denkleistung）。自我就是在这个意向与意向相关物的自我证实中获得锻炼，同时，形成意向和意向相关物的判断能力。

（四）意向空泛的充实是获得感的来源

获得感来源于自我意向的充实，充实的表征就是个体自我的明见性和明证性。由于意向空泛来自意识自己的生成方式，它是自我意识内部对意向和意向相关物的当下化，是自我对外在事物附加意义然后再综合建构这些意义的结果。因此，对于意向空泛的充实来说，它需要个体明证性——自我在心灵转向后重新附加意义的方式。

因此，意向空泛的满足并不能通过改变外物的方式来实现，这是现代及其后现代认识论的重要成果。它强调不是外物改变来满足意识，而是通过"心灵转向"让自我与外物的关系变得对个体具有明证性。

康德推进了第一次转向，他将知识与对象的关系翻转过来——知识是人类认识能力的产物而非外在对象的直接反映。胡塞尔推进了第二次转向，他将这"同一的自我"进一步推进到"多样性的我思活动"。这样，主客之间的对立关系就在超越性的我思活动中消解了。也就是说，与最后的、确定的外在表达最近的东西更接近的东西不是外在的物理对象，而是自己内心纯粹的"我思"。这就好比是疑邻盗斧①，邻居儿子的一切表现还是那个样子，同样行为的意义差别来自失主"纯粹我思"地赋予。

二、农家子弟学习意向的"非自我侧"关联特征

（一）学习意向与自我关联低

我们对农家子弟教育自传和访谈进行信息收集后发现，对于进入大学之后的学习意向，农家子弟表现出了较低的自我关联，他们的表达更多是指向经验层面的"外在学习"，对于学习本身的自我关联往往没有明确的指向。

---

① 人有亡鈇（音斧，铖也）者，意其邻之子，视其行步，窃鈇也；颜色，窃鈇也；言语，窃鈇也；动作态度无为而不窃鈇也。俄而抯其谷而得其鈇，他日复见其邻人之子，动作态度无似窃鈇者。［晋］张湛，注. 列子［M］. 上海：上海古籍出版社，2014：241.

"对于未来，我有自己的期望，我希望在大学三年里能够努力学习，由现在的专科升为本科，然后再去追求更高的学历。同时这也是父母的期望。我想未来的路是'路漫漫其修远兮'，但是我会努力地做好自己。"N-20

"父母对我的期待是能有个本科学历，将来能养活自己。当然，这也是我所期待的。"N-21

由于学习意向并没有与自我相关联，他们的学习持久性就缺乏"同一自我"的支撑，这表现为他们对待学习的盲目性和偶然性。

当他们刚刚踏入大学的时候，他们的学习意向表现出对"学历"或者其他能够改变命运的外在符号的渴望，例如上文中的"好好学习"等外在的描述方式。但是，当他们在临近毕业的时候，他们回首自己整个大学学习经历的时候，就会改变他们的想法。当我们问"为什么放弃当时的继续学习想法"这一问题的时候，他们的回答往往是"现在不像当时那么冲动了，现在现实了"。究其原因，就是因为他们学习意向中的自我缺失。因此，他们无法控制自己的学习策略，也就让他们的学习意向表现出一种"随波逐流"的"混日子"现象。这种现象也可以在他们刚刚进入大学时的表达中找到影子。

"在大学的日子里，好好读书，天天向上，希望能在大学里成功将我的英语补上。父母对我最大的影响就是'佛系'思想，生活平淡一点就好，没有必要斤斤计较。"N-26

"父母对我没有大的期待，他们总是说'你读到哪里我们就供你到哪里'，但是，什么时候没人要你了，你就只能回来工作了。"（来自对N-20的访谈）

"父母告诉我：'读书并不是唯一的出路，现在考上大学找不到工作的很多，出去打工的也可以生活得很好，但是，你这么小，不读书又能去干吗呢？'"（来自对N-26的访谈）

与之相对，城市中产阶层孩子的学习意向往往带有很强的自我属性。

这种自我属性让他们能够面对复杂的学习过程，并在这个过程中调整自己的学习策略。由于他们的父母往往具有高等教育的学习经历，所以在学习意向对自我与外在学习表现的关联性上，他们往往比农家子弟具有更加明确的体察。

"父母会告诉我：'我们也不期待你非要出人头地，你只要找到自己喜欢的东西就可以了，但是，你要读完大学，你要具有自己的专业技能。因为我担心你在还不知道自己喜欢什么时候就进入了日积月累的重复劳动了。'"Z-5

"爸爸一直强调的一句话就是'性之所近，力之所能'，当我考试考得不好的时候，他会帮我分析每道题目是不是自己对题目的理解方式导致的错误。他一直强调用自己的思维去理解很重要，他也期待我能够尽早地发现自己的最爱，不至于到研究生的时候再去换专业。"Z-7

（二）农家子弟将自己学习意向的空泛归因于"获得物匮乏"

由于农家子弟的学习意向与自我的关联度低，这就导致他们对自己学习意向的空泛缺乏自我意识的关注，因此，他们不能在意向空泛的确切生发上从自我内部去追求超越趋向，而是将动机指向于外在的"物化"标准，即外在的社会要求和自己现有经验处境的落差。这就让他们的学习意向一直处于自然思维的"加法原则"。

"现在的我，是一名大学生了，在努力学习、完成学业的基础上，我会加入一些自己喜欢的社团，闲暇之余，在学校做一些兼职。"N-3

"对于个人学业的期待是希望自己一步步地往高处走。"N-28

但是当我们问他们"自己喜欢什么"这一问题的时候，他们往往会说"我也不知道自己喜欢什么"；原来有喜欢的东西，但是，在父母的劝说下放弃了。

"我原来挺喜欢护士工作的，但是，父母说'护士特别累'。因此，在填报志愿的时候，他们让我放弃了。"（对N-3的访谈）

当我们问 N-28 同学："您觉得什么是往高处走呢?"他的回答就是："好好学习，毕业后能够挣很多的钱，可以帮到父母，不让他们再那么累，也实现自己的理想。"然而，我们对该学院留在济南的毕业生进行了初步走访（走访以我们所教过的学生为主）；我们发现，他们很难在金钱上回报父母，除去少数学生外，他们需要面临买房、结婚等现实的问题，此时，他们还是需要父母在金钱上的帮助。

农家子弟的这种学习意向特点让他们无法对自己的学习策略进行有目的的调整。由于他们将学习意向的空泛原因指向了外部，而不是意向本身的自我内心世界，所以他们也没有办法实现自我学习的超越，他们的自我也就无法生成真正的"超越"这一空泛意向的处理方式。

于是，自我就在希望和失落情绪间无所适从。当他们在面对就业难、生活辛苦的时候，他们往往会埋怨学校，比如"学校太坑了""学校把我们给骗了"这样的话语；他们也会后悔自己白白地浪费了那么多的钱和时间，还不如像那些小伙伴一样早点去打工挣钱，或者，他们就将自己学习成绩的不好归因于自己不善于学习，或者说不喜欢学习，或者说学不动了这样的话。

与之相对，中层家庭的孩子由于在学习意向上与自我相关度比较高，所以，他们也能够在学习中理解自我与学习内容之间的关系。这让他们能够调整自己的学习策略，也能够学会在日常的生活中慢慢锻炼自我与学习意向及其意向相关物的关系。

"因为阅读，我开始写作。喜欢写作不为功成名就，但却萌生了小时候一心想成专职作家的梦想。"①

"我爸爸告诉我：'每一种生活都很辛苦，但是，我们可以选择一种我们喜欢的工作，那样的生活就会比较快乐，毕竟辛苦和快乐是两回事。'我慢慢地向往大学教师这个职业。"（来自对 Z-5 的访谈）

---

① 程猛、康永久."物或损之而益"——关于底层文化资本的另一种言说 [J]. 清华大学教育研究 . 2016 (07)：86.

（三）农家子弟对自己学习意向的充实方式是"追"而非"自我明证"

意向空泛的自我明证性是自我能力练习的凭借。意向空泛是意向的基本特征，它永远不能被去除。其对自我的积极意义是让自我通过意向的空泛来呈现自己实践的可能性，也就是自我在将内外信息认同之后进行综合建构，形成意向空泛的验前世界，从而为超越自我提供素材；自我也在这个过程中获得了信息加工能力的练习和自我的明证性才是意向空泛的积极意义。

因此，意向空泛的充实并不能解决意向空泛本身，空泛被充实后就会有新的意向空泛出现。这就像日常生活中，一个理想实现了就会有新的理想出现。因此，理想本身并不能获得满足，但是自我在追求理想的过程中能够得到的锻炼。与借助意向充实来锻炼自我调整能力的学习策略不同，农家子弟对自己学习意向充实的处理方式往往指向了外在对象的追求，而不是自我意识的调整能力。

"所以上大学前，我就在想，多努力一点，考上本科。因为学的是会计，所以，我在大一就会准备考证，希望到毕业那天我有很多收获。"N-17

"在大学的生活中，我想找一份工作，勤工俭学。"N-2

"然后我希望在大学里可以更自律一点，更努力一点，不挂科，不逃课，能修满自己的学分，学到更多的东西。"N-35

"希望能努力考本吧。考不上也没关系。人生理想是开个火锅店；赚了钱就去浪迹天涯，看看稻城亚丁，看看长白山的雪。人啊，活得能让自己开心就好，没有必要活在别人的眼中。"N-1

"父亲一人打拼又面临失业，并且身体也不是特棒的那种。开始自己想找一份兼职，现在还在寻找中，最起码把生活费解决一下。"N-31

由于意向空泛的充实需要一种自我的明证性，这种明证性也让自我锻炼成为可能。这就好比我们心里有个想法，通过实践以后实现了这个想法。相对于自我意识而言，实现的外在事物还是外在的，但我们的自我意识却变得具有了信心。

这种自我意识良性成长的原因就在于，自我所面对的意向空泛是"真实"的自我，它不是依赖于外在事物和他者视角的"经验自我"，因此，它就能够让自我的明证性"面向事实本身"这一现实认识论立场。同时，胡塞尔也确实是在"面向事实本身"的立场下提出的明证性概念。在这样的视角下，意识考察的焦点被置于自我的"自身被给予"。

这样，个人就在确然的标准下让自我意向面向了"真实持有"这一自我的觉知状态。这种觉知不仅仅是"清楚明白的实事或事态的绝对的存在确定性（Seinsgewissheit）"，而且，它还能够通过批判的反思而确定"本身决不可想象"就是不存在①。这也就为自我的成长提供了真实的验前信息和超越指向。由于农家子弟学习意向充实的处理态度指向了外在事物，而不是学习意向与学习内容之间的意向关系，这让他们无法在锻炼自我的基础上实现自我的超越，从而，也就无法体会日常生活的自我同一，同时，也就无法体会当下的绵延，当下的自我，这样，未来的焦虑和当下生活的回避以及混日子的生活态度就开始侵扰他们的意识生活。

三、关注自我侧：异于农家子弟的城市中产子弟之学习意向

（一）关注学习意向中的"验前"与"超越"

与农家子弟意向空泛充实的外在指向不同，城市中产家庭的父母却更能在教育中把握个人的自我意识和外在表现之间"验前"和"超越"。

我国乒乓球首位大满贯选手邓亚萍曾经讲过一次成功的教育案例：她家的孩子开始并不喜欢乒乓球，而是喜欢足球和篮球，到孩子九岁的时候，她决定运用自己的特长去帮助孩子来学习乒乓球。由于她知道发球是乒乓球能够赢球的关键，于是在比赛前一天，她用强制的办法让孩子练习两个小时的发球。尽管孩子会哭闹，但是邓亚萍还是坚持。第二天，孩子

① ［德］埃德蒙德·胡塞尔.笛卡尔沉思与巴黎讲演［M］.张宪，译.北京：人民出版社，2008：52.

用她教的发球方式赢得了比赛，同时，孩子也更加敬佩妈妈。用成红霞老师的话说就是"温柔而坚定"的①，也就是帮助孩子制定一个计划，帮助孩子去完成。这就是学习意向与意向相关物的教育植入方式。

（二）关注学习意向自我侧的"获得感"

另外，宫崎骏在电影《侧耳倾听》中也描述了一对中产父母在面对孩子的自我学习意向和以"考学"标识的社会结构侧普遍常识要求之间的冲突时的态度。

当女儿阿雯因为想追求自己写小说的梦想而成绩严重下滑之后，父亲先让阿雯的姐姐回到房间，然后说："我想和阿雯单独谈谈。"此时，正好妈妈也回来了，父亲就把妈妈也叫来，"那么，阿雯，你认为现在做的事情比你念书都还要重要吗？"孩子点头不语，父亲接着说："到底是什么事情？"孩子说："时间到了你们就知道了。""阿雯，这就是你所谓的现在非做不可的事情吗？"（妈妈）"我没时间解释，我一定要在三个星期之内完成。我是想要趁这个机会考验一下我自己，不然的话…"（阿雯）"什么考验啊？要考验些什么呢？你不说明白我们怎么知道，难道这件事情都没有办法跟爸爸妈妈说吗？"（妈妈）（注：此时，爸爸抽了一根烟，看出来他很紧张）"最近这阵子，我看到阿雯在图书馆里拼命地查资料，心里觉得好感动。我想我们就让她自己试试看吧，况且求生的方法又不是只有一种。"（爸爸）"说的对啦，学了半辈子我也只学了一两种而已。"（妈妈）"好吧，阿雯，你就照着自己的做法好好做，不过各行各业都有他们辛苦的一面，到时候可怨不得别人。"（爸爸）

（三）尊重个人意向自我侧的自然属性

在《侧耳倾听》中，一个老人在鼓励孩子去追求自己想法的沟通方式上也没有采用说教的方式，而是通过谈论一种宝石的方式来塑造情境，同时在诠释和理解的氛围下表达对"意向自我侧自然属性"的尊重。

"我们工匠师傅也是一样，一开始就要求完美的作品，这是难免

---

① 参见内地脱口秀：春妮的周末时光：邓亚萍的坚强与柔软（2019-05-18）.

的……阿雯跟圣司（剧中的主人公）就跟这块石头一样，是没有经过磨炼的自然原石。我最喜欢这种原石了。但是写小说就不一样了，要从自己心里去找那块原石经过磨炼才行。那是要花一番功夫的。实际上，这些石头被磨过之后反而没什么意思了。因为高纯度的部分都在内部比较小的地方。外表看起来不起眼的石头，也有可能是一颗好原石。"①

　　由于个人意向空泛的充实或者说满足必须由个人自我的超越来实现，也就是需要从自我侧而不是从外物侧寻求充实策略，在自我的超越特质下，学习获得感就不再是个人将外在的意义符号通过记忆的方式生搬进大脑，而是自我将自己的自我意向与学习内容之间进行验证。这也符合实证的研究结果。已有的研究表明，成功的学习者对于"理解自我认知和学习活动之间的关系有着非凡的洞察力，因而能够创建有利于监控学习方法实施效果以及根据实施情况调整自我认知和学习战略的反馈系统"②。这种学习在后现代的时代背景下尤其关键。此时，文化的解放开始变得重要，这让一个人的学习再也无法回避自我的需求，他需要时刻关注"对自我的理解，以及一个人所面对的影响对其自我具有怎样的意义"③。

　　因此，上述中产阶层的家庭教育方式更适合自我的生成。在自我面前，外在学习内容的符号等形式仅仅能够构成个人学习意向的被动部分，这些东西还需要自我对它附加认同意义并综合建构才能成为自我意识的一个部分。因此，学习意向的生成及其学习意向对学习内容这一意向相关物之间的空泛和充实需要自我侧的意义附加。它让知识符号体现了主体性要素，也就让知识符号获得了进入我们意识的通行证，获得了进入意识之前的"验前（a priori）"资格。

　　这样，现实的我思就具有了自我确证的明见性。它让自我对自己意向

---

① 宫崎骏导演.侧耳倾听.01：20：00—01：29：18.
② ［美］丹尼尔·U·莱文、瑞依娜·F·莱文：教育社会学［M］.郭锋等译.北京：中国人民大学出版社，2010：220.
③ ［丹］伊列雷斯.我们如何学习：全视角学习理论［M］.孙玫璐，译.北京：教育科学出版社，2014：72.

生成的当下化状态能够明知，也就是"我知道我自己在做什么！"，此时，当下化的两种意向状态——验前（apriori）和超越（transzendental）就出现在自我面前。这样，知识给予我们的方式就不再是抽象的符号，而变成了知识创设者进行主体意义附加的思维过程。这样，我们就是在运用自我在进行学习，从而，学习就具有了理解的现实性和可能性。

此时，学习意向和学习意向中的相关物才是学习意向"空泛"的积极意义，它就不是"虚无"的"空"。这就能够让学习者走出"盲目"和"盲从"的误区，并让自我在知识主体性的还原与理解中生成自我的有效锻炼模式，在一次又一次的自反中联系自我并面对真实的自己，面对自我对外在事物的意义附加方式。在此过程中，自我就开始苏醒。这就实现了心灵转向的教育意义。

第二节　民办高校农家子弟学习意向特征所生成的生存心态

一、生存心态：学习意向的双向性分析

（一）生存心态与惯习：布迪厄"habitus"概念的双向性及译名选择

对于"habitus"，布迪厄曾经专门强调这一概念是为了描述"个体与生活世界之关系的双重性（ambivalence）"①。对这个法语的翻译，高明杨先生认为"生存心态"更为准确。他认为"生存心态"是"作为结构化系统（l'habitus en tant que système structurant），构成了从个人到社会生活的过渡的中介环节，'生存心态'这种结构是把个人'放置在铸模中'

---

① 尚·路易·法沛尼（Jean-Louis Fabiani）. 布赫迪厄：从场域、惯习到文化资本，"结构主义英雄"亲传弟子对大师经典概念的再考证［M］. 陈秀萍，译. 台北：麦田城邦文化出版，2019：87.

（met l'ndividu au moule） 并让个人无意识地实现其各种社会活动的模式"①。

因此，"双重性"决定了"生存心态"这一译名的契合性，它能保证个人意向自我侧和社会结构侧的"中介"位置，同时，它也能保证这一概念对意向自我侧和社会结构侧的双向打开。当生存心态满足社会结构侧的要求在意识中占据上风的时候，它就会让行为表现出惯习的无意识；反之，当生存心态面向意向自我侧的时候，它就会生发出个人的主观意义，也即生发出意向，此时，惯习中的"无意识"就开始被自反和反思。

（二）惯习表述的被动意蕴消减了"habitus"自我侧的能动

"habitus"的"惯习"译法带有太强"社会结构侧"的考察立场，它潜藏着意向自我侧对它的"被动性"。因此，惯习表述无法完整地描述"habitus"概念的双向性立场，即强调社会结构对个人进行影响的同时，也强调对生成和校正起关键作用的自我侧。

惯习在考察个人行动意向的时候承认"无意识"也是一种意识，因此，行为背后的文化意识也就开始出现了，从而，它就能够让习惯行为背后的个人意识不再是"行为主义"窠臼下的"空"。然而，惯习表述对"habitus"双向性涵摄的不足让它无法给"无意识"的意向自我侧向度以独立地位。这种偏重一端的"惯习"表述让我们对这一个概念的分析时刻面临"功能论"和"冲突论"的侵扰。

一旦如此，意向自我侧的分析就不再是意向分析，而变成表面化的行为分析了。在功能论的侵扰下，它表现为回避"habitus"的意向自我侧向度，"集体意识"代表的社会结构侧部分才是个人意向的意义凭借。在"冲突论"的侵扰下，它会偏重意向分析的自我侧这一向度。此时，社会结构侧的要求会被这种分析视为"虚空"而草草了事，比如说"空话"。

---

① 高宣扬．论布尔迪厄美学的核心概念"生存心态"的特殊性质［J］．马克思主义美学研究，2010（02）．35.

二、生存心态与社会的结构侧：个人意向与社会意识的关联

（一）文化与文明：生存心态的民族性宏观概念

在当下的学习考察中，文化和文明是两个重要的核心概念。在布迪厄和保罗威利斯的"文化再生产"和"反学校文化"概念传入中国以后，"文化"越来越成为解释农家子弟学习意向的核心概念；与之相对的"文明"概念虽然并不常出现，但是它也成为解释农家子弟学习目的及其表现的重要概念。例如，"工业文明""农业文明""中华文明"等概念也常被提起，但是，有关"文化"和"文明"对个人意向的描述侧重却没有很好地得到界说。

然而，这两个概念在现实使用中却存在某种细微差别。例如，我们可以说一个人"有文化"，却不能说他"有文明"，同时，我们可以说一个人举止行为"很文明"而不会说"很文化"。另外，"知识"和"文化"也越来越受到学界的区别对待。例如，我们经常听到"有知识、没文化"这样的说法。因此，有必要重新来界说二者与个人意识认知的相关性。

1. 文化是生存心态意向自我侧的概念

从个人意识的角度来考察，"文化"和"文明"概念的开拓者应该是史宾格勒。他认为，"文明是一种人性发展（按：即一种文化发展）所达到的最外在、最不自然的状态，文明，即是文化的结论。文明到来时，已经生成的事物替代了生成变化的过程"，"文化人的能力指向於内在，而文明人的能力则发挥於外在"①。

据此可以发现，文化和文明具有考察个人意识的不同功用。文化更加侧重考察个人意向中的自我侧，也就是一个人意识内部的逻辑生成方式，它决定了个人对外在对象的意义附加及其思维建构。因此，一个人外在的行为就获得了个人意向自我侧的考察立场。这一考察立场也在格尔茨、列维·施特劳斯以及古纳夫（W. Goodenough）的考察谱系中得到进一步的阐

---

① ［德］史宾格勒（Oswald Spengler）. 西方的没落［M］. 陈晓林，译. 台北：桂冠图书股份有限公司，1975：27-31.

释和坚持。他们强调，文化不是物质条件的次级反映（secondary reflection），而是对"人类行为"起塑造作用的最重要要素①。而格尔茨在其名著《文化的解释》② 中专门强调了文化的概念：其一，符号的形式，它能让人类的意义模式在历史上得以保存；其二，文化的内容是生命知识和态度，这些内容借助符号形式可以交流、保存和发展。

2. 文明是生存心态社会结构侧的概念

文化将个人行为所由以生成的意向自我侧作为行为意义附加过程的缘起，它对行为的意义界定根据是个人意向的自我侧。例如，我们在英美警匪电影中听到警察对犯罪嫌疑人说：你不一定要说话，但你说的每一句话都将成为呈堂证供。这就是对行为考察采取意向自我侧立场的表现。它意味着如果一人对自己行为产生的结果没有知情，或者无法知情，那么他的行为就不具有法律的意义，因此也不能在法庭上呈现。

与之不同，文明对行为的强调是"社会结构侧"的立场。它将个人的外在行为表现与社会的结构性要素相关，凡是合乎的部分就会被界定为"文明的"；反之，则有可能被界定为"野蛮的"。甚至，他有可能让结构要素的代表——集体意识对他的行为采取敌视态度。这一点可以通过苏格拉底的悲剧得到说明，苏格拉底之所以被判处死刑，并不是因为他内心的文化观念，而是因为他的外在行为与当时社会的结构要素不相符合。

（二）获得的"感"和"物"：生存心态双重关照下的学习获得

1. "感"和"物"：单面生存心态下的学习获得之说明

如前所说，我们是在"生存心态"双重性的立场下思考学习获得的生成问题，生存心态的不同面向决定了个人学习意向的"获得"之界定。

生存心态相关于学习意向自我侧的时候，其生成的"获得"才是"获得感"。因此，我们对学习获得感的研究立场是自我侧的意向充实。这也

① ［美］基辛（R. Keesing）. 文化人类学（二）［M］. 张恭启、丁嘉云，译. 台北：巨流图书公司，1989：35.
② ［美］克利福德·格尔茨. 文化的解释［M］. 韩莉，译. 上海：上海译文出版社. 2014：109.

是我们采用布迪厄的"habitus"概念并采用"生存心态"之译文的理由。我们的目的是为了把学习获得感与个人学习意向的自我侧相关，从而探查教育作为"心灵转向"的技术，其应该转向的心灵是什么？是意向还是"生存心态"？另外，作为个人的学习意向，其获得感的生成基础是自我意向的充实还是外在事物，例如金钱、社会地位的获得问题。

2. 学习获得感的生成根基：生存心态的意向自我侧

学习的终极目的不仅仅是为了生存。因此，获得文凭并因此得到工作机会进而养家糊口仅仅是满足了社会结构化要求的文明概念。因此，社会的结构化系统也会以文凭为标准对个人进行能力衡量，并因此而给予这个人某种工作机会。然而，这不是个人意向生成自我侧的文化概念。

在迎合社会结构化要求的同时，意向自我侧是将自己的意向处于期待状态的，也就是他进行学习的意向在自我侧并不是完全无保留的认同社会结构侧的。然而"期待"并不能通过外在结构侧的满足而得到充实，就像当下的"精致利己主义"观念一样。期待意向永远得不到真正的满足。恰恰相反，它的充实需要自我侧的调整与意识充实。这种充实不是吃不到葡萄就说葡萄酸的自我麻醉，而是对意向自我侧生成的尊重和"充实"。

另外，意向自我侧与社会结构侧绝非是割裂的。所谓"不疯魔不成活"，个人在自我侧的倾听和满足中虽然获得了社会结构侧的"疯魔"界说，但是那个尊重自我意向侧的个人在满足个人意向需要的同时，也顺便成为社会期待的独一无二。这就是万物之"道"。

3. 学习获得物：生存心态对社会结构侧的迎合

现实生活中，在满足社会结构认同的条件下，迎合确实可以让自己获得一些东西，但是，迎合所获得的东西并不是自我侧的获得感，而是社会结构层面的"物"，例如金钱、社会身份地位等。据此，迎合在自我侧的生成将是"欲求"。这个欲求会将外物的获得和占有当作下一个欲求的结构性凭借。例如，有钱可能生成的不是获得感而是"想更有钱的欲望"。

在"欲求之物"的得到方面，迎合让自我侧意向对"空泛"的关注偏离自我。然而，社会结构之物的欲求得到短暂满足之后不一定是获得感，也可能是欲求的纵容。一旦个人的意向面向了自我侧，欲求满足的表象就有可能让自我"怅然若失"。这可以在日常生活的经历中发现影子。

例如，当我们特别想得到一个东西的时候，我们的全部注意力都集中在这个东西的"获得上"，甚至，它让我们不会去关注这个东西与自我侧的关联——东西是不是我们最想要的，东西与我们的期望之物是不是一样等。一旦，我们得到这个东西，我们内在意向的自我侧就会发生。此时，我们会重新看待这个东西在自我侧的意义。一旦，这个东西不是自我侧的意向相关者，那么，我们就会"怅然若失"。这就像"所谓强者"的外在表现一样，他们越从"外在"强调强大，他们的内心就越害怕承认失败。

我们并不否认对外在之物的追求，我们的目的是将对外在之物的追求与追求意向的自我侧相关，并在这种相关中探索一个人的获得感。这就像"我愿意"一样，一旦我们自我愿意做某件事，不管这件事情的结果是否能够满足社会结构的要求，它在自我侧生成的东西都是获得感，外在的一切结果都会被联结到"我愿意"上而得到解释。也许就是从这个角度上，杜尚说你拒绝一件事和接受一件事是一样的。这是他听说萨特拒绝了诺贝尔奖以后所评论的话。

三、精致利己和混日子：生存心态双向下的个人学习意向获得感假象

我们把学习获得感的分析基础置于个人学习意向的自我侧——这一更加深入、更加靠近自我的位置。在这一立场上，我们发现有两种学习获得感的假象：偏功能论立场的"精致利己主义"和偏"冲突论"立场的"混日子"。

（一）叶公好龙导致所琢非玉：意向和对象都不是真的

1. 叶公好龙的"好"之假说明了意向自我侧的关注假象

在"叶公好龙"的寓言故事中，叶公自己觉得自己很喜欢龙，但是"真龙"一旦出现，他就吓得跑掉了。喜欢"龙"并非叶公自己意向自我侧的真实情况，这就让他的努力面临获得感无法实现的困窘。自己所想要追求的东西连自己都不知道，这就将自己的行动置于"盲人骑瞎马，夜半

临深池"的危险境地。

此时，他的"行动"表现就会出现两个极端：精致利己主义者和"混"。精致利己主义者用纵容"要求"的方式再生产要求本身，在"得陇望蜀"的欲壑难平中疲于奔命。"混"关注意向自我侧的要求却无法形成意向自我侧的超越生成能力。这样，它就会在满足自我侧要求和迎合社会结构侧要求之间难以行动；最后，他会在怨天尤人中"无所事事"的"混日子"。

问题的生成缘由就在于，二者并没有将获得感的分析基础定位于学习意向的自我侧。它所凭借的分析基础是个人行为的社会功能价值，是获得"物"的属性而不是获得"感"的分析，是"实在的事实分析"而不是"可能的价值分析"。然而，获得感之"感"生成于更加深入的、透过生存心态表象的意向自我侧，不是生成于社会的结构侧。

2. "好"的自我侧偏离让对象"龙"并非"真龙"

"精致利己"和"混日子"在生存心态的关注方式上掠过了意向的"自我侧"，这让学习意向回避了自己内心的需要。由于它们缺少意向自我侧这一更加深入和稳定的真实基础，所以学习的意向也就没有办法回归自我侧来生成获得感。这让学习意向在缺少自我的情况下直接面对了社会结构侧的要求。这就可以解释一种教育现象——心理模糊主义，也就是学生对自己学习的内容缺乏自我的确证性。其原因就在于，学习意向的自我侧并没有参与学习获得感的生成。因此，也就无所谓"自我的确证"。

这在学生的日常言说中也可以发现。比如，"大抵""可能""差不多""也许"等语言范式的出现就是这一原因。这在学习上的表现就是他们可以"记忆"却无法表达"态度"。他们可能会完整准确地再现知识符号，但是，当问他们自己的态度和感受的时候，他们还是会将书上的知识再说一遍。

其原因就在于，一旦学习意向偏离了自我侧，那么就会出现叶公好龙的所琢非玉。此时，我们学习意向自我侧所面对的学习对象不是"真实对象"，它所面对的是以社会平均认知方式所呈现之社会结构面的共性。这样，意向自我侧的"踌躇"与行动的"雁行"就会泛滥，一方面，我们对"正确的废话""官话""套话"厌烦不已；另一方面，我们又不能从这些话的意向自我侧入手分析缘由并改变它。更有甚者，有些人为了个人的私利而故意使用精致的"算卦"语言来诓骗他人。例如，在当下网络媒体推送中，以"如何把话说得漂亮""梦想""兜售理想"的演说家等形式出现的成功学、心灵鸡汤屡见不鲜。

如果我们真的相信这些东西，真的将之作为自己的学习指向，这些东西又没有办法对"自我"侧的提问给出确证的答案，就像鲁迅小说《祝福》中那段经典的对白一样，当祥林嫂基于意向自我侧的需求问出"一个人死了之后，究竟有没有魂灵的?"这一问题的时候，"我"只能说出："也许有罢，——我想。""那是，……实在，我说不清……其实，究竟有没有魂灵，我也说不清。"然后就是"我乘她不再紧接地问，迈开步便走，匆匆地逃回四叔的家中，心里很觉得不安逸"。

3. "好"与"龙"的假导致"琢玉"行动成为"缘木求鱼"的无效劳动

当农家子弟表现出自我侧学习意向的时候，家长和老师往往会问"你学这个有什么用""你的这个爱好与学习有关么"。这就像柏拉图的洞穴隐喻，一次又一次的黑暗让孩子会以牺牲自我侧的需要来服从社会结构侧的要求。父母一方面强调孩子要有自己的想法，另一方面，当孩子真的表达自己的想法的时候又缺乏必要的理解和疏通方法。这就陷入了"缘木求鱼"的被动处境。康德曾经说，这是逼着公羊下奶，然后还拿着筛子去接。

此时，学生的学习行动之意义附加并非是出自自我侧的主观意义附加。这让他自己的学习所面对的处境并不是可以转化为知识性经验的"验前"世界，而是一个无动力和无对象的虚假境地。此时，他就陷入了"南辕北辙"的危险：自我侧的动机、方法和对象不是统一的。

然而就像我们在以后的"听话"中将要分析的一样，牺牲自我侧需要而迎合社会结构侧要求的学习最终未必能够获得社会的认可。这就是"经典"传承百年并变成经典，"道听途说"却连自己的时代都挺不过去的原因。它的原因在于，学习行动所雕琢的并非是自己这块"玉"。因此，学生对学习也就不是在自我侧的努力，不是在"新民"，而是在"旧民"。也就是说，它是用社会结构的已有内容对一个"新生儿"的"旧化"，而"旧化"的结果就是丰子恺所批判的"模具制人"，千篇一律的东西注定会因没有灵气而丧失社会对它的持久关注。

有时候，我们自己对待文化的态度就是如此，不是欣赏与沟通，而是占有与排斥，就像"破四旧"的方法，它像给孩子洗澡最后连孩子和洗澡水一块倒掉的处理办法，其得以产生的缘由就是缺少了自我侧的"个性甄别"。然而，我们最近开始反思我们自己的文化。这就说明，文化的"个性化"会在时空这两个范畴下最终获得社会的认可。

学习也是一样，回避学习意向自我侧并"迎合"社会结构侧的学习最终还是不能获得社会结构侧的认同。因为，它在雕琢劳动中的对象并非是"玉"的存在本身，所谓"返璞归真"就是这个道理，所谓的"璞"的美存在于"真"中。如果，"雕琢劳动"离开了玉石本来的质地和纹理及其皮色，这就说明雕刻者本身对玉不能理解和欣赏，其导致的结果必然是作品并不能成为传世经典和跨越时空的存在。

（二）意向与意向相关物的非自我确证必然导致个体的精致利己与混日子

1. 所琢非玉的缘木求鱼让意向自我侧无从皈依

"缘木求鱼"是《孟子·梁惠王上》这篇名篇中孟子对所选方法错误的一个重要评价。当王询问比这个问题更严重的结果是什么的时候，孟子说"殆有甚焉。缘木求鱼，虽不得鱼，无后灾。以若所为，求若所欲，尽心力而为之，后必有灾。"另外，在这一篇中，孟子还提出了另外一个与我们所要分析问题相关的论说，就是"无恒产而有恒心者，惟士为能。若民，则无恒产，因无恒心。苟无恒心，放辟，邪侈，无不为已。及陷于罪，然后从而刑之，是罔民也。"[①]

---

① 孟子·梁惠王

这个意思很清楚，首先，缘木求鱼仅仅是方法不对而已，最多是失落或者是所欲不得，而不知道自己在"好"及其"龙"上所面对的假象，还是去"所为"和"所欲"并"尽心力而为之"，它就会发生不测和"天灾"。另外，一个人如果没有自己的"恒"与"心"，他就会发生"放辟，邪侈，无不为已"的恶果。

这就能够很好地解释了我们学习意向中的自我侧缺失所导致的"无恒心"，而这就让"精致利己主义"和"混日子"乘虚而入。孟子认为，因为这种原因让"民"获罪并对民治罪的方法是"不教而诛"的"罔民"。

另外，超越"恒产"的"士"可以实现恒心和恒产之间的平衡。根据孟子的分析，我们可以发现，教育的"士"用"心灵转向"可以让被教育对象自我侧的"恒心"得以生成。当然，我们不否认"士"无法得到明确的概念描述，就像欧洲历史上的"骑士"，日本的"武士"各不相同，但是，鲁迅的"民族的脊梁"却道出了"士"为民族精神所做的贡献，这也决定了中国词汇对"士"的界定很少有负面的词汇。

2."精致利己"和"混日子"是社会结构侧绕过意向自我侧的考察概念

（1）二者是学习意向的两种表面现象

在生存心态的双向视域下，"精致利己"和"混日子"都是社会功能向度的学习考察。它们仅仅是相关于社会结构侧的学习意向在生存心态上的投影。当意向的自我侧指向社会结构要求的时候就会表现出"精致利己"的倾向，当回指自我并尚未到达个人意向自我侧的时候就会出现"混日子"的倾向。因此，"精致利己"和"混日子"仅仅是"实在"，它们并非是个人学习意向自我侧的"真心"。

原因在于，生存心态是"铭写"在个人性情系统中的，它"在最强有力"的状态下实现对实践的掌握①。其"铭写"的深刻性、"实践的最强有力掌握"好像让个人行为自动的满足它的要求，也就个人会在自己"无意识"的状态下进行相关的合规范性行为。然而，"无意识"也是意识，

---

① 包亚明主编. 文化资本与社会炼金术——布尔迪厄访谈录［M］. 上海：上海人民出版社，1997：169.

它同样蕴含着个人意向自我侧的一种主观意义附加；只不过，这种附加是潜在的而已，是个人意向自我侧尚未处于清醒状态罢了。

这也是布迪厄出于意向描述双重性的目的而采用"生存态度"（habitus）概念的缘由。他强调，用此概念的目的是为了摆脱唯理论的行为哲学①。行为哲学对个人意向的考察基础是行为的事实性，它以社会结构侧的平均值为标准，个人的意向行为通过平均值的品量而得到价值评价，它并不会给个人的独特意向以"真"的地位；恰恰相反，个人知道或者应该知道社会的要求被作为"理所当然"而被置于"前提预设"。

然而，个人一旦洞察了社会结构的评价策略，他就会"逢君之恶"，既然结构认为我"应该知道"，那么我也就会表现的"我好像真的知道"，那么，他就会走向"精致利己主义"。另外，个人自我侧的成长毕竟还是没有办法回避的"真"。这一点，可以从历史长河与个人的关系得到明证。历史星空中那些亮亮的一定是有名有姓的真实存在者。因此，个人意向自我侧不会接受"不真"，它会对"不真"采取或主动或被动的反抗来表达自己对"真"的追求。然而，一旦回避了个人意向的自我侧，"混日子"，或者"反……"等功能论和冲突论就会乘虚而入。

（2）二者在学习意向自我侧的偏离让获得感"无枝可依"

二者在学习意向自我侧的偏离让它们都没有从"心灵交互"上实现学习的自我获得感这一终极目的。对"精致利己主义者"来说，学习的目的就是为了让自己在社会中实现资源"占有"的最大化，他们没有时间去照顾自己内心意向的"自我侧"。对于"混日子"或者"反……"文化来说，他们不会相信社会结构侧会给自己带来利益增加，而又不能接受以回避自我侧需求的方式来服从社会结构侧要求，于是，他们就会像"接舆"和"桑扈"一样②，愤世嫉俗，离经叛道。

---

① 包亚明主编. 文化资本与社会炼金术——布尔迪厄访谈录［M］. 上海：上海人民出版社，1997：168.

② 屈原. 九章："接舆髡首兮，桑扈臝行。忠不必用兮，贤不必以。伍子逢殃兮，比干菹醢。与前世而皆然兮，吾又何怨乎今之人！余将董道而不豫兮，固将重昏而终身！"

3. 意向自我侧与社会结构侧的此消彼长让学习获得感的买椟还珠得以发生

我们用买椟还珠强调教育中的效率低下及其更严重的南辕北辙现象，这种操作模式让学生即使面临了教育中的知识，他们也会与知识的真谛失之交臂。这就像中国禅宗故事中的"佛祖拈花迦叶一笑"一样，"佛祖拈起梵王所献波罗花示众。此时，众人皆默然，唯迦叶尊者破颜微笑。佛祖道：'我有正眼法藏，涅槃妙心，实相无相，众妙法门，不立文字，教义外另传。今传之摩柯迦叶'"①。在佛祖看来，佛法最高境界是"不立文字"，以心相传，这很类似于柏拉图的"心灵转向"。然而，这高妙的经文和传经方式却被唐僧师徒认为是"骗局"，而经文的传播者迦叶尊者和阿傩尊者也被当作"势利小人"。

然而，这教育的结果却也真的在现实中发生。苏格拉底被判死刑是因为"蛊惑青年"，这让柏拉图变的"谨小慎微"，他不敢明言，只能用"隐喻"的方式传播他的教育思想。而反观我们民办高校农家子弟的学习表现，他们也会一边骂学校和招生老师，避而不谈自己学习获得感的缺失，一口咬定是因为被"骗"而被迫来到民办高校；另一方面，他们也会为了拿到奖学金早早地加入招生队伍，回家继续忽悠自己的学弟和学妹。另外，他们自己在面对教师讲授的时候，也不会一直持久关注，表现得五花八门：上课说话，打毛衣，公然谈恋爱（这些在笔者教学过程中都曾见到）。

四、意向自我侧对自反的接受与超越让获得感生成

（一）自反让学习意向自我侧有了明确的指向

自反和反思不同，反思的思维意向性指向社会的结构要求，而自反则是将行动的结果与自我想联系，它让自我对行动结果与意向自我侧的"满足感"进行自我确证。

---

① ［宋］释普济辑．五灯会元佛家禅宗经典（精译彩图本）［M］．重庆：重庆出版社，2008：8．

自反概念是 William Thomas 在二十世纪提出的概念，默顿在二十世纪四十年代后期发展了这个概念。于是，自反逐渐成为"二十世纪的主要成果，它们在这个方面的收获比其他任何社会科学学科都丰富"①。对学习意向的考察来说，这个概念具有过程性和个人动机性两个要素，即"在分析目的性的行动时，我们关心的是'行动过程'而不是'行为'，亦即，关心具有动机性的行动和因此而在不同选项间作出的选择"②。

自反概念对学习意向的考察价值在于它能够提供"联系自我"的概念图式。人类在现代和后现代的认识发展中发现，与人类认知能力相关的知识存在"大规模自反性的假设——这当然包括对反思思维本身性质的反思"③。于是，自反概念就被用来描述一个人能够联系到自我的能力④。德国青年与文化理论家托马斯·齐厄（Ziehe）认为，自反概念"意味着能够为自己确定和正式提出明确目标，这些目标让一个人能够具有战略性，能够在他的自我反思中加以运用"⑤。

这样，自反概念就区分了思考的两个维度：其一，反思，其思考没有明确的向度，它也许指向自我侧，这个部分是与"自反"重叠的概念，此时会生成获得感和怨气，就是觉得社会结构侧对不起自己；也许指向社会结构侧，这时候他会反思自己做好的地方和不好的地方，其类似于"君子慎独"。其二，自反，这个思考就是"自己为自己而思考"。这样，意向指向自我的思考就具有了可描述的概念表述。

由于个人意向在意向相关物上是空的，所以社会结构侧的描述必然会对意向中的相关物起到参照，这就像我们在"事非经过不知难"之前，我

---

① Therborn, G., 2000, *At the Birth of Second Century Sociology: Times of Reflexivity, Space of Identity, and Nodes of Knowledge*, in British Journal of Sociology, Vol. 51 (I).

② [波] 彼得·什托姆斯卡. 默顿学术思想评传 [M]. 林聚任，译. 北京：北京大学出版社，2009：221.

③ Anthony, Giddens. *The Consequences of Modernity*. Stanford, CA: Stanford University Press, 1990：39.

④ [丹] 伊列雷斯. 我们如何学习：全视角学习理论 [M]. 孙玫璐，译. 北京：教育科学出版社，2014：73.

⑤ 同上.

们对某件事情的意识内容并不是"空"；它仅仅是相对于意向自我侧来说尚不明确，这就像我们灵感中的状态。此时，意识如果不能分清楚"反思"和"自反"，其思考就很容易在自我侧要求和社会结构侧要求之间混淆。

自反概念的提出可以为自我的进一步生成和超越提供概念支撑。因为，在"联系自我"中，我们会将"自以为是"的东西进一步与意向自我相关。此时，我就知道"这是不是我想要的"；然后，自我就能够更加超越自我，走向"自己想要的"这一获得感。

（二）自反让生存心态向意向自我侧的转向有迹可循

自反对学习获得感的分析具有积极意义，它能够更加清楚的指向学习的意向自我侧。此时，行动意向的自我侧与"无意识"之间的互动被置于分析的前台，也就是体验之"验前"，从而满足了个人与社会互动的"双向"模式。

在这样的分析图式下，"无意识"仅仅是基于社会侧之结构要求的立场而对个人意向所进行的界定，但对个人来说，"无意识"是个人行动意向的自我侧尚未被自反的意识状态，也是意向的真实状态，是意向"引而不发"的"验前"状态。此时，行动可能会因社会结构侧的要求而指向社会，但在随后，个人意向中的自我侧就会生成一种返回自我的评价。这种评价会隔绝社会的结构要求，它存在于现实的时空之外，就像"做梦"一样不受任何控制，它会将社会结构侧的评价自反向自我的意向侧。此时，不管社会对这件事怎么评价，自己还是会有一个评价。而这个评价才是我们意向中的获得感，其也是我们下一步行动的自我侧意识支撑。

也就是说，在个人的意向自我侧和社会要求的结构侧之间，个人会以"生存心态"来保存自反生成的"学习获得感"。因此，生存心态的双重性也就成为我们描述的农家子弟学习获得感的出发点和归宿。并且生存心态的概念定位不是理性主义的"行为"描述策略，也不是主观主义的"唯我论"概念，而是个人行动意向的自我侧与社会的结构要求之间的双向概念。

162

生存心态对个人学习意向的考察具有三个重要功能：其一，它的意识属性能够为学习获得感的考察突破行为主义的"行为定位"，能够让学习的考察与个人意向更加相关。其二，它能够让学习获得感的分析更加明确的指向个人意向自我侧，让偏重社会结构侧要求的"无意识"与偏重个人行动意向的自我侧之间的互动分析得以实现，也让学习获得感的分析突破"意识"的表象，深入到"意识概念"的背后——意向自我侧与社会结构侧。其三，意向自我侧的发生能为教育之"心灵转向"个人意向提供概念图式。

（三）自反对意向自我侧回归的凭借是"感性"而非"理性"

自反能尊重个人学习意向的真实状态，然后借助"最强有力地对实践的掌握"而实现学习者的真实性情与社会结构形式的双向互动。它不仅能够借助个人意向和性情把实践概念剥离出行为这一结构功能论的窠臼。同时，它也能借助实践概念将学生内在的学习意向唤醒，并借助清醒自我来对抗无意识所生成的盲目行动。这就打通了个人意向与社会建构的知识之间的双向流动，避免了教育的"精致利己"式服从和盲目失范现象。

这样，学习获得感就被还原至社会与个人意向的真实境地。它既保证了学习者个人的意向真实，也没有否认社会知识的"客观"，只不过此时的客观仅仅是"建构路径和建构指向"的符号化、概念化客观。它是个人学习意向出于理解目的而绕到符号背后去发现知识主观性的凭借。它不是终点，它的作用是为个体学习意向的超越提供现实的凭借和可能生成的基础。

此时，亚当·斯密的"人同此情"的同情和理解就会出现。其根本原因就是学习者再不是隶属于"客观"的附属，而是作者情感的倾听者和理解者；个人的真性情就会出现，它将自己对知识符号的第一印象作为直观，然后理解知识作者的情感。他一次又一次地回指自己的体验和意识活动，用自己的感情倾听自己的生命。这个意向活动的自反过程就让知识创设者创设知识过程的生命特质出现了，这就好比是小泽征尔听到《二泉映月》的时候会泪如雨下，这也是伯牙摔琴为知音的缘由。

　　这里有两个关键的概念需要进一步的强调：其一，能力概念；其二，能力的获得是不是能教。这两个问题涉及教育向苏格拉底"助产"概念的回归，也是教育学"pädagogik"概念下的引出。此时，一个更加靠近个人意向自我侧的教育追问开始诞生，即，教育所宣称的"心灵"和"引出"在个体学习者及其内在的心灵状态是什么？

　　影响赫尔巴特教育学的康德将之描述为"能力"概念。康德认为，能力是个人"本身就已经有一种要表现它自己的冲动的能力"①。对这种能力的生发，强制性锻炼仅仅是一种消极的方法，而"培养和学说"却是积极的。也就是说，训练学生不断地锻炼对知识符号的记忆仅仅是为了"不出错"这种形式意义的消极价值，而内在能力的生发却是个人不可回避的积极部分。那么，这种能力是什么呢？

　　它是一个人基于内在意向进行判断的能力。康德认为，这种能力无法通过教育（belehrt）来补救，是天赋智力的部分，是"把事物归摄于规则之下的能力，即辨别某种东西是否从属于某条所予的规则（casus datae legis 所予规则的事例）之能力"②。这种能力只能通过练习（geübt）来获得，这也就符合了现代人对知识创设方式的总结，即波普尔的表述"科学方法就是大胆地推测并巧妙而严峻地尝试反驳这些推测的方法"③。

　　因此，学习意向的发生与知识符号的记忆就成了两个范畴的问题。发生需要理解，这是人文科学和自然科学最大的不同。此时，学习能力及其获得感的提升就需要学生自己去练习，而学习练习的对象是再现或者说还原知识符号背后的那个创设者的情感和视域。在再现和还原中，学生自己的判断能力也得到了锻炼，同时，学生自己的理解能力也获得了提高。

　　举例来说，一个不懂音乐的人在看到乐谱这一物理化符号表现的时候，可能仅仅看到了"1、2、3"这样的数学符号。而懂音乐的人却能够

①　[德] 伊曼努尔·康德. 纯粹理性批判 [M]. 韦卓民，译. 武汉：华中师范大学出版社，2004：608.

②　同上，182.

③　[英] 卡尔·波普尔. 客观知识——一个进化论的研究 [M]. 舒炜光等，译. 上海：上海译文出版社，1987：86.

通过眼睛的看来还原耳朵所听到的声音。同样，如果一个懂音乐的人能够了解一个作曲家的个人成长传记，他也就能够在理解作曲家的过程中体会作曲家创作音乐的情感，也就会理解声音之中的音乐本身。而这个理解是在练习中实现的。同时，理解的过程也承担了个人的好奇意向并在好奇意向的推动下得到自身的锻炼。其呈现的对象是作曲家的生平感受和音乐符号的表达功能这一验前的世界，练习的对象是还原到这个验前世界的能力，并且这个能力也是一个活生生的人的能力。

第三章　钱和听话：社会结构要求让学习意向的被动面对与自我侧的困

第一节　金钱之"困"

一、金钱下的多重学习体验

根据已有的研究，青少年对待金钱的认知因家长文化水平的影响而受到影响："中学生的金钱认知水平与其家长的文化水平成反比，即家长文化水平越高，孩子的金钱意识越弱，相反，家长文化水平越低的中学生却更能体会金钱的价值。"[①] 这种认知观念也佐证了安妮特·拉鲁的观点。

拉鲁认为，中产阶层"通过不提及钱的问题……家长们向自己的孩子传递了一种很微妙的优越感"。而对于贫困家庭来说却恰恰相反，"对经济问题的讨论不仅很公开化而且还经常出现，孩子很清楚家长能付得起什么，不能付得起什么"[②]。通过阅读 X 学院农家子弟所撰写的教育自传，我们发现他们对金钱具有复杂的道德情感，既有将之看作父母辛苦的表

---

① 杨淑萍、冯珍婷. 中学生的金钱观研究 [J]. 教育科学, 2013 (02)：63.
② [美] 安妮特·拉鲁. 不平等的童年 [M]. 张旭, 译. 北京：北京大学出版社, 2009：58-59.

征，有将之作为对父母牺牲的感恩缘由和自己努力学习的动力源泉，也有因为家庭经济的困境而生出的无奈与怨言。

（一）金钱与学习动力

通过阅读农家子弟的44份教育自传，我们发现，他们对待金钱有独特的意义附加方式。通过金钱，他们理解了父母的辛酸，并将自己的努力学习视为向父母回报的唯一方式。比较有代表的是以下几个。

"父亲为了给我买点读机，每天从工厂下班之后，就去干点零活。他的腰便是在干零活的时候摔伤了。听到这之后，我忍不住哭了。我对母亲说：自己一定会努力读书，找一份好工作，以后让父母过上好日子。"N-3

"现在只有学习需要我去努力去实践去创造。而父母年龄越来越大，未来需要我支撑一切。所以我要理智要成熟，要丰富自己，不给家庭增加压力与负担。"N-14

"因为日常生活的交流啊，父母会告诉你他们挣钱多不容易啊，为了养孩子多辛苦啊之类的，让我感觉家里应该没有什么钱。另外，周末的时候，也会让我去地里一起干活，并且一再告诫我：如果不好好地读书，将来就是要过他们一样的生活。"（对N-3的访谈）

另外，农家子弟对待"钱—学习"的相关性表现出惊人的一致，"只要与学习有用的，父母都会支持"这样的话几乎每篇都会写到。他们的父母也会运用金钱与自己当下生活心态的相关性来教育自己的子女。例如，钱被用来激发孩子内心的斗志，如"如果你真的有本事，就不要问我们要钱""我们给你花了那么多钱，你怎么对得起我们"这样的表述也会偶尔出现在自传和访谈中。

同时，农家子弟也因为对农村体力劳动的不喜欢和对父母挣钱辛苦的体谅形成对金钱的多重情感。农家父母喜欢用金钱获得的辛苦来反衬农村生活的辛劳和不易，并将之作为激发自己孩子离开农村走向城市的现实例证。农家父母也会将自己对城市生活的美好向往向孩子身上投射。在此，学习成为农家子弟离开农村走向城市的重要工具职能，类似"在他们的看法是你要想以后不在地里干活，你就必须好好读书"N-32同学的表述就很有代表性。

与农家子弟对待金钱的态度不同，城市中产家庭的孩子往往表现出一种对待学习本身的兴趣，他们会把学习和金钱区别对待；虽然大多数孩子也会因为金钱表达对父母的感恩，但这种感恩在情感表达上要轻松很多。

"没钱就要啊。我从来没有感觉问家里要钱有什么为难的地方，我也不知道家里有没有钱。反正我没有钱了就会问家里要，父母也不会问我钱怎么花了之类的。"Z-1

"我爸担心我一味省吃俭用给其他同学造成我抠门的印象，于是慷慨予我生活费，时刻激励我随心所欲花钱。"[1]

（二）金钱与愧疚

农村家庭的生产和生活是缠绕在一起的。农家子弟在学习之余都会有从事田间劳作的经历，他们往往亲身经历过父母的辛苦，对于依赖父母的劳动所得进行学习具有很深的道德愧疚。"底层子弟对钱更敏感，即使父母不有意提及或者有意不提及，他们的学校生活也无时无刻离不开对钱的记忆，而且总能很明显感受到家庭为自己的牺牲。底层的孩子因为家庭为自己求学所作的牺牲背负上了重大的道德债务。"[2]

在农家子弟的教育自传中，所有的孩子都对自己高考的不理想表达了对父母的愧疚，"觉得对不起他们"，"没有给他们争气"是最具代表性的表达。他们往往不去表达对自己未来的忧虑，相反，他们对自己的未来并不担心，往往用"赚钱""工作"这样笼统的话语来描述自己的未来期待。这折射了他们独特的学习动机及其家庭培养方式。

"母亲信奉'女子无才便是德'，同时还想着日后我发达会使家里受益。……父母、弟弟不止一次嫌我花钱多。这是我欠他们的，还不清。希

---

① 程猛、康永久．"物或损之而益"——关于底层文化资本的另一种言说［J］．清华大学教育研究．2016（07）：87.
② 同上，88.

望自己以后可以赚很多的钱吧，给他们当赚样费（注：原文如此）。好像我花他们的钱就像割了他们的肉一样。"N-24

"刚上初中的生活费还够用。到了初三的时候，我感觉同样的生活费不够花。那时的我就不想上学，出去打工挣取零花钱。零花钱不够花也没给父母说。因为我知道我还有弟弟，家里面的压力已经够了，不想再给家里面增添压力。于是我偷偷将我报的学校的志愿改成了最难考上的几个高中学校，结果意料之中没考上。我父母给我托关系还是让我上了高中。那时我给父母说不想上了。"N-44

"还有就是在中学时期，每次交书本费我家都是要交双份的（注：两个孩子），每次都是我交得最晚。因为当时家里经济困难，无法一时凑出高昂的费用。现在想来我也体会到当时父母的心情。他们希望我可以在良好的环境下成长，在学习上取得成功。"N-20

为了弥补这种愧疚，农家子弟往往会从事校外的兼职以赚取生活费用，他们用减少向家庭要钱的方式回避自己的愧疚。然而山东 X 学院的学费是 9800 元每年，住宿费是 1000 元左右，因房间住宿人数的区别而有波动，一个月生活费基本也是 1000 元，除去寒假和暑假的三个月假期，他们在学校的时间大约是 9 个月，这样一个月是 2000 多元的资金成本。而他们出去打工，不管是分发传单还是其他的工作，一般是一天 70 多元的收入，几乎处于得不偿失的处境。另外，很多学生会在学校周围的小店里打工，这种工作机会一般是管吃饭，但是工资也就一个小时 5—6 块钱的样子。

然而这种生存心态却让他们的精力开始游离在学习之外，导致学业成绩的差强人意。为了在心态上让自己对学业的亏空不那么失落，他们往往会说，我在校外的打工可以锻炼自己的能力。而当你问他们什么是能力的时候，他们又不知道是什么。

与农家子弟对待金钱的生存心态不同，城市中产家庭的孩子对待金钱则表现出一种成就需要。他们往往将金钱作为自己在这个社会的立身或者获得自由生活的需要。并不像农家子弟那样对钱敏感，也不避讳自己对待金钱的态度。对"钱—学习"之间的相关性，他们能够分得比较清楚。学习对他们来说是自己的事情，是为了自己将来更好的生活，或者是一种不甘落后的情感。

"钱很重要啊，所以我不在乎什么工作，只要能够挣钱就好啊。我在上学的时候去做微商就可以一个月挣一万多。我觉得能够挣到钱是一个人活得自由的方式。"（来自对 Z-1 的访谈）

"我从来没有觉得花父母的钱是一个愧疚的事情。父母也从来没有让我有这种感觉，他们总是说，挣钱的目的就是想让我活得快乐，可以自己选择自己喜欢的事情。"（来自对 Z-2 的访谈）

"我考研的目的就是想来看看，看看研究生是一种什么样的生活。再说人家能够考上，我觉得我也可以啊。这对我来说就够了。我不会考博，因为太累了，虽然我老师让我考博。但是，我父母告诉我，快乐地活着最重要，反正我家又不缺钱。"（来自对 Z-10 访谈）

通过这些言说可以发现，城市中产家庭的孩子对待金钱的态度往往是金钱的"符号"价值，他们受金钱"稀缺"性的影响不像农家子弟那么强烈。因此，钱也并不是他们学习的直接动机，他们对待金钱的生存态度往往和自我联系在一起，钱是他们向社会证明自己的机会和能力。这就决定了他们更关注金钱的象征意义而非购买凭借的意义。由于金钱与自我联系在一起，所以，他们也不会因为金钱的原因而放弃自己的学习兴趣。

城市中产家庭这种与自我联系的学习恰恰符合了美国学者 Zimmerman 等人对成功学习者的描述。他们认为成功的学习者能够在"理解自我认知与学习活动之间的关系"① 上具有非凡的洞察力，所以他们能够及时地处理学习中的变化，及时地调整自己适应这种变化。

而与城市中产家庭的孩子不同，农家子弟的学习涉及更多的他者影响。因为学业对他们来说不仅仅是学业，还是一个带有道德属性的义务行为。因此，一旦学业失败，他们就面临着被道德指责的境地，被认为是

---

① ［美］丹尼尔·U·莱文、瑞依娜·F·莱文：教育社会学［M］. 郭锋等译. 北京：中国人民大学出版社，2010：220.

"不争气""丢人"等。这让他们自己的学习行动面临自我评价的困境。与学业失败相伴而随的往往不是"试错"之后的经验生成，父母的指责和邻里的嘲笑将可能会如影相随。这些让农家子弟在愧疚和自我怀疑中背负着沉重的道德压力缓慢前行。

（三）金钱与怨气

在教育自传中，农家子弟或明显或隐含地表达了对家庭贫穷的怨气。这种怨气或来源于对同龄孩子的攀比，或来自贫穷导致的家庭温暖缺失。比较有代表的是以下几个。

"对于小时候的记忆，印象最深是家里的贫穷和父母的吵架。这也是导致我至今都不自信的直接原因……都说穷人家的孩子早当家，我和哥哥从小就下地干活。对钱的问题，我一向是很敏感的。我知道挣钱的不易，更体会过穷的滋味。"N-5

"初中后，学习压力过大，加上叛逆，有一次终于和父母吵架了，抱怨作业没有做完就要做饭，抱怨想要的没钱买，抱怨别人上学都有父母接送而我没有。爸爸脾气暴，上来就是一顿打。我也像他，所以导致能动手就不动口，和爸爸的沟通越来越少，关系越来越差，也为了和他作对，不听他的话不好好学习。从那时起开始认识到钱的重要性，穷怕了，不想再过那种日子。"N-4

"因来自农村，家里并不怎么富裕，甚至父母有时还会因为家里各种费用的使用吵架。钱对于城市人来说，或许代表不了什么；而对于农村人来说，钱，是生活的根本。就像报大学之前父母一直吵架，都埋怨对方不干活，不挣钱，导致一段时间内我都不想报大学，不如自己去干活，不用他们再因为钱的事吵架。其实也有些想让弟弟不要再过一次我以往的日子，父母动不动就吵架，动不动就变脸，有时还会殃及无辜。"N-33

人类学家玛格丽特·米德的研究发现，青少年情感的困扰不是一个生理过渡的必然问题，而是文化的产物①。这种观点可以反映我国农家子弟

---

① 陈奎熹. 教育社会学 [M]. 台北：台北三民书社，2007：63.

通过金钱所折射的怨气。金钱对农家子弟来说并不是其经济价值那么简单。它背后承载着更多难以名状的意义，是整个家庭所凭借的向上流动的希望。这种希望既有父母对自己辛苦的珍视，也有父母希望子女理解并转化成其学习结果的期许。一旦这种期许出现分歧，不管是父母还是孩子都难以接受。

"父母特别关注我学习的结果，对于过程他们往往不关注。天下的父母可能都差不多吧，只要考试考得好，就什么都好。"（来自对 N-5 的访谈）

与农家子弟不同，中产家庭仅仅将金钱当作一种教育资源，金钱的工具属性在那里得到了明确的表达。

"那些钱我一分未动，全收进抽屉，以备不时之需；后来我妈翻找旧照片时意外发现，以为是旧日收藏，大喜过望，全部笑纳。我爸得知之后，对我妈感叹道：'财商教育到底是没成功——只会存钱，不会花钱！'"①

从这位中产家庭子弟的描述中可以体会到那种轻松的金钱态度。在这里，金钱已经离开了金钱生成的生产场域。与农家子弟参与家庭经济生产的直接性不同，城市中产家庭的孩子并没有直接参与父母工作的经历，父母获取金钱的方式对他们来说是陌生的。而农家生产对农家子弟来说就是日常生活。因此，城市中产子弟的金钱观是间接和相对轻松的，而农家子弟对金钱获取方式的言说和体验却是切身的。

二、金钱体验之生存态度的"困"与"贫"

我们把文化界定为影响个人行为之背后的意向要素，而不是将文化理解为物质的次级反映。后者所折射的并非文化而是文明。文明用来描述外

---

① 程猛、康永久. "物或损之而益"——关于底层文化资本的另一种言说 [J]. 清华大学教育研究. 2016（07）：87.

在的、有形的，文化用来描述内在的、观念性的东西。它是社会的观念集合在个体行为上的反映，它不仅仅以符号形式保留了一个民族和社会的意义模式，而且，也会作为一种思维方式通过特定民众的交流、保存而获得发展。"钱"是当下社会任何人都绕不过去的符号要素，同时，它也能够折射出不同的生存心态。

（一）有钱都不远：金钱崇拜导致自我侧学习意向的生成之"困"

1. 社会结构化的金钱导致意向对自我侧的偏离

在当下社会，有钱可以解决一切问题的线性思维让人难以抗拒。它对个人所有的行动意向都在发生着某种程度的沁入作用，甚至于一个三岁的孩子都能说出"有钱多远都不远"这样的"天语"①。

另外，在焦波先生的纪录片《乡村里的中国》中，杜深忠的妻子有一句关于金钱的俗语表述："人没有钱，你再好也白搭。现在只要有钱就行了。人家有钱的王八坐上席，你无钱的君子你下流坏。"② 这种将金钱的功用描述与个人品行相连接的思维方式让人触目惊心。因为，诠释主义者伽达默尔曾经强调，一个人说出的一句话代表着他的认同态度，代表着社会性思维方式在其认知中的延伸，将有钱没钱与代表个人品行的"君子"和"小人"对等的言谈方式表明了社会个体对金钱的"渴望"远远超过了金钱的商业价值。

"金钱渴望"超出金钱商业价值的部分表明了金钱认同的社会结构化。它让金钱的商业价值认同转化为社会身份地位的认同，同时，它也让金钱成为个人接受社会认可的决定性标识。例如，有钱人和没钱人的区别不仅仅是所持有金钱数量的区别，它还代表着社会对个人进行评价的决定性参照。然而，金钱这一符号要素一旦成为社会的决定性衡量标准，它就能够在个人无意识的情况下对他的行动意向生成触发作用。

这样，金钱的意向触发和对触发满足的行动就会封存或者冷却或者催

① 一个小女孩在三岁的时候，她随笔者去单位上班。因为打车要一个多小时，所以，笔者问她："我上班的路远不远?"她说："不远，有钱都不远。"。

② 焦波的纪录片. 乡村里的中国, 20：00—20：34.

眠个人意向的能动属性，或者，它会绕过个人的意识能动性进而在个人无意识的状态下影响个人。而个人也会将此视为理所当然的"公理"，允许它对个人影响的自动发生。

这种金钱观念的进一步泛化必然会侵入个人行动标准的最后阵地——道德领域。这让它在无形之中获得了社会结构要素的"正当"地位，"有钱"意味着社会地位的提高，意味着可以有更多的……但是，社会结构要素的功能定位是"迎合"社会整体的功能价值，它通过满足以"集体意识"为代表的"社会刚性部分"来发挥社会稳定的维持功能。

2. 农家子弟因钱而生成的意向偏离让学习意向的生成面临困境

社会的结构化思维对个人意向的考察方式是"社会平均"式的，这种"统计学"意义的"平均"和"大概率"所面对的个人仅仅是二元思维的"主动"与"被动"，然而，个人"自我侧"的发生方式是"能动性"。因此，在满足社会要求之"有钱"标准的同时，个人还要面对自我的需要，比如情感、比如获取金钱的能力和现实机遇等问题。

因此，在个人的自我侧，金钱的结构性要求仅仅能够提供形式的合理性，个人自我侧的能动及其面对金钱意向的生发则是这种合理性的内容标准，后者蕴含着个人与社会的平衡策略。然而这在农家子弟的学习意向中却结果堪忧。

这表现在，农家子弟的金钱观念大多与社会结构的平均要求及其购买力相关，而不是金钱生成性的资本价值。所以，他们在金钱与学习意向的生发中表现出更多的线性思维，也就是学习目的直接是为了钱，而不是将学习的目的指向"生成性能动"的知识学习本身。可是，知识的"生成性"才是学习意向的"可为之处"，同时，它也能与资本属性的生成性思维相关。

上述思维的缺失让农家子弟的学习意向无法面对自己的意向自我侧这一生成性的源泉。这也就导致农家子弟面临着中国传统思维的"困"，即"木在囗中，木不得申也"：一方面，他们无法抗拒金钱的结构化思维，另一方面，他们又对自己自我侧的学习意向无从下手，也就无法解决"钱"

在自我的生成。

（二）自我侧意向生成之"困"加剧农家金钱观念的"不安"

由于缺乏自我侧的意向生成机制，自我侧的能动性就无法对个人意向与社会要求进行平衡，个人意向就会表现出"不安"情绪。它是个人意向对社会结构化要求无意识状态的外在表现。例如，"患得患失"，得到的东西害怕失去，没有得到的东西想要得到，因为害怕别人看不起自己而想要通过金钱来证明，而对于如何有钱却没有方法，同时，对于怎样才算"有钱"又存在要求的"水涨船高"，等等。这些"不安"情绪就像病毒一样时不时地出现在农家子弟的话语和思维中。

1. 穷怕了的"不安"

日本电影《冰辙》里那对父女在讨论买卖儿女及其亲情的时候有一段经典的对话：父亲说"你所看到的和尝过恐惧滋味的人所看到的不一样"，女儿问"恐惧是指什么"，父亲回答"贫困，真正的贫困是非常恐怖的，人一旦尝过那种滋味，就会像烙印一样被深深地刻在身上，即使表面上已经过上了普通的生活，也会跟随其一生，然后会像旧伤复发一样突然爆发"。

2. 救急不救穷的"被动不安"

中国古话叫"救急不救穷"。这句话的经验解读是我们可以借钱给一个有急事的人，却不能借钱给一个穷人。而根据《康熙字典》对"穷"的考证，发现"急"和"穷"代表了社会对个体进行的经验考量和超越考量。

（1）"急"折射了"穷"和"困"间的纯粹自我能动性

"急"是社会结构对处于"穷"和"困"之间那个纯粹自我能动性的积极评价，它代表了施助方对蕴含于个体内部之纯粹自我所能够觉醒并突破困境的一种信任和期待。

它的考察基点是"个体的纯粹自我"，而不是"外在的经验情境"。因此，"困"对于个体来说，它仅仅是处于"验前"的可能性。个体纯粹自我能够将"困"置于自己的"纯粹自我"面前，并运用纯粹自我的超越能力超越它，同时也让自己的纯粹自我获得练习的机会。这个活动的过程就让个体纯粹自我形成了基于自己超越属性的生成与成长。对此，程猛博士的研究用"先赋性动力"① 概念揭示了农家大学生在面对"困"所生成的纯粹自我与应"急"之力。

（2）"穷"是社会结构对个体纯粹自我的消极态度。

与"急"不同，"穷"则代表了社会对一个人所处困境的经验描述，其来源于社会的信念要素——大多数人已有的生活会在一个人身上再现。因此，个人的纯粹自我就变得从属于已有的经验处境。它往往强调情境的客观性并让个体接受现实。

同时，它总是试图用社会已有的现实经验去否认个体所能够生成的"纯粹自我"，教育的话语往往表现为"人家都这样，你怎么不行呢？""癞蛤蟆还想吃天鹅肉"等，范进的岳父骂他的话就具有很强的代表性②。因此，"穷"描述了一个人对"困"的被动状态。这种被动状态往往来自一体两面的原因，一方面缺乏纯粹自我的生成而无力对经验现实予以主动

---

① 程猛博士认为："尽管农家子弟并不具有先赋性的客观优势，却因其自身的底层处境而自然生发出向上拼搏的动力，一些不利的文化处境或事件也可以转化为学习的韧性，这些动力都是与出身底层这一事实紧紧相连的。"参见：程猛. '读书的料'及其文化生产——当代农家子弟成长叙事研究［M］. 北京：中国社会科学出版社，2018：125.

② "不要失了你的时了！你自己只觉得中了一个相公，就'癞蛤蟆想吃起天鹅肉'来！我听见人说，就是中相公时，也不是你的文章，还是宗师看见你老，不过意，舍与你的。如今痴心就想中起老爷来！这些中老爷的都是天上的文曲星！你不看见城里张府上那些老爷，都有万贯家私，一个个方面大耳？像你这尖嘴猴腮，也该撒泡尿自己照照！不三不四，就想天鹅肉吃！趁早收了这心，明年在我们行事里替你寻一个馆，每年寻几两银子，养活你的老娘和你老婆是正经！你问我借盘缠，我一天杀一个猪还赚不得钱把银子，都把与你去丢在水里，叫我一家老小喝西北风！"参见：［清］吴敬梓. 儒林外史［M］. 林斤澜改写. 广州：花城出版社，2016：31.

建构，此时，个体可能表现出"习得性无助"①的行为，另一方面，纯粹自我这一稳定根基的缺乏导致经验现实对个体进行无限覆盖，这无形中造成了经验现实的"客观性"假象，其可能会导致"自我的消极评价"，并在"消极评价"中接受一次又一次的失落，从而自己间接成了自己困境的"共谋者"，这加速了"穷"在个体经验意识中的生存心态。当年大火的《我不是药神》有这样的话："听说你这次不挣钱，哈，挺仗义的，不过哥得劝你几句啊，我卖药这么多年，发现这世上只有一种病，穷病，这种病你没法治啊，你也治不过来，算了吧。"②而《乡村里的中国》也有"你今年盼着明年好，明年裤子改棉袄，就是这个样啊"③的无奈，更有"农民怎么没有保护的呢？还保护动物呢"④的扣人心弦。

---

① "习得性无助"是美国心理学家赛里格曼于 1967 年提出的概念，是指"因为重复的失败或惩罚而造成的听任摆布的行为。习得性无助（Learned helplessness）是指通过学习形成的一种对现实的无望和无可奈何的行为、心理状态"。参见：https：//baike. baidu. com/item/%E4%B9%A0%E5%BE%97%E6%80%A7%E6%97%A0%E5%8A%A9/2091594？fr=aladdin. 访问时间：2020. 1. 2. 心理学家在随后的研究中发现，这种现象也会在人身上发生。"如果一个人觉察到自己的行为不可能达到特定的目标，或没有成功的可能性时，就会产生一种无能为力或自暴自弃的心理状态。具体表现为认知缺失、动机水平下降、情绪不适应等心理现象。"参见：倪海. 学生"习得性无助"及其教育对策［J］. 教育评论，2002（06）：51. 魏新岗博士将之界定为"习得性选择无力"，认为"它是对结构与行动的关系性存在寓于主体心智一种概括性阐释。具体指资源、规则、文化价值观念、意识形态等社会结构性限制转义成内在的心智性情倾向，导致主体在意识层面'自我设限'，使行动者在面临选择机会时，以一种'意向性体验'，自我排除，无力选择。"参见：魏新岗. 农家子弟底层文化再生产及其教育破解［D］. 辽宁师范大学，博士学位论文，2019：118.

② 文牧野. 我不是药神. 时间：86：51.

③ 焦波. 乡村里的中国. 时间：55：50.

④ 对话情境为杜深忠家种的玉米被獾吃掉了。杜深忠的妻子："你看这块地里的玉米今年都叫獾糟蹋了，一袋子玉米没了，麻利弄点药来，把这獾都药死算了，你看看，都这么给糟蹋了，多么大的玉米，你看。"杜深忠说："你别看这个獾吃点这个东西，獾是这个国家三类保护动物。"杜深忠的妻子说："獾还是这个国家保护动物？它光祸害人，光糟蹋庄稼，它还是保护动物，农民种点粮食容易吗？都让它糟蹋了，农民怎么没有保护的呢？还保护动物呢！"杜深忠说："那獾糟蹋点就糟蹋点吧，人都昧着良心卖假种子，咱今年春天耩的谷子，现在收玉米，那个谷种要是晚耩几天的话，今年这个玉米也种不上，这块地就绝产了，什么东西都没有了，这个损失你不生气吗？"参见：焦波. 乡村里的中国. 时间：56：20.

（三）"困"和"不安"排挤学习意向降低了农家子弟的自我关注

1. 农家子弟学习表现不尽人意的原因是个人意向被排挤

（1）学习注意力不够专注

在韦伯的社会行动概念下，任何行动都是个人内心意向对外在附加意义的表现。在这样的考察旨趣下，我们发现农家子弟的学习并非生成于自己的学习意向，而是指向了外在的金钱需要。

例如，他们会选择打工去缓解家庭的压力。另外，他们为了满足金钱的"不安"而着急挣钱。他们在教育自传和访谈中几乎都会涉及这个问题。另外，这也可以在他们入学之后的行动盲目上找到例证。农家子弟在来到大学之后，都存在一种目标缺失的短暂时期。一方面，他们会因为高中生活的压抑而出现学习意向的偏移，比如，他们会参加社团，进行人际交往等社会化行为；另一方面，他们会把大学自主学习的时间用来干自己感兴趣的事情，但这种兴趣往往又不是来自他们自己的内心意向，而是或来自周围同学的影响，或来自影视作品、文学作品以及道听途说的某种生存心态，比如消费、伪装精致生活等，而这就更加深了他们对金钱的需求和"有钱多远都不远"的金钱信念。

这就让他们在学习行动中表现出专注度低的特征。根据我们对所选样本的跟进调查，他们自己的学习行动会随着时间的流逝而逐渐偏离学习。例如，在大一的时候，他们会踌躇满志，要好好地学习，但是等到大四的时候，他们又会说"自己长大了，成熟了，现实了"，并且认为学习不能给自己带来什么，而社会适应能力很重要等，但是你问他们能力是什么，他们又会说"只要能够挣到钱就行"。

这折射出农家子弟学习意向因社会结构的迎合所导致的个人意向偏离。于是，金钱在农家子弟那里超越了货币符号而变成了社会结构考察的凭借。它承载着亲情、原生社会情境的认同等多元的价值定位。而这些定位的衡量标准则需要农家子弟通过学习获得的金钱来说明。就笔者和周围的博士同学交流所得，过年回家往往都会被问两句话："现在在哪儿？""一个月多少钱？"

这为农家子弟的学习附加了学习之外的意向。它变成了"逃离农村"的身份提升、家庭共同体在原始村落中的影响力和荣誉等外在要素。此时，学习不再是满足自己的旨趣需要的行动，而是迎合亲情期待和转变家族命运的"行为"。这样，学习意向和学习意向支撑下的学习行动都从学习本身偏移了。因为对农家子弟来说，关注自我、追求自我的旨趣有可能被认为"不懂事""不务正业""不本分"等。

（2）想象的可能性与学习行动力的无从下手

个人的任何行动意向都可以分为两个部分：其一，来自我们经验生活的过去总结；其二，来自我们对未来生活想象的期待。金钱在过去生活中所导致的"困"和"不安"的观念会让他们将自己的学习意向与未来的金钱获取方式相关，而不是与当下化的学习意向相关。

这就导致了他们当下化的学习意向被淹没于过去的金钱回忆和未来的金钱期待这一双重动机下，也导致了当下生活的"空"。这必然会导致他们学业的不尽人意。其原因就是他们将学习的意向置于过去和未来，而没有将自己的学习意向置于当下化的学习体验。已有的实证研究也能够证明这一点，那些成功的学习者更看重"学习活动和学习内容的知识与文化价值，而不是绝对追求其工具性价值"①。

结构化的金钱观念让农家子弟学习意向出现"空"的原因在于农家子弟独特的金钱体验。农家子弟对金钱的生成方式是直接体验式的。对他们来说，钱不仅仅是一种交换和购买的符号，而是家庭情感的重要承载，是他们体验父母劳作与辛酸的真实感受；钱的一分一厘都来之不易，都是家人的情感付出。金钱之上附加的亲情让农家子弟的金钱观念超出了它的"符号"意义。它是父母生命时间的一种转移和让渡，也是家庭命运的唯一凭借。

与农家子弟对父母挣钱方式的亲眼所见和感同身受不同，城市中产家庭子女的金钱观念往往来自父母的言说。因此，中产阶层孩子对待金钱的

---

① ［法］玛丽·杜拉·柏拉、阿里斯·冯·让丹. 学校社会学［M］. 汪凌，译. 上海：华东师范大学出版社，2001：191.

意义感知并不是体验，而是来自"想象其可能的主观意义"①；是一种类型化的意义，而不是一种事实上存在的意义。

2. 学习的意向不足让学习行动与文凭增值的关联性降低

文凭的符号特质或者说"那张纸"对社会的认同来说仅仅具有形式意义，就像日常所说的"敲门砖"，它只能够为农家子弟获得挣钱的工作机会提供一种形而上的、理论上的可能性。在这种文凭背后附加了多少个人的学习意向及其学习行动才是文凭价值的内涵，像为这个文凭付出了多少无差别的人类劳动。而这个人类劳动是以学习意向、体验和学习行动来实现的，它是学习意向这一自我体验的经验生成。

然而由于民办高校的农家子弟的学习意向对金钱的过早偏离，这让他们在自己文凭上附加的自我学习意向、体验不足，而用人单位往往更关注文凭背后的学习能力和学习能力本身的社会生成能力，二者之间的差距让民办高校农家子弟的文凭社会认同度低。根据已有的调查也确实证明这一点。有人对华南农业大学珠江学院学生就业的专业对口进行实证调查，发现 2013 届、2014 届、2015 届三届毕业生的专业对口平均值为 21.65②。这与我们所选样本的调查结果几乎相似，他们在毕业之后往往从事与所学专业不相关的职业。

3. 文凭因价值不足而无用加剧农家子弟的"学习无用"观念

北美人类学家奥斯卡·刘易斯于 1959 年曾经以贫困（poor）文化的方式来描述因为贫穷所导致的"宿命"认同，他用列举的方式指出贫困文化存在对社会机构不信任并缺乏参与"很强的属地情感""童年短且受到的保护很脆弱"以及"对自我的评价低，对失落情绪的容忍度低，一切调整明显地以当下为中心，期望较低，存在着宿命论思想"③。

---

① ［德］马克斯·韦伯. 社会学的基本概念［M］. 顾忠华，译. 桂林：广西师范大学出版社，2010：21.

② 巫敏芝. 民办高校大学生就业存在的问题与对策研究——以华南农业大学珠江学院为例［D］. 吉林大学硕士学位论文，2016：20.

③ ［法］丹尼斯·库什. 社会科学中的文化［M］. 张金岭，译. 北京：商务印书馆，2016：113.

这种现象的出现与农家子弟自己的学习行动偏离学习有关，并非是金钱的直接影响。自己的学习意向及其支撑下的学习行动偏离了学习本身导致了他们通过文凭获得金钱收入的相关度低，这种经历让他们开始降低对学习的信念。由于缺乏了自己对学习的关注，所以，他们生活态度中的"宿命"观念开始发挥作用。因此，当他们回首学习的时候，往往说"学习没什么用，只不过混个文凭"，或者说"我天生就不适合学习，所以，考试总是考不好"这样的话。

第二节　听话之困

通过阅读农家子弟的教育自传，我们发现"听话"和"学习"是缠绕在一起的一体两面。其中"好好的学习"就是听话的表现，而"听话"就是要"好好学习"。他们都在自传中表达了父母要求他们听话，要求他们好好地学习。而对于更加细致的学习内容，他们发现父母爱莫能助。并且他们也洞察了这一点。他们的父母大多数并没有上过高中，所以他们对高考和大学教育都比较陌生。这种陌生让他们只能用"听话"和"好好学习"这样的表面话语来跟踪孩子的学习状况。这样，"听爸妈的话""听老师的话"就成为父母嘱咐孩子的常用语式。

一、农家子弟以"听话"为核心的谈话内容

（一）孩子你要听话

对"听话"这一父母的核心要求，农家子弟往往具有自己独特的情感。由于农家父母往往在外打工，并不能陪伴孩子身边，他们期待自己的孩子能够听话，而对孩子自己的兴趣和内心需求没有办法提供细致的帮助，父母也很担心自己不在身边孩子会"学坏"，所以他们对孩子能够听话具有很高的价值要求。而农家子弟对父母不能陪伴自己左右而要求自己听话表达了自己的洞察。

"我小学基本上就没见过我父母在身边，全在我学校周边的全托过了6年。每次学校举行家长会，我的父母没有到达过一次。经常在以后的日子里和父母发生争吵时都以这个为借口……我小学时候你们不管，现在缺想管来我，你们那来的权利！（'缺'和'那'原文如此）"N-44

"父母打电话给我都说，要听话，听老师的话，听爷爷的话。我都是答应着，然后就没有然后了。其实我心里挺烦的。他们除了要求我听话和学习以外就没有别的了。"（来自对 N-44 的访谈）

"过去的17年，我是被你们支配的。换言之，我是按照你们的意愿而活。你们大人讲话，我不能发表意见。你们言论我，我说话就是顶嘴，啊哈！为什么到我弟就什么都可以了，那么不公平吗？"N-24

"随着父母外出打工，我与他们联系便少了，只有平时周六周日放假了才偶尔去与他们团聚几天。父母很少过问我学校的事，渐渐地关系便有些疏远了……我与奶奶最亲。父母也只是提供一些日常开销，为我提供物质上的支持。"N-25

"每次父母打电话都会问，在家有没有听话啊；最后都会嘱咐一下，在家好好地听奶奶的话。几乎每次的都一样。"（来自对 N-25 的访谈）

与之相对，中层的父母往往要求孩子具有独立的判断能力。他们喜欢鼓励孩子在复杂的价值中做出自己的选择。因此，他们往往会强调价值判断与孩子认知能力之间的相关性，而很少用命令或者强制的办法植入一种"听话"的价值要素。就算非要采取强制的措施，他们也会采用尊重和理解的外在表达方式。

"我爸妈很少要求我听话，但是爸爸一直跟我说，要尊重人，尊重老师，但是学习要用自己的心去体会。当我有自己的体会的时候，爸爸总是会问我'你为什么这样想'，并鼓励我说出自己的观点。"Z-7

"父母偶尔也会要求我听话，但是，更多的时候是让我学会自己想事情，也会举日常生活中的例子让我明白自己选择的意义。当我不听他们的时候，他们会讲故事，讲他们的想法；如果还是不能说服我，他们会说，

你自己想想吧。"Z-8

（二）孩子你要好好学习啊

农家父母对体力劳动和生计的辛酸有切身的体会，而读书和学习又是农家子弟改变这种生存状态的重要途径。因此，农家父母对孩子的学习成绩很敏感。然而，由于他们的受教育程度比较低，他们又没有办法给孩子的学业提供具体的帮助。这样，日常交流的"要好好学习"就变得空洞而没有说服力，父母的期待也在日积月累的重复交流中成为孩子口中的唠叨。

"从开始上学的时候，父母就常说，去学校好好学习，认真听讲；我们不要求多；只有一点要求，尽自己最大努力就好。可到最后呢，父母总会说，你尽最大努力学了吗？到头来是只看结果不看过程的。"N-30

"父母每次说得最多的就是：好好学习，其他的不用担心。"N-11

"他们说，只要是关于学习的钱，怎么样也会有的，但是不是关于学习的，一分钱也没有。当时我就感动了。"N-42

当问到"你与父母平时都谈些什么？"这一问题的时候，学生的回答也会说是以学习为主。对于日常生活中的事情，父母也往往都能联系上学习，"如果你像什么那样学习就学好了"这样的表述都会体现在农家子弟的话语中。例如：

"妈爸有时候给我打电话，都会问学习怎么样啊，但是，很少会问我开心不开心之类的。"（来自对 N-10 的访谈）

与之相对的中层父母却不同，他们的家庭往往具有一种知识刺激的氛围，父母会在吃饭和空闲的时候分享自己的工作经历，以及自己对这些经历的态度，同时也要求自己的孩子发表看法并给予指导。他们往往善于利用学习之外的教育资源去开发孩子的学习兴趣。

"我爸爸是个物理老师，他会在我们没事的时候给我讲物理学家的故事，讲爱因斯坦啊，讲薛定谔啊，等等。所以，我就觉得物理特别好玩。

所以，我就准备将来上大学的时候去专门学习物理。"Z-5

"我也知道孩子不会理解那么深奥的物理原理，但是，通过人物形象的办法，可以让孩子在未来的学习中有个抓手，这样，那些人物就活了，物理也就不那么枯燥了。"（对 Z-5 父母的访谈）

"爸妈在吃饭的时候会和我说今天在单位发生了什么，并且会问我的态度。有时候我觉得为难，他们会帮我分析。另外，他们也会教给我怎么去观察事物。如果我愿意写下来，他们也会帮我修改。"Z-8

（三）农家子弟对父母话语范式的"洞察"

虽然农家父母非常关注孩子是否"听话"，并且在日常谈话中集中关注与"学习"相关的内容，但是他们的关注并不能深入到孩子学习的具体方面。这种无法聚焦具体学习方式的"平行交流"也被农家子弟洞察了。在农家子弟的教育自传中，他们对父母无法帮助自己的学业内容表达出了一种求助不能的洞察。

"父母一般都早出晚归，非常辛苦。只要一有机会，我们就会出去玩。这就为我与父母交流提供了好机会。随着年龄慢慢长大，也可能是因为父母文化水平偏低的缘故，他们只是会说你要好好学习，别瞎想别的事，根本就不能解决我心里的问题。"N-46

"越长大就越少与父母沟通，因为越长大越孤单吗？自己能做好就不必打扰到父母。"N-45

"我记得有一次学校组织活动，集体活动，需要一个篮球，我就回家来让父母给我买。父母先是这么说的，这篮球非要有吗？说如果是学习用品你不用说第二遍我们也就给你买了，主要这不是太有用的东西。我也知道家庭的经济情况，所以我也再没要。这个活动我也是没有去参加。"N-30

与之相对的是，中产阶层的孩子会在学业上求助于自己的父母。由于受教育程度比较高，他们的父母也能够给他们以实质的帮助，并在学习的讲授过程中增加了亲子关系的亲密度，以及父母本身的权威属性。

"我记得上高中的时候，我妈妈真的很辛苦，她白天去学校上课，晚上还要回来给我补习。我这辈子最庆幸的就是我有一个非常伟大的妈妈，否则，我真的不知道长成什么样。"Z-4

"因为我是艺术生，文化课是大家都有的薄弱环节，但是，我的数学却考了满分。数学老师以为是我作弊的原因。当时虽然很生气，但是却信心大增。因为妈妈给我总结了几个模式，并且对每一种题型都进行了讲授。她曾经改过很多年的高考试卷，所以比较了解高考的题型。"Z-3

二、"听话"背后的结构性思维让学习意向偏离自我侧

（一）"听话"意味着个人意向服从社会规范

农村家庭往往把"听话"作为一个重要的价值定位，强调孩子对规范的遵守。这种遵守蕴含着农村家庭复杂的文化意蕴。有研究认为，这种"懂事"背后承载着"关爱和尊重""理解""疼惜"以及"回馈"和"觉察到自己的处境和责任"①。

这种内心的观念认同来源于其成长文化的乡土属性，也就是费孝通所谓的"亚普罗式（阿波罗式）"②。这种界定起源于德国学者史宾格勒（Oswald Spengler）。他认为，古典文化对应着阿波罗文化，而现代文化对应着浮士德文化，前者强调对既有秩序的接受和遵守，后者强调生命的创造，"浮士德文化的人，本身即是一'我'（I），从我出发，穷究深寻，以得出自己对'无限'所获的结论"③。就此而言，我国农家对"听话"强调的教养方式带有强烈的阿波罗文化特点。

这种文化按照社会的要求来塑造人，它要求人要自制并强调行为的适度原则。因此，学习者对规范的认同远远大于对学习的个人意向阐发。因

---

① 程猛、康永久. 从农家走进精英大学的年轻人："懂事"及其命运［J］. 中国青年研究. 2018（05）：71.

② 费孝通. 乡土中国［M］. 北京：人民出版社，2008：53.

③ ［德］史宾格勒（Oswald Spengler）. 西方的没落［M］. 陈晓林，译. 台北：桂冠图书股份有限公司，1975：393.

此，学习更像一种社会驯化的潜移默化过程，家庭及其原生的乡土社会通过言传身教让孩子耳濡目染，"乡土社会是靠亲密和长期共同生活来配合个人的相互行为，社会的联系是长成的，是熟习的，到某种程度使人感觉到是自动的"①。这样，学习者也在"听话"的学习氛围中消弭了个人的学习意向，失去学习意向的个人也就更加依赖社会情境。

（二）"听话"刚性稳定增加个人意向被社会理解的成本

功能论者涂尔干曾经将社会分为机械团结和有机团结两种构成方式，前者要求社会集体意识的刚性稳定，个人意向面临"关系一断即为犯罪"②的巨大道德成本。而"听话"作为承载乡土社会集体意识的要素，也让个人意向的长成面临较高的社会长成成本。

在刚性稳定下，一个人过于关注自己的意向，就代表着对社会集体意识的某种背叛，他就要面临街头巷尾的议论。同时，乡土社会的集体意识往往都自成一体，就像涂尔干说的，它以平均沁入每个人的方式先于个人而存在，个人一旦来到某个集体意识的社会中，他就会被潜移默化的沁入这种集体意识。而一旦个人出现自反并关注自己的感受，他就很容易暴露在乡邻面前，即使他们离开原来的乡土，这种内在的生存态度也会如影相随。

这就像二十世纪八十年代以 16 岁年龄考入哈尔滨工业大学的刘汉清，在因痴迷数学而肄业在家后，得到的乡邻评价是"他就是一个废物，烂事无用"。而这也折射了《泰州晚报》总编翟明在评价刘汉清事件的话："我们现在的朋友圈，一直在呼唤'让脚步慢下来，等一等灵魂'，可当这样的人出现的时候，我们却又在拼命反对、否定，这不是很滑稽吗？"③另外的例子是北大毕业生卖猪肉的陆步轩。当然，现在人家有钱了，大家又会说"果然吧，人家就是不一样"。

---

① 费孝通．乡土中国 [M]．北京：人民出版社，2008：53．
② ［法］涂尔干：社会分工论 [M]．渠东，译．北京：生活·读书·新知三联书店，2013：33．
③ https：//www.thepaper.cn/newsDetail_forward_1887577．访问日期：2020 年 1 月 16 日．

（三）较高道德成本让个人学习意向的反思偏离自我

在"听话"的语言范式下，个人的学习意向自反很可能会偏离自我的需求，就像前文 N-30 的孩子所说的，父母一方面对孩子说努力就好，另一方面又对孩子的学习结果不满意。这折射了农家教育对待自我的态度。在这种态度下，所谓的个人选择只是在家庭允许范围内的个人选择，所谓"你看着办"也即是"你看着父母的要求办"。

另外，个人意向带有明显的个人属性，其在集体意识中往往缺少具体的行为策略。因为，集体意识仅仅提供了形式的合理性。个人在将自己的外在行为符应集体意识提供的行为模式之前，他的意向自我侧首先会将自我和外在要求要素化，其第一个意识行为是建构关系，然后其以自己建构的关系为基础进行认同和行动选择。

这种意向特点决定了教育中的个人之反思方向。当社会情境要求个人服从刚性稳定发展的时候，集体意识就有可能将个人意向的自我表达界定为"另类"。这种道德的高风险就会加速个人意向对自我的偏离。

农家对"听话"要求的道德意蕴就代表着社会刚性稳定要求的"反思"模式。当农家子弟基于个人意向而表现的"不听话"的时候，他得到的评价并非是"个性"，很有可能被界定为"另类"，被界定为"大逆不道""不懂事"，等等。

集体意识在将个人的意向做上述界定之后，往往会强调"杀人诛心"。此时，它会要求个人反思。而对个人反思的衡量标准是让个人表达或者重新表达。这种反思的结果和互动模式往往会以孩子"我知道自己错了"的话语表达而重新开始。这时候，孩子往往会被问"错在哪里了"，孩子会把之前带有个人意向特点的行为再表述一遍；最后，家长或者老师会再重复一遍社会集体意识的要求来加深孩子对集体意识的道德认同。

当然，我们并不否认存在于社会之中的个人要遵守社会的集体意识，但是我们想要强调个人对集体意识的遵守不是对集体要求的"再现"，不是运用集体意识对个人意向的排他性覆盖，而是强调个人在自己意向的基础上通过认同和综合建构将集体意识纳入自己的意识中，因为，这是个人意识将外在之物纳入自己意识的自然方式。

由于刚性稳定的集体意识对个人意向的要求定位于社会的结构侧要求，而个人自我的意向又是个人意识的自然部分，这就很有可能导致了一种社会性要素的"细胞癌变"①。对个体的内在自我来说，它往往会表现在三个方面：其一，自我催眠后的盲目服从；其二，被动抵抗策略；其三，内心的敏感。

首先，"自我催眠后的盲目服从"往往在外在行为的表现上符应刚性稳定的集体要求。就其自我来说，一直是处于被催眠状态。一旦外在的那个触发机制生成，他们往往表现得更加具有针对权威的破坏性，就像教徒往往表现得比教主更激进。而一个被催眠的人往往分不清楚"善意"和"良知"以及良好的教养之间区别，他们易于把自己的信念当成善意和良知。

其次，被动抵抗策略。"被动抵抗"是对个人意向的外在表达行为进行区分后的概念。一个人基于自己的意向而表达于外部的行为不管是不是合规范，他只要是基于自己的意向，这种行为就可能对社会形成生成性的价值，也就是可能代表着一种新型的社会价值体系。但是，一个人对外在的要求所采取的针对性策略则不同。它有可能是在对外在排斥对象采取报复性情绪的支撑下所采取的行为，也就是我们所说的"针对性"。我们将其叫作"被动抵抗策略"。这种策略在思维逻辑中往往不会注意"冲突"中积极要素，人为地将冲突双方都去掉从而达到重新开始的目的。而事实上，历史的传递是以冲突和融合为统一模式的。

最后，内心敏感。由于个人在反思中缺少自我的平衡要素和稳定起点，这让他们在满足社会顺从和良好举止要求的时候，内心意向处于紧张状态。已有的研究也折射了这种倾向。他们发现出身于贫民的孩子更容易

---

① 细胞癌变：正常的细胞是能够自然死亡的，它们死亡后通过新陈代谢的方式被排出体外。然而，癌细胞不会死亡，这导致了它对我们有机身体的破坏。我们想用这个概念强调一种"意识"因为超过了个人自我意向的处理范围，从而无法让这种意识通过自然死亡的方式被遗忘，而有可能成为我们意识中不断成长的"癌细胞"，就像逆反，就像心理障碍，等等。

受到"学业苍白无物、缺少他人尊重以及教师的侮辱、评分或惩罚的不公正等因素的影响"①。这种敏感不是威利斯所说的"反学校文化"，也不是一种明确的"抵制文化"，往往与个体的、孤立的事件相连，带有自我宣称的意味。它具有双重的文化意义。

农家子弟因为学业成绩的不尽如人意而生出的存在感降低。为弥补这种存在感的缺失，他们需要一种表现方式，哪怕以一个伤痕累累的殉道者的形象来挑战学校的权威管理。而这种自我宣称某种程度上也与他们的"敏感"心境以及渴望被关注的情感需要相关。"寒门子弟因品尝家庭之寒而对温暖极其渴望，也对那些给他们温暖的人念念不忘。"② 他们容易将教师作为自己的重要他人，并将教师的期待通过"听话"转化为自己的教育动机。另一方面，他们也会对这种渴望附着更多的敏感，容易出现极端化的思维倾向。

三、农家子弟对"听话"的形式接受和内容无助

（一）"听话"折射的符码限制性

符码理论是伯恩斯坦所创立的一种社会分析模式。他在涂尔干的基础上将关注的焦点走向微观，关注社会阶层的性质及其对教育的影响。他将家庭教养方式分为两种，一种是劳工阶层的"地位型家庭"，另一种是中产阶层的"个人型家庭"。其中地位型家庭所使用的家庭语言偏向于限制性的语言规则，强调孩子的年龄、性别和地位等先天的要素。

限制性语言符码对个人意向的积极意义需要一个前提，那就是"听者与说者有相同的经验，而且对说者的意思有含蓄的了解"③。我国学者金岳霖先生将这种言说方式总结为从"连续的审视中已予区分的概念"出发去

---

① [法] 玛丽·杜拉·柏拉、阿里斯·冯·让丹. 学校社会学 [M]. 汪凌，译. 上海：华东师范大学出版社，2001：205.
② 程猛、康永久. "物或损之而益"——关于底层文化资本的另一种言说 [J]. 清华大学教育研究. 2016（07）：86.
③ [英] 布列克里局·杭特. 教育社会学理论 [M]. 李锦旭，译. 台北：桂冠图书股份有限公司，1976：62.

演绎"未区分的概念和分辨的概念"形成了言说简单而内容丰富的"提示性"语言①。根据这种理论定位，农家对"听话"的强调往往偏重限制性的作用。

（二）符码限制性借"分类"策略来处理个人的学习意向

伯恩斯坦在符码理论的基础上进一步提出"分类"和"架构"的概念。他用这两个概念来推进语言在教育中的传递方式。其中"分类"是指"内容之间界限隔离的程度"，"架构"指的是"教育知识的传递方式与途径"②。

按照这种分析指向，语言符码的限制性作用具有两个目的，其一，它能够起到"界限隔离"的区隔作用，从而将个人意向与社会的偏离部分通过区隔的方式重新扭转到社会的期待和要求。其二，它对个人意向的界定是出于社会现存状态的平均值这一核心价值要素。然而"大众化"的平均值是个人意向规范定位的基础，它能衡量什么是好的，什么是坏的。这在农家子弟的教育语言中表现为"听话"和"不……"以及"别……"的语言范式。例如，不要和坏孩子玩儿，别乱动等等。

（三）"听话"缺少学习意向生成的"架构"要素

农家子弟在大学之前，限制性符码及其"分类"方式具有现实的价值基础。在"听话"的限制性符码作用下，农家子弟能够认同原生乡土社会的价值定位。这能够为他们的学习提供"少犯错"的隔离作用。

然而限制性符码的"分类"作用需要原生的稳定社会关系及其情感的"共通性"，也就是说，它需要规范的执行者具有相关的"身份特质"。在这样的背景下，他才能通过"身份属性"所承载的自然情感得以实现。一旦离开了原生环境和具有亲情属性的共同体，这种"听话"所承载的社会约束力就会下降。

---

① 冯友兰. 中国哲学简史 [M]. 赵复三译，北京：生活·读书·新知三联书店，2009：28.

② 谢小平. 伯恩斯坦教育符码理论的分析框架及讨论 [J]. 教育评论，2011（04）：154.

来到大学的农家子弟，却恰恰面对着这一处境。学业的升迁意味着他们需要离开其生活的原生情境，从以血缘和地缘为基础的熟人社会来到城市的生人社会，原生态的语言符码背后的文化支撑降低。这让他们面临情感维度的困惑，也让他们所生成的"听话"这一生存心态会面临被现实割裂的处境。

1. 执行"听话"的农家父母不了解学习本身

以"听话""不要做什么"等代表的否定语式是以"学习"为直接指向的。不要和某孩子玩儿是因为那个孩子不爱学习，不要买篮球是因为篮球与学习无关。这种否定式的语言与农家孩子走出农村具有某种天然的契合作用。因为通过读书走出农村，离开面朝黄土背朝天的农民生活暗含着他们的父母对自己当下生活的否定，暗含着父母对自己孩子通过学业升迁进入城市生活这一"跨越龙门"的象征性期待。因此，"听话"和"不要做……"所构成的对现有生活的否定和基于这种否定所形成的对城市生活的向往一起，构成了农家子弟家庭教导性话语背后的意义本相。

我们仔细推敲"要好好学习"这一祈使句的话语方式就会发现，它是父母在对自己生活否定的意义判断上所做出一种期望。从某种角度上说，这种判断并不是从自己生活的现实中抽象出来的，而是在颠覆自己目前生活的期待中提出的。他们对于"学习"这一社会性的行动尤其对于高等教育的学习并无切身的感受，也就无法让孩子在接受"听话"这一形式要求之后给他们提供学习内容方面的帮助。这样，"听话"就变成了学习反思道德化的话语方式。

2. "听话"缺少具体学习意向的生成"架构"

个人具体学习意向的生成需要自我对学习内容折射的主体进行"建构"，这种知识的生成方式自康德以来经由现象学的发展越来越获得整个学习领域的认同。因此，"分类"和"架构"对学习意向的生成具有不同的功能。其中"分类"代表着否定，代表着自我对某种学习内容的去除能动性。而学习意向的生成却需要"架构"来完成。

这种学习意向生成的"架构"则是"精致符码"的内容，它代表着外在的规范要求和个人意向之间的一种综合和平衡。其以"只要不做……其他的都可以"，很类似于"法不禁止即为自由"的开放性。与农家父母的"想象其可能"的非自主期待不同，后者带有很强的知识"架构"意义。知识架构意义并不是非此即彼的对立和冲突，它能够用"A是非B"这种综合判断的形式突破个人的两种不当意向状态：或盲目"听话"或"不听话"。也就是在社会的结构要求之外去求索个人意向生成的方式。这就可以拉近限制性的分类与个人意向之间的距离。

与之不同，农家子弟"听话"背后的学习意向缺少必要的生成之架构要素，这让"听话"的学习行为缺少背后的基本要素——自我与学习意向（学习内容）的互动生成。因为"听话"背后所折射的是父母的"期待"。然而，农家父母对自己的期待和期待内容并不具有明确的自我意识。它或者是对未来的向往，或者是对过去的否定。这无形中割裂了生命的连贯性和意向的绵延性。这种回避当下的否定思维也就更加无法为农家子弟将自己的学习意向指向当下的学习本身提供信息帮助。

四、"听话"的父母与子女：应对策略下的掩耳盗铃

农家父母往往把孩子的听话作为一种重要的评价标准。然而，作为一个重要家庭文化资本样式的"听话"在代际的"延续性是通过内在性的外化和外在性的内化之间的辩证法建立起来的，这一辩证法的一部分是逝去的几代人内在性客观化的产物"[1]。也就是说，"听话"是一个代际绵延的历史生成过程。一旦其历史的生成情境发生变化，它作为一个集体意识就会在指导具体行动的过程中失去效力。而"听话者"对应用性差的洞察也会影响个人对它的意向生成。

一旦缺少了个人对"听话"的意向生成，"听话"的外在行为表现就有可能成为一种无意识的习惯思维。而对"为什么要听话""听谁的话""听话了以后又怎样"这样的反问语言就无法具体回答，或者，回答内容

---

① ［法］皮埃尔·布尔迪厄（Pierre Bourdieu）著．实践理论大纲［M］.高振华、李思宇，译．北京：中国人民大学出版社，2017：218.

变成某种语焉不详的东西。这将加剧个人意向对"听话"的不信任。这让个人意向在对"听话"洞察的基础上生成一种虚假的学习行为。他们将这种行为策略作为个人意向无法履行"听话"要求的"非暴力不合作"。

这就将教育与学习之间的落差加大了。就个人来说，意向及其行为的外化可能是其"非自愿"的虚假行为。而对教育来说，外在行为的"听话"表现让教育认为自己的目的对意向发生了作用。然而，这让教育也就无法触及个人内心的真实意向。这就像前文所说的，孩子在明白父母的听话要求和父母无法解决他们具体的学习要求之后，他们会减少交流。

如果教育是"心灵的转向"，那么，教育的现实指向就是个人的行动意向，而不是外在的行为表现。因此，教育要把个人意向与行动之间的绵延过程当作教育指向。这一绵延过程包含个人意向生成的情感经历、动机和目的。否则，"听话"的表现有可能是个人非真实意向的应对策略和惯习，而不是有意识的认同。这就让教育的结果"我能再做一次"面临着行为展现的偶然性。比如，我们觉得老师和家长对学生关心的越多，学生的成绩就会越好。事实上，关心太多学习还可能出现成绩下降的情况。这就是没有将"我能再做一次"中的"我"及其意向置于原点位置。

（一）听话背后的生存心态与惯习

布尔迪厄认为，惯习是"可持续的倾向性系统"，它作为"生成的依据，生产着实践。这些实践既无法从看似直接发动了这些实践的客观条件（暂且定义为促因）推导出来，也无法从它们自己的生产过程的持久依据的生产条件中推导出来"①。也就是说，惯习的行为不是一个意志追求的明确指向，而是历史建构生成的结果。

惯习作为行为的意义附加过程是匿名的，并没有明确的个人指向，其形成也不需要与个人进行磋商——行为正当的合法基础并不来自明确的个人磋商，而来自历史绵延中"逝去的几代人内在性"的客观化。其强调规则像律令一样直接决定行为的发生而不是在个人"直接的互动"中发生。

---

① ［法］皮埃尔·布尔迪厄（Pierre Bourdieu）著. 实践理论大纲［M］. 高振华、李思宇，译. 北京：中国人民大学出版社，2017：219.

因此，相对于个体来说，惯习的意义形成是内隐的。它位于意义结丛的"相当底层中"，是反省无法触及的部分。

惯习的积极意义往往与生成情境的稳定相关。从某种角度上说，它更适合农耕文化。在漫长的农业经济历程中，生活的重复远远大于变化。情境、经验和主体的意义附加所建构的历史绵延物长期保持稳定，"意外"和"偶性"等参数并没有获得日常生活的意义。然而，对于民办高校的农家子弟来说，他们恰恰面临这种生活情境的巨大变化——从农村到城市。这让关系的无意识消极意义可能会变成他们自我学习的"自我设限"，从而，去关注自我、联系自我的真正学习意向生成就变得困难重重。

这也可以在他们的教育自传和访谈中发现，他们非常关注别人对他们的评价。在自我意向生成的时候，他们往往不是想着如何运用自我去超越意向与意向相关物的距离，而是想着别人会怎么看他们，如果失败了会不会被人笑等。

（二）"听话"式生存心态让教学双方偏离了"真"

"听话"的惯习特征往往追求行为发生的"命令—再现"。民办高校的大学生是在自我生成的年龄阶段，因此，他们会对"听话"之后的社会评价和自我感受进行思考。由于行动是个人意向与意向相关物的外化，当他们发现"听话"可以获得社会认可的时候，他们就会将自己的内心意向掩藏起来，让自己的行为看起来合乎"听话"的规范要求。这就让他们的行为与"意向"之间的相关度发生了变化。此时，相关于"听话"这一外在行为的内心意向生成却不是对"听话"的"认同"，而是对规范的"迎合"。于是，针对"听话"的认同态度被学生自己深深的掩藏起来了。

学习的这种学习策略会对教育产生"目标虚假"的教育困境，同时，它也让教育理念对功能论和冲突论的理论原则深信不疑而无所"觉醒"。于是，"诠释"和"理解"的路向也就无所谓"个人意向"。另外，学习者个人也会在所谓的"潜藏"中保护自己。然而，这种处理态度也很容易在习得无助中生成"混"的认同，这会偏离学习的最终基础——自我。在一次又一次的修正自己去"迎合听话"的规范过程中，他们将学习行动的

"意向"偏离了不断成长的自我需要，将自己内心的"意向"生成转变为"伪装""猜别人怎么想的"和"钻空子"。

这样，"听话"的"策略"意义不断加大，而关注"听话"的教育也无法测知其"听话"的外在表现是基于个人内心的意向还是认同。于是，教育就只能根据外在行为对其学习进行酬赏。这种酬赏方式更加巩固了学生基于策略而展现"听话"行为的意向。此时，"精致利己主义"就会出现。因为"听话"的有效性预设是个人意识必然服从集体意识的机械团结模式。在此模式下，个人的自我未觉醒以及个人内心意识的绵延未被自反。

这样，"听话"要求所指规范内容的"命令应然"与行为再现需要呈现的"实然"就处于线性对应关系中。它绕过了"个人意向的自我侧"并用"行为"的概念图式代替了"行动"的概念图式。这就把个人的外在可视化动作置于社会结构的分析视域下。这就回避了个人意向自我的要求。此时，行为就成为规范逻辑推导的必然部分，它不能出现意外，因为"关系一断即为犯罪"的模式会让意外成为被"惩罚"的合法依据。

这种教育的个人后果可能混淆生命之"不死"和"活着"的理论定位，以及随之而来的"生存"和"生活"的混同。具体而言，"生存"的目标仅仅是肉体不死，就像中国人常说的"好死不如赖活着"。然而，"生活"所要追求的目标却是"活着"。它要求基于自我意向的"获得感"，这也可以在农家子弟的教育自传和访谈中发现。比如，他们知道学习是为了自己而学习，但是，当问他们学会了什么的时候，他们又不知道学会了什么，以及除了争取获得工作机会之外，学习的意义到底是什么。

通过上面的分析发现，农家子弟以"听话"表现的外在学习行为有可能是"惯习"或者"策略"。因此，它容易偏离学习意向的生成和获得感。这仅仅是教育的"不死"目标，绝对不能是教育的"活着"目标。而教育一旦将之作为自己的目标指向，就有可能将个人的学习意向置于"无依无靠"的境地，个人的学习意向也就被教育置于偏离清醒纯粹自我的岔路上。

　　而学习一旦失去了"自我"的意向，教育就会表现出结构功能主义或者冲突主义的特质。前者以社会的结构要素来推论个人的意向。后者承认个人意向和个人意向中的"策略"或者"惯习"等特质，但是，由于其将"冲突"作为个人与社会之间的基本要素，这就容易生成一种社会的"被动抵抗"形式，也就是将教育中的个人意向理解为某种带有"反……"的话语体系。他们或用结构要求直接品量个人的外在表现，或者是凭自己的个人意向来"猜测和解释"。

第四章　悬置与心安：破解学习意向生成之困并为学习获得感奠基

中华民族的"安"与"心安"中蕴含着丰富的能动精神，但这种文化积极一面当下确实面临"不传"的困境。这一点可以从"既来之则安之"的误解发现，"安"不是被动的"认命"，而是对意向自我侧的超越，就像易经中所说的"尺蠖之屈，以求信也；龙蛇之蛰，以存身也"。因此，"安"是外在蛰伏下的内在超越。它不仅仅蕴含着个体的纯粹自我对外在处境的超越，也蕴含着权利分配的公平期待。

第一节　"金钱至上"生存心态的悬置与意向自我侧的自反

一、既来之则安之：农家子弟学习获得感视域下的民办教育

（一）远来者与"安"之者：民办教育的"安之"责任

民办高校的"既来之则安之"，民办高校对于已经入学的农家子弟的"来之"要给予适切、明见的教育，这是对民办高校办学者提出的基本要求。而这个基本要求却是当下民办教育所亟待解决的问题。民办高校的财政收入主要靠招生。一般，教师来承担大区主管和大区内的分区代理，然

后，由这些代理从自己的学生中找那些本地的学生进入高中校园进行宣传招生，这办法是很多民办高校的招生策略。同时，学校根据大区和老师的招生名额进行奖励，奖励和学生学费的比例则视学校的影响而定。在这样的运作背景下，学生在学校的学业表现会变得从属于招生表现，而这一处境也折射了民办高校"安之"职责的不足。

（二）修文德以来之：学习意向自我侧的"安"与学习获得感的生成

对于来到民办高校的农家子弟来说，他们在面对"你怎么来到学校的"这一问题的时候会说"被骗来的"。因此，他们对待民办高校的教育和教师都存在不同程度的抵触情绪。因为学校不是在"办教育"，是在"做生意"，而自己仅仅是一个商品。这影响了他们在学校"安"于学习的情绪。而从另一个侧面说，如果没有民办高校，相信很多学生并不能实现自己的大学梦想。因此，如何能够在民办教育中"还原"教育的真谛，让农家子弟能够在当下教育的现实选择——民办高校中实现自己的学习意向并生成获得感也是民办教育的社会职责和社会责任。因此，如果能够在民办高校中"安心"学习，他们也能够超越当下的经验生活，实现纯粹自我的超越。

二、"贫困穷"的心安与意向自我侧学习获得感的"理得"

在中国的传统文化观念中，有一种对待金钱的超越性，或说有一种"不受制于"的达观态度。这一点可以通过《康熙字典》对贫、穷和困的解释得以发现。

（一）中华文化对待贫、穷和困的三种积极生存心态

1. 中国传统文化中的"贫者士之常"

"贫"字的古文写法为"穷"，《康熙字典》对此的解释大多与"财"有关，"【爾雅·釋言】窶，貧也。【註】謂貧陋。【疏】貧者，無財也。【傳】困於財。【詩·邶風】終窶且貧"①。"贫"字总结起来有几个描述取

---

① 康熙字典（同文书局原版）［M］. 中华书局（香港）有限公司，2018：1133.

向，其一，代表着"分家里的财产"，因此是一个代表家的"宀"，下面一个"分"，因此，《说文解字》的描述是"财分少也"。其二，"贫"并不代表着社会的一种负面评价；相反，它代表着"士"的一种生活常态。西汉刘向所撰的《说苑》中记载有荣启期对孔子所说的三乐的最后一乐就是"夫貧者士之常也，死者民之終也，處常待終，當何憂乎？"①，南朝时期的《后汉书》也记载了南阳孔嵩的话说"侯嬴长守于贱业，晨门肆志于抱关。子欲居九夷，不患其陋。贫者士之宜，岂为鄙哉？"②

2. 中国传统文化中的"事尽理屈为穷"

"穷"字，也即"窮"，《说文解字》的解释为"作穷极也"，《康熙字典》③ 的解释如下：事盡理屈爲窮。言孝子心形充曲，如急行道極，窘急之容也，【韓詩外傳】獸窮則齧，鳥窮則啄，人窮則詐。【易·臨卦】君子以教思無窮，【杜預·春秋序】究其所窮。【疏】言窮盡其所窮之處也。又塞也。【孟子】遁辭知其所窮。有时候，这个字也被表述为地名或者人名。

总结起来，"穷"有几个描述侧重：其一，描写内心的无所归依，像前文中的"孝子心形充曲"，就像孝子刚刚失去了父或母，心里充满了未尽事宜，惶惶无措，急而无从着手。其二，路或者某种处境的尽头，像前文《韩诗外传》中的"人穷则诈"。古语中也有"穷寇莫追"。其三，代表着一种反思和沉思方式，代表着"穷尽"的意思，像上文中的"君子以教思无穷"，"究其所穷"。

3. 中国传统文化中的"倦极力乏为困"

"困"字在《康熙字典》④ 的解释如下：【說文】故廬（庐）也。从木，在口中。【徐鍇曰】舊所居廬，故其木久而困斃也。【六書本義】木在口中，木不得申也，借爲窮困，病困之義。又卦名。【易·困卦】象曰：澤無水困，君子以致命遂志。又【序卦】升而不已則困。又【廣韻】窮

---

① ［西汉］刘向. 说苑今注今译 ［M］. 卢元骏，注释. 天津：天津古籍出版社，1977：591.

② ［南朝宋］范晔. 后汉书 ［M］. 罗文军，编. 西安：太白文艺出版社，2006：617.

③ 康熙字典（同文书局原版）［M］. 中华书局（香港）有限公司，2018：797.

④ 同上，145.

也，苦也。【書·大禹謨】不廢困窮。【禮·中庸】事前定則不困。又【史記·范睢蔡澤傳】二子不困阨，惡能激乎。又瘁也，倦極力乏也。【後漢·耿純傳】世祖至營，勞純曰：昨夜困乎。又憂愁也。【書·盤庚】汝不憂朕心之攸困。又亂也。【論語】不爲酒困。【註】言不爲酒所困而及亂也。又不通也。【禮·中庸】或困而知之。【論語】困而學之，又其次也。【註】謂有所不通也。又【孟子】困於心，衡於慮，而後作。【註】事勢窮蹙，以至困於心，衡於慮，然後奮發而興起也。又爲人所阨亦曰困。

"困"字总结起来也有几个描述取向，其一，"困"字的本意是描述"木不得申"，暗示人在特定情境中的被动状态，像《康熙字典》中所强调的"泽无水困"，"极倦力乏"；其二，强调一个在面对困境时刻的心智状态，像"不为酒困"；其三，强调一个人对自己内心的拷问，反省，像"困而学之""困于心"等。

（二）中国传统文化对待"贫"和"困"的超越态度

在中国的传统文化中，"穷"和"困"这两个观念中蕴含着中国人对待钱少的"贫"所生成的双重态度。其中，"穷"更多是一种思维态度，就是"穷尽"自我，从而达到自我的超越；而"困"更多是自我所面对的"验前"情境，也就是"不得申"的处境体验。同时，"困"中还蕴含一种"验前"的"超越"，像《孟子》中的"困于心，衡于虑，而后作"。因此，中国传统文化将"安贫乐道"作为一种崇高的个人修养。

1. "困"的验前与超越

中国的古人，尤其是儒家，他们将"困"作为人生积极面对的情境体验，并将这种情境体验置于自己验前的纯粹自我面前，追求自我的超越。因此，中国文化观念的"困"并不仅仅是个人受限制状态的被动和消极描述，而是蕴含着个人运用纯粹自我超越经验生活的一个生成机会。

《说苑》中记载着这样的故事：孔子遭难于陈、蔡之间，弟子对困境有所抱怨。孔子却认为这是"贤德"的人能够深入体验纯粹自我的机会，认为"困"所体现的验前世界可以为个人纯粹自我的生成之练习积累能力。"故居不幽，则思不远，身不约则智不广，庸知而不遇之。"因此，它是"大人吉"①。类似的记载有很多，像《孟子·滕文公下》中的"贫贱不能移"，像《论语·卫灵公》中的"君子固穷，小人穷斯滥矣"。

2. "困"而"安"的纯粹自我超越

由"贫"所导致的"困"对于君子来说并不是难事；相反，中国传统文化发展出了对抗"贫"这一经验生活的纯粹自我意识，那就是"安"。并且"安"中蕴含着中国传统文化中的两个取向：当权者的取向和普通民众的取向。

（1）"安"中体现了当权者对待普通民众财物需求的慎重态度

《论语·季氏》所记载孔子的话很有启发："丘也闻，有国有家者，不患寡而患不均，不患贫而患不安。盖均无贫，和无寡，安无倾。夫如是，故远人不服则修文德以来之，既来之，则安之。"在这里，比贫更可怕的是"不安"，而解决的办法是要实现分配的平等对待。另外，"既来之，则安之"不是要求那些"已经来到的人安分守己"。这句话的要求对象是当权者。它要求当权者能够真实面对那个经验的世界，发挥自己的纯粹自我——"修文德"以吸引别人前来投奔。别人既然已经来了，当权者就有

---

① 孔子遭难陈、蔡之境，绝粮，弟子皆有饥色，孔子歌两柱之间。子路入见曰："夫子之歌，礼乎？"孔子不应，曲终而曰："由，君子好乐为无骄也，小人好乐为无慑也，其谁知之？子不我知而从我者乎？"子路不悦，援干而舞，三终而出。及至七日，孔子修乐不休，子路愠见曰："夫子之修乐时乎？"孔子不应，乐终而曰："由，昔者齐桓霸心生于莒，勾践霸心生于会稽，晋文霸心生于骊氏，故居不幽，则思不远，身不约则智不广，庸知而不遇之。"于是兴，明日免于厄。子贡执辔曰："二三子从夫子而遇此难也，其不可忘也！"孔子曰："恶是何也？语不云乎？三折肱而成良医。夫陈、蔡之间，丘之幸也。二三子从丘者皆幸人也。吾闻人君不困不成王，列士不困不成行。昔者汤困于吕，文王困于羑里，秦穆公困于殽，齐桓困于长勺，勾践困于会稽，晋文困于骊氏。夫困之为道，从寒之及暖，暖之及寒也，唯贤者独知而难言之也。易曰：'困亨贞，大人吉，无咎。有言不信。'圣人所与人难言信也。"参见：[西汉]刘向. 说苑今注今译 [M]. 卢元骏，注释. 天津：天津古籍出版社，1977：578-579.

义务"安顿"人家。

（2）普通民众的"安贫乐道"

《论语·雍也》中有孔子羡慕颜回的话，说他："贤哉回也！一箪食，一瓢饮，在陋巷，人不堪其忧，回也不改其乐。贤哉，回也！"《后汉书·韦彪传》也有"安贫乐道，恬于进趣，三辅诸儒莫不燕仰之"①。在这里，"贫"和"困"并不是导致个体生活被动的观念；相反，个体纯粹自我可以发展出"安"与"乐"这样的精神属性。这种精神属性不是阿Q的精神胜利法，而是纯粹自我对经验生活的"超越"，是通过"乐道"来实现的不受制于经验的"贫"和"困"。

三、乐道：生成获得感在意向自我侧的自反策略

自从胡塞尔现象学开创以来，其他科学正视图"顺从"现象学的研究方法。同时，顺从也并非来自支配，而是来自其他科学研究的"自愿"。教育学的研究也是如此。自从加拿大教育学家范梅南以来，教育学正视图运用现象学的思维范式来研究教育问题。然而目前的教育现象学研究还是存在"堪忧的'迷途'"，存在"'过度诠释'和随性发挥"的现象，而忽略"'悬置''先验自我''本质还原'的思想在教育中的运用……甚至还明确反对先验还原、本质还原、先验主体性"②。

（一）加法和减法是自我面向的两种"自安"

加法和减法代表着人类认识自然和自反自己的两种思维模式。以人与自然关系为处理对象的自然科学反映了人类认识方式中的"加法原则"，而以自我为中心的自反则反映出人类思维模式中的减法原则。

1. 自我面向自然的加法

自然科学以"经验直观"为对象，并且在将自然作为认识对象的同时，无法对认识活动的实现者和指向对象——自然进行反思。这样，认识活动的"发生"问题并没有进入其考察的范围，对象是否存在以及人是否

---

① ［南朝宋］范晔. 后汉书［M］. 罗文军，编. 西安：太白文艺出版社，2006：197.
② 姜勇. 教育现象学的迷误与出路［J］. 全球教育展望，2018（02）：49.

能够认识自然这样的认识论问题在那里并不受质疑。

于是，自然思维就陷入了"加法策略"。由于认识者和认识对象并没有经过认识论的反思，自然和宇宙这样的人文概念化表述就被等同于"物质自然的对象"——事物自在的样子，它们被当作现实的东西直接成为认识的前提。这就绕过了认识论的"可能性"而直接讨论认识论的"现实性"问题。

自在的物毕竟不能成为认识对象。不管什么样的自然科学，它也不能以无限广延和无限绵延的整个宇宙为对象。为了实现研究和认识的"可能性"，科学家必须用人文语言、符号等带有人文属性的东西对宇宙可能被认识的部分进行理论界定。可是若不对"界定方法"本身进行认识论的反思，就会出现认识论"符应原则"的理性僭越。这种原则将理论的语言描述等同于物之在其自身的自然状态。于是，科学认知结果的语言描述就被等同于外在物理之物的客观之物。于是，学说和学说面对的对象就在尚未区分的情况下成了学习者的指向。这样，学习者就面临了"百家争鸣"的信息爆炸，他也就成了加法的被动服从者。

在认识论反思的视角下，自然科学的理论描述仅仅涉及自然"科学家"或者自然科学群体这一部分"先知者"对世界已知部分的描述。归根结底，它不是"物理世界"，它是一个人文认识论的认知结果。它一旦跨越了世界的已知部分，就会出现胡塞尔所论证的理论因"矛盾和背谬而告终"①。于是，自然科学的理论描述就进入了一个无限的加法再制，用理论界定去界定理论界定本身。

于是认识中的"验前"这一主体消失了。认识成了被动应对理论适用性的"学话者"。它不能主动发现问题，从而也就让那个最先出现的例外对象——理论无法描述的对象从思考中消失了。而这却背离了现代认识发展的规律：新对象的出现让原有的理论因适用性不足而被打破，范式的打破者用新的理论语言去拓展理论。

---

① ［德］胡塞尔．现象学的观念［M］．倪梁康，译．北京：商务印书馆，2017：3.

如果不是这样，认识论之外的要素如权力、权威等就会让理论的捍卫者用理论语言层层包裹"物之在其自身的自然状态"。这就增加了学习者用自己的感性去理解知识创设者的学习成本，大家陷入了芝诺悖论，就像战神阿喀琉斯那样善于奔跑也无法追上他面前的乌龟①。

例如，当我们将牛顿力学当作真理的时候，人家发展出了量子力学，我们又要随着跑。为什么会这样呢？因为自然科学家会以自己的感性直观为基础进行自然对象的描述。这种描述在我们尚未进行认识论批判的时候就获得了社会主导的视域意识。在"从感性认识上升到理性认识"面前，我们慢慢得不再相信自己的感性，不再信任自我反省和自我的直观能力，自然科学家用理论分割后的世界摇身一变成为物之在其自身。同时，自然科学家的他者视角也覆盖了我们自己的视角，我们借他人之眼、之言看世界的方式让我们自己陷入庄子所说的"殆已"这一无限循环的危险处境②。

2. 自我面向自身的减法

针对上述自然科学及其思维范式的"加法"策略，胡塞尔提出"Phenomenological Reduction"的方法。Phenomenological 国内一般翻译成现象学的。而 Reduction 一般翻译成"还原"，其德语表述为"Reduktion"，金山

---

① 阿基里斯（又名阿喀琉斯）是古希腊神话中善跑的英雄。在他和乌龟的竞赛中，他速度为乌龟十倍，乌龟在前面 100 米跑，他在后面追，但他不可能追上乌龟。因为在竞赛中，追者首先必须到达被追者的出发点，当阿喀琉斯追到 100 米时，乌龟已经又向前爬了 10 米，于是，一个新的起点产生了；阿喀琉斯必须继续追，而当他追到乌龟爬的这 10 米时，乌龟又已经向前爬了 1 米，阿喀琉斯只能再追向那个 1 米。就这样，乌龟会制造出无穷个起点，它总能在起点与自己之间制造出一个距离，不管这个距离有多小，但只要乌龟不停地奋力向前爬，阿喀琉斯就永远也追不上乌龟！芝诺悖论的百度百科解释，参见：https：//baike. baidu. com/item/%E8% 8A%9D%E8%AF%BA%E6%82%96%E8%AE%BA/241624？fr=aladdin

② 庄子在其"养生主"开篇就说："吾生也有涯，而知也无涯。以有涯随无涯，殆已！已而为知者，殆而已矣。"陈鼓应翻译为："我们的生命是有限度的，而知识是没有限度的，以有限的生命去追求没有限度的知识，就会弄得很疲困；既然这样还要去汲汲追求知识，就会弄得更加疲困不堪了！"参见：［战国］庄周. 庄子［M］. 陈鼓应，译. 上海：上海辞书出版社，2003：32.

词霸的翻译为"减少；降低；［数学］约简；［摄影术］减薄"。由于胡塞尔本人在哲学研究之前的研究对象是数学①，所以他用"Reduktion"这一概念最有可能的意向指向是"［数学］约简"，就是数学上的约分法。胡塞尔概念设定的目的是为了获得严格认识论反思的首要条件，"把一切不能在意识流之中自明地呈显彰示出来的事物括剥剔除掉"②，约分掉分母和分子中的公约数，就像化约缠绕在认识主体心性和认识对象上的理论体系一样。

在个人与自然的关系中，个人认识能力的增强与外在认识对象的开拓一直处于相对扩展之中。这就像以个人为中心的同心圆一样，随着我们认识能力的增强，我们认识范畴也在不断扩大。圆的周长也在不断扩大，此时，我们进入了加法的无穷大的逻辑之中。然而，个人的纯粹自我却不同，他是"有"且"仅有"一个。在这个"有且仅有一个"面前，自然的属性开始发生变化，外在物体及其自然科学家所附加的他者视角开始退隐，自我的体验和感性获取方式也具有了合法化的地位。这样，自洛克以来借助他人来看世界的学理模式及其范式导致的认同策略开始让位于自我的感性生活③。

胡塞尔认为自洛克开始，心理学接受了一个坏传统：将"感性材料""感觉材料"偷换"日常直观世界中实际体验到的物体的感性性质"。这如同我们前文所描述的，以我们自己的手去触摸我们教室的课桌，事实上我们只能摸到软和硬，冷和热等，却决然摸不到"桌子"，而"桌子"这个对象的表述方式并不来自我们自己，而是来自他者对我们的教育，来自他者的言说附加。这种言说附加的生成方式往往是在一个人尚未形成自我意

---

① 胡塞尔在进行现象学研究之前，先以数学为研究对象，1883 年完成博士论文《对变数计算理论的一些贡献》，随后从 1886 年到 1901 年师从布伦塔诺学习心理学并任助教，他的教授论文是《算术哲学》。研究者将这 15 年称为"前现象学时代"或"心理主义时代"。参见：蔡美丽. 胡塞尔［M］. 台北：东大图书公司，1989：2-4.

② 蔡美丽. 胡塞尔［M］. 台北：东大图书公司，1989：48.

③ ［德］胡塞尔. 欧洲科学的危机与超越论的现象学［M］. 王炳文，译. 北京：商务出版社，2017：44.

识的情况下加入的，其具有两个特质：其一，它不容易在我们的意识中留下"给予方式"的痕迹；其二，它一旦在个人意识中留下痕迹就会转化成个人信念。

由于这些信念的生成方式并没有经过纯粹自我借助自己的意向进行反省和确证，所以，信念中的他者视角所暗含的"社会""文化"和"文明"等价值就会偏重信念中"集体价值"面向。此时，个人对"集体价值"的服从就成为美德。然而，集体价值呈现的东西仅仅是人类个体意义附加模式的历史生成和文化累积，其冰山一角下的部分却是个人意向的宏大根基，个人与"冰山一角"的互动就会演变成类似于自然科学的加法原则。因为个人为了理解这"冰山一角"，不得不去援引冰山下面的东西。而由于没有个人的意向，这些东西又表现出"杂"和"多"的信息爆炸特质。此时的个人就被淹没于信息的海洋而疲于奔命。

一旦个人的纯粹自我被激活，他就会运用自己的意向来处理这些信息。"杂"和"多"就会因个人意向的加入而表现出秩序，并且这种秩序来自个人纯粹自我的"有且仅有一个"。

这就好比当我们还是婴儿的时候，父母不会去问我们冷还是热，他们会按照他们的感觉来给我们穿衣服或者脱衣服，我们也就在无个人意向的情况下接受了这个结果。而一旦我们的纯粹自我被激活，我们自己就会选择穿衣服和脱衣服。此时，外在信息的加法就转变成了个人纯粹自我的减法，他者的信息描述方式是为我们服务的而不是让我们服从的。如果我们感觉冷了，自然会穿；我们感觉热了，同样会脱衣服。

这样，最后的衡量标准就变成了我们自己，外在的冷和热等属性也开始与我们的纯粹自我及其意向形成直接的关系。他者的言说方式就慢慢地褪去，而基于我们自己意向的生活世界开始全面打开。此时的模型不再是一个同心圆，而是成为以个人为中心的三维射线，就像太阳一样，以自己为中心向三维空间进行发射。

这对农家子弟来说具有弯道超车的意义。因为农家子弟本身往往是家庭中的第一代大学生，他们的家庭教育往往不能给他们提供明确具体的大学学习经验。而城市的中产阶层则不同，他们的家庭往往具有大学学习的经验，这些经验在代际传递中能够给他们相对具体明确的帮助。如果农家大学生还是去追求中产阶层的所谓文明生活①，那么他们将是以一己之力来与城市中产阶层几代人的积累进行竞争。

对于这种竞争，我们并不否认存在胜出的可能性。但是由于我们的目的是为了给大多数农家大学生的大学学习提供帮助，所以对于大多数农家大学生来说，我们可以借"购房"这一现实而简单的社会现象来说明农家大学生在城市生活中的劣势地位。城市中产阶层的大学生如果在本市购买房屋，那么他们家庭的房屋几乎可以获得所购房屋的对等价值，一平方米的现有房屋就可以换购一平方的预购房屋，但是农家子弟在村落中的房屋却与城市房屋几乎无法对等。我们如果以货币作为等价物进行衡量，那么对农家子弟来说，就是以形式的公平掩盖实质的不公平。因此，我们只能借助文化的内向价值并运用现象学的还原方法，将他者的视角和理论预设悬置起来，并"存而不论"。

需要强调的是，"存而不论"不是"怀疑"的结果，也不是"否认"的结果，而是防止某种思维逻辑在个体意识内部的复制和"再生产"。个体运用存而不论方法对这些东西的态度既不是用肯定判断承认它，也不是运用否定判断据斥它，或者是怀疑它，而是类似于康德所提供的"无限判断"。康德强调"在判断中，思想的一切子目的先验（Transcendental）表中，它们是不能被忽略的，因为它所表达的知性的机能，在其纯粹验前知识的领域中，可能是重要的"②。

---

① 此时"文明"的概念界定借鉴了史宾格勒对"文化"和"文明"的区分。他认为"文明是一种人性发展（按：即一种文化发展）所达到的最外在、最不自然的状态，文明，即是文化的结论。文明到来时，已经生成的事物替代了生成变化的过程"，"文化人的能力指向於内在，而文明人的能力则发挥於外在"。参见：［德］史宾格勒（Oswald Spengler）．西方的没落［M］．陈晓林，译．台北：桂冠图书股份有限公司，1975：27-31.

② ［德］伊曼努尔·康德．纯粹理性批判［M］．韦卓民，译．武汉：华中师范大学出版社，2004：109.

康德的这个论断对教育的具体语言运用和方法论选择非常重要。因为教师常会问学生"你懂了吗""你学会了吗"与"你今天学到了什么"这一问题相比，这其实暗含了教师和学生之间的主体变换。但是，任何一个主体其实都代表着一种内在判断逻辑的存在。一个肯定判断往往暗含着一个否定判断，当我们肯定了 A 意味着否定了 B。如果教师和学生是教学关系的判断前提 A 和 B，那么两者构成的判断既不是肯定判断，也不是否定判断。因为，教师教了什么并不等于学生学习了什么，二者之间的距离就是"无限判断"，二者之间的统一仅仅具有形式的"一"，教学影响背后的"知性的机能"则是一个无限的过程。因此，这就需要还原的方法，它将知识的普全效力或者说"被认为理所当然"的效力暂且置于一旁。这样，知识效力悬置之后，个人的知性就获得了解放，也就具有以自己的感性悦纳知识的可能性。

（二）自我在学习获得感中的还原层次

我们将学习获得感界定为纯粹自我对所要学习和掌握的知识信息进行直接把握的行动。其中自我是经过还原之后的纯粹自我，知识也是经过还原并凸显知识创设者主体视角的"原初经验性"，而教育是经过还原之后的知识呈现活动。我们推论的基础是胡塞尔所强调的"面对实事本身"（Zur Sache selbst）。胡塞尔在对现象学的研究旨趣所做的说明中明确宣称，我们对概念的阐明、问题的陈述需要回到直观的最初来源，"即只有返回到直接直观这个最初的来源，回到由直接直观得来的对本质结构的洞察（die originären Quellen der Anschauung und die aus ihr zu schÖpfenden Wesenseinsichten），我们才能运用伟大的哲学传统及其概念和问题"①。

因此，我们对农家大学生学习获得感的强调维度是让他们自己学会面向事实本身并在直接的明见性中获得信息的一种能力。我们做此强调的原因在于，某物或某信息向我们呈现的时候，其并不一定是"实事本身"，这些东西"不言而喻地、必然地具有正是对于此物的某种知识的共识

---

① ［美］施皮格伯格. 现象学运动［M］. 王炳文，张金言，译. 北京：商务出版社，2011：38.

（Mitwissen）"①。这些共识或者来自有形的文明，或者来自无形的文化。总之，它在向我们呈现之前就不再是客观的了，哪怕面对从未被人介入的原始地带，这一现实仍然存在。

我们在面对"原始地带"时候，已经有了涉及"原始"的某种情愫。它或者来自外在的文明，或者来自内在的文化观念。因此，我们借鉴了胡塞尔的"明见性"概念，其"只意味着通过意识到存在者原本的自身存在于这里而把握存在者"②。我们进一步在"明见性"概念中加入个体，提出"个体明见性"。我们用这个概念来强调农家子弟自身的学习获得感。在此背景下，学习者是农家子弟自己的纯粹自我，学习的对象是直接直观上的意义附加，教学活动也是主体间性的可能世界。

1. 经验自我还原为纯粹自我的明见性

经验自我的生成基础是外在世界的"名称化"。当我们来到这个世界，父母成了我们的第一个老师，周围世界的名称和经验方式借助父母在我们身上进行代际传递；我们对这些东西的接受是"纸上得来"的"拿来主义"方式，我们不去追问这些东西是否存在。

由于经验自我的信息获取方式不是通过"直接直观"的方式，这就具有了"纸上得来终觉浅"的特质。这就像农村人和城市人同样面对农村生活，他们获取和关注的点会不同一样。一个一直生活于都市的人来到农村可能会对农家的田园、新鲜空气、生活慢节奏神往不已。然而，这种信息的获取并非来自农家生活本身，而是来自城里人自己的城市生活。而对于一个农家子弟来说，他要比城市人具有更加直接的直观，也就具有"更深的洞见"。例如，当我们强调农民对土地具有深厚感情的时候，却不知道

---

① ［德］胡塞尔. 经验与判断——逻辑谱系学研究［M］. 邓晓芒等，译. 北京：生活·读书·新知三联书店，1999：47.

② ［德］胡塞尔. 欧洲科学的危机与超越论的现象学［M］. 王炳文，译. 北京：商务出版社，2017：449.

他们自己对土地的感情绝不是"深厚"这一语言描述所能表达的①，所谓的田园牧歌仅仅是城里人"后花园"的休闲界定而已；对农民自己来说，它却是"一辈子的心血，一辈子的泪"。

万物"名称化"的作用是让人类的生活交流得以可能。它往往涉及特定文明环境和文化观念中的共识部分，无法为"个体明见性"提供反思的凭借。我们通过名称来"认为个体已经'有效地'对情境下了一个独特的定义，并'有效地'产生了对某种特定事态所获得的理解"②。它能够基于社会的共性视角——共识对个体的外在行为进行衡量，代表着"对实事或事态的自身被给予性（Selbstgegebenheit）模糊不清。就是说，这种经验还带有加意见前（Vormeinungen）和参与加意见（Mitmeinungen）的没完成的因素"③。现实生活中的表现就是"你不问，我还知道，你一问，我想说明，却茫然不觉"这样的心理模糊主义，究其原因就在于，名称不是以个体为指向的界定方式。个体能够用它却无法通过它实现"自身被给予"。

---

① 焦波的纪录片. 乡村里的中国, 01：23：05—01：24：57. 农民杜深忠对自己的儿子所言. 其对话有一个特定的背景：农民杜深忠青年时期追求文学并不成功，年老被妻子埋怨一事无成。他对自己的儿子说"你妈妈她不认识我是谁，到现在她不认识我是谁，她不知道我是谁，她不知道我是干什么的，你妈妈她自己呢，也不知道她要做什么，这就是我最大的一种痛苦，海龙，这就是我和你妈妈的痛苦，为什么成天为一点事，这么就吵那么就吵，她这个思想苗子心灵深处就是这样……农民就是种地，咱捣鼓这些东西是相当艰难的，咱为什么现在花上一切精力，拿出所有的精力来供孩子上学，实际上这个土地啊，一些人说对土地有感情，海龙我跟你说，实际上我一开始对土地就没有一点感情，咱就是没有办法，无奈，咱外边又没有多么了不起的靠山，咱就是指望自己拼打，指望自己努力，特别是现在这么好的条件，你得好好读书，千万千万地，这个土地不养人，我和你说，咱这里的二亩贫瘠土地不养人，所以说我多么盼望着你，我失败了一辈子，今年快六十了，一事无成，你都大了，现在正好在学习期间，你一定好好努力，你别看我一辈子不成功，你说谁，不成功的教训比成功的经验还说明问题，这是血的，这是一辈子的心血，一辈子的泪。"

② ［美］高夫曼（Goffman, E.）. 日常生活中的自我表演 ［M］. 徐江敏等，译. 台北：桂冠图书股份有限公司，1992：7.

③ ［德］埃德蒙德·胡塞尔. 笛卡尔式的沉思 ［M］. 张廷国，译. 北京：中国城市出版社，2002：51.

因此，这就需要概念的思维方式，它"意味着我们在一种直观感知方面体察到了一种思维的自发性"①，概念通过内涵和外延的方式让个体的言说具有了内在的"自身被给予"，而一旦在"自身被给予"下讨论"个体明见性"，他者视角下的那个"纯粹自我"就开始以自己的眼睛看世界，以自己的思考来思考，同时，由于名称转化成了概念，个体也能够进行独立思考。

因此，对于农家子弟的学习获得感来说，由经验自我还原为纯粹自我非常重要，它能够帮助农家大学生摆脱他者的束缚，帮助他们离开柏拉图"洞穴隐喻"中的洞穴。这样，农家大学生就能够在自己的"明见"中把握自己的意向对象，"从语言和意见返回事物本身，在其自身所与性中探索事物并摆脱一切不符合事物的偏见"②。此时，他们的经历不再是无意义的杂多，而变成了等待内心意义生成的资源，并且这个意义的生成是以自己内心的那个纯粹自我这一稳定基础为根基的。

2. 知识的"符应原则"还原为知识的"验前原则"

知识的"符应原则"以认识主体的经验自我为出发点，它强调知识与外在对象相符合的客观性，强调知识能够对外在事物进行反映，不管这种反映是能动的还是被动的。与之不同，知识的"验前原则"以个体内在的纯粹自我为出发点，带有超越的属性，它强调纯粹自我对"验前"（a priori）③

---

① 孙风强. 康德曲行认知条件对教育社会学的启示［M］. 中央编译出版社，2019：9.

② ［德］胡塞尔. 纯粹现象学通论——纯粹现象学和现象学哲学的观念（I）［M］. 李幼蒸，译. 北京：中国人民大学出版社，2004：24.

③ a priori，国内一般翻译成先天，而韦卓民主张翻译成"验前"。康德运用这个概念来描述他的问题"是否有这种不依靠经验，乃至不依靠任何感官印象的知识，这至少是需要更缜密地去审查的一个问题，而且是不能立即轻率答复的问题。这样的知识称为'验前的'，而且有别于经验性的知识，经验性的知识是起自经验后（a posteriori）的，即在经验中有其起源的"。参见：［德］伊曼努尔·康德. 纯粹理性批判［M］. 韦卓民，译. 武汉：华中师范大学出版社，2004：35.

信息的综合能力。这种能力以统觉（s'appercevoir）① 的方式存在于个体的纯粹知性中，代表着一个人面向自我的自反和思考能力。

"验前"代表着主体的面向和过程的完整这两个考察视角。它将个人的动态意义附加方式，即个人把外在对象"从无到有"地纳入到自己意识这一过程作为对象来考察，这就将感受性获得的杂乱信息置于纯粹自我的概念附加面前。这种意义附加是纯粹自我运用自己的统觉功能通过概念附加的方式来完成的。这一过程不仅仅有外在信息的属性特质，同时也有个体内在意识思考的属性。

这就像"此门"还是"此门"，"桃花"还是"桃花"，但是一旦说出"去年今日此门中，人面桃花相映红，人面不知何处去，桃花依旧笑春风"② 的时候，那种相思却不是我们对"桃花"和"此门"所能够全面感受到的。

在此，我们并不否认"符应原则"所追求的知识"客观性"。我们的思考基础是将知识的客观性置于学习者主体性面前，而不是将学习者的主体性从属于知识的客观性。这来源于我们考察学习者获得感的立论基础——学习者个体，即我们将知识客观性的考察服从于学习者的"内在生成"。

相对于人类这一认识主体的知识生成过程而言，"客观性"仅仅描述了知识生成的形式要件。它是人类认识统觉这一能动作用对面的消极部分。例如，以文明符号等形式表现的知识构成对学习者来说永远都是消极的，而其积极的意义则需要学习者对客观符号的还原并从还原所浮现的主体要素中发现自己"愿意并能够"理解的部分。这代表了学习者对待知识的主体性和生成性。真正学习行动的发生一定不是针对这些符号物，而是

---

① 统觉（s'appercevoir）是莱布尼茨所提出的概念，其区别于知觉（perception）概念，国内有译为"察觉"的。莱布尼茨强调："最好是在知觉和察觉之间作一区别：知觉是单子表象外界事物的内部状态；察觉则是对这种内部状态的意识或反省的认识，它不是赋予一切灵魂的，也不是永远赋予同一个灵魂的。"参见：[德] 莱布尼茨. 人类理智新论 [M]. 陈修斋，译. 北京：商务印书馆，1982：110.

② [唐] 崔护. 题都城南庄.

通过还原知识符号背后的知识创设过程，同时，还原的过程让知识创设者的统觉功能得以浮现。浮现的统觉为学习者理解知识提供了融合凭借。此时，学习者主体性与知识客观性形式要件背后的主体性通过"统觉要素"进行融合，这才为学习行动的发生和实现提供了现实性和可能性。

因此，知识"客观性"的立论基础是知识的"符应原则"。它要求知识与对象相符合，要求知识对外在对象的客观反映。这也决定了它所面对的学习者只能是经验自我，而处于经验场域的学习者只能以知识的共识和已知部分为努力目标。由于它并没有将知识的主体性部分进行还原，所以，知识在个体内部的生成也就无法成为它的考察对象。

与之相对，知识的"验前原则"却以追求知识在个体内部的"才能"① 生发为指向。这对教育的启示就是一种知识关系的逆转。当我们以教育的功能论为理论基础的时候，教育肯定追求知识的"符应"原则，追求知识构成中的共识部分。然而，知识的生成却不是这样的，它将学生个体内部的才能冲动作为基础，它追求知识在个体内部的生成路径。因此，就学习者来说，知识需要考察的是生成概念，而不是外烁的共识。它涉及考察出发点的变换，也涉及教育的定位问题。在此分析下，教育就从共性到个性的演绎变为从个性到共性的生成，这样，个性就不再是为了共性而存在的牺牲者。

在此，我们并不否认知识与外在对象的符应，但是我们需要知道这种符应并不是与对象本身符应。而是与对象概念的符应，如果我们以学习获得感的内在生成为基点考察学习行动，那么我们就需要将知识的经验属性

---

① 康德认为，才能是"在其本身就已经有一种要表现它自己的冲动的能力，而对于才能的发展，锻炼就因而有消极的贡献，而培养与学说却有积极的贡献"，并且"锻炼在以'强制来训练'的意义上，是和教学在'教导'的意义上严格区分开的"。参见：［德］伊曼努尔·康德. 纯粹理性批判［M］. 韦卓民，译. 武汉：华中师范大学出版社，2004：609. 这反映了教育的两种不同指向，一种以外在的"符应原则"为指向的"锻炼"，一种以"内在才能"为指向的"培养"。前者以外烁标准为依托，注重学生的行为合规范性；后者以学生的内在主体为标准，注重内在意向的生发。

还原为知识的"验前原则"。在"验前原则"还原后，经验生成所赖以存在的主体就会浮现，个体纯粹自我的知识生成能力就提供了学习的主体视域。此时，学习者的纯粹自我及其学习就能够面对那个活生生的人及其对这个人的理解，学习者就会在自己的内心冲动下去主动追求知识的符应样态。此时，"要我学"就变成了"我要学"，"我"是生成于内心的纯粹自我，"要"和"学"都变成了"我"的生发样态。

3. 教育的符应标准还原为教育的体验标准

教育的符应标准考察知识与物的关系，以学习者对客观知识点的识记和再现为目标；教育的体验标准则不同，它追求知识与人的认识能力之间的关系，以个人在知识学习中的体验感和获得感为目标。

以知识"符应原则"为立论基础的教育肯定追求行为的"符应标准"，它以知识的客观性为知识的界定模式。由于知识与对象之间的关系是一个形式要件，此时，知识创设者的认识能力及其面向被人为抽象化为"知识和对象"的关系，这就已经将知识生成中人的认识能力支撑的意向和物的显现面虚拟化了。此时，"物之在其自身"向认识者呈现的那个面被等同于"对象"。这样，"客观性"代替了"物之在其自身"成了知识教学的合法基础。

这种知识教学的处理方式可以总结如下，它将"物之在其自身"的"冰山一角"界定为"对象"并用"客观性"的策略来强调其整全性。于是，知识中的主体性及其视域意识就被消弭掉了。可是由于缺乏知识及其教学中的主体还原，片面强调"客观性"的知识教学必然会缺乏主体性。而缺乏主体性的盲目也会让学习者因为在自身内部没有起点而变得人云亦云或虚与委蛇。这就出现了康德批判的"一个人在挤公羊的乳，另一个人拿着筛子去接"① 这一困境。此时，教师所指向的并不是学生主体性，学习的出发点也不是自己的主体性，教学双方都在"客观性"的阴影下失去了自我。这让教育变为了个人逐利的凭借，走向了自然思维的加法原则，

---

① ［德］伊曼努尔·康德. 纯粹理性批判［M］. 韦卓民，译. 武汉：华中师范大学出版社，2004：97.

个人的学习获得感也就无从谈起。

任何知识都是一个个具体个人的创设，而作为知识创设者的本人从来没有强调其"客观性"。例如"牛顿从未相信他的理论果真就是最终的结论，爱因斯坦一直认为他的理论只不过是比较的接近真理"①，为什么？因为我们面对的自然本身是无限的，我们没有办法像对待那个大象②一样看到全部，并且就算我们面对了那头大象，我们也只能看到大象面向我们的那个部分。因此，对于知识创设者的知识创设过程来说，它是主体将主客关系进一步深入到自己的知性能力，并运用知性能力代表的认识能力来综合加工自己的意向和意向中的"物质显现"。这就是康德认识论转向的积极意义。此时，知识背后的主体意向和视域意识就变得重要，因为它暗含了学习者能够理解知识的可能性。

此时，知识就不再是形而上的教条和言说方式，而变成了某人或者某种情境的作品。于是，还原让知识背后的那个创设者开始出现。它的主体视域及其意识就为我们理解知识提供了凭借。此时，知识就不再是冰冷的客观物，而变成了知识创设者的情感生成物。它不仅能够被理解，同时，它也可以被理解。此时，学习者为了满足自己的好奇心，他就会主动追求那个"个体明证"，也就是通过还原知识的共识部分，打开自己看世界的视域，并且，学习在一次又一次的尝试理解中练习了自己的理解能力。这种理解能力是基于个人最为稳定的纯粹自我之上的判断能力，这也就回应了康德所强调的判断力是天赋智力的一种特质，只能通过练习来获得，而不能通过教育来补救③。

---

① ［英］卡尔·波普尔. 客观知识——一个进化论的研究 ［M］. 舒炜光等，译. 上海：上海译文出版社，1987：61.

② 此处来自盲人摸象的故事借鉴。

③ ［德］伊曼努尔·康德. 纯粹理性批判 ［M］. 韦卓民，译. 武汉：华中师范大学出版社，2004：182.

第二节　学说概念与爱的情感：意向自我侧的
自反练习与听话之超越

一、爱与敬畏是理解知识的两种情感

不管我们的内心有多么复杂和难以言说的情感，爱作为我们日常情感的一个不可回避的字眼总是具有稳定的效能。亚当·斯密甚至认为在小的人群中爱是最核心的支撑要素。我们在这里说的爱是一种支撑个体成长的最核心的情感或者说是激情。

（一）爱是发乎情的能动精神

爱有三个层次，想干什么就干什么，干什么就能干什么，能干什么就能够捍卫什么。我们只有唤醒自己的爱，唤醒自己开发自己潜能方面的自由，我们才能获得通达我们自己内心的通道。因为这个世界上除了爱之外才是刻苦。如果有爱，怎么着都不苦。因为只有"爱"才是天人合一的通道，像久别的老朋友，能让人体会到发自内心的意向，并在这意向中自反向自己。

爱在教育和社会中的意义是凸显出一种主体地位，也就是找到一个最稳定的自己。在验前自己与经验多元世界的对撞中，在外在世界的"千呼万唤"中，在内心世界的"动心忍性"与"千锤百炼"的尝试中，"爱"支撑着验前自我与经验的对接，并且这对接是在一次又一次的尝试中获得的。例如，我们总是相信这个世界中有一种东西是最适合自己的，而这个东西其实就是以爱来呈现的内心的潜能与外在经验世界的联结。所以，爱只能被唤醒不能被约束。在寻找爱的过程中，外在的东西仅仅是一个触发机制，其有赖于自己内心的一个应和。

既然爱是代表着一个人的主动精神，那么爱的动力就是个体内在的，也就是说其启动力量只能是一个人内心的独一无二。当发自内心的"爱"

之光照向外物的时候，这会表现为一个人做事的"浑然忘我"。但是，爱一旦指向了另外一个人，另外一个心中同样有爱的人，那就变成了另外一个情感——敬畏。

（二）敬畏是爱邻人与老吾老以及人之老

敬畏是将对方的主体性当作和自己一样的主体进行对待的内心意向，它不仅仅是康德的头顶星空，还是我们自己心中的道德法则。在敬畏的视野下，爱不再是一种功利主义的智能选择，而变成了一种包容态度。这里举一个例子，甲邀请乙去逛街，甲答应乙高兴，甲不答应，乙也不应该感到不高兴。因为答应与不答应都是一个主体在应和。当我们提出一个要求的时候，如果存在敬畏之心，那么这个要求就是要求本身，而要求本身就包含了拒绝，这才是要求本身的状态。

当我们的要求所针对的对象是一个主体，而不是一个客体的时候，我们的要求被答应，只能表明了我们的提议获得另一方主体的认可而形成了合意；当我们的要求被拒绝的时候，也表明了我们在双方都是主体这个更高层次上的合意。既然对方也是一个主体，那么拒绝也就变得可以接受了。这就是康德所说的任何时候要把人当作目的，而不能是手段的意义。从这个意义上说，我爱你不需要理由；如果你非要找一个理由，那我爱的就不是你。

（三）爱的质料和敬畏的形式在理解的统一

所谓的理解，是一种爱的内容和形式的合一状态。理解既不是恭维，也不是宽慰，理解就是理解。从内容上来说，我们并没有办法对另一个人的经历感同身受，这一点无须证明。另外，亚当·斯密的《道德情操论》也曾详细论述。他认为，我们更容易理解别人的快乐，或者说更愿意参与到我们朋友的快乐中，而不愿意参与到我们朋友的悲伤中。

我们获得感动的触发因素往往不是那种外在的形式，而是一个人内心"愿意"理解自己的一种主动精神。这里举一个例子来说明一下，就是在《红楼梦》中有一段贾宝玉被打后薛宝钗和林黛玉的不同表现，书上说林黛玉的眼睛哭成桃子的样子，而薛宝钗是用一些语言去宽慰贾宝玉。就情感打动来说，明显是林黛玉的更能够打动我们。这就是那句流行——痛苦需要被感知的奥妙。

所谓的理解仅仅是一种内心主动之爱的外在表达形式，而"主动"与"我愿意"却可以相通。因此，这个世界没有理解，只有我愿意理解你。从沟通的内容上看，有两个：第一个，能够理解的东西一定是形式化的东西；第二个，被沟通的东西一定具有某种相似性。在社会中，两个个体的理解意味着两个个体的结合状态，因此需要某种相似性，从而承载了两者结合的桥梁。从主体上来说，理解意味着对对方主体处境的一种感同身受的能力，是一种沟通渠道的打开状态。

我们毕竟还是会面临一种主体理解的失落情绪，而这个失落情绪是需要我们自己来自新的空间。在现实生活的交流中，爱的理解和被理解以及随之而来的错位和失落是肯定会发生的，失落一定会不开心，这时候要用自新的态度来实现内在和外在的平衡。

这就需要弄清楚我们是因为缺失而追求还是因为追求而追求。当我们因追求而失落的时候，失落就会呈现我们自己"心内"的缺失，我们用自我超越就会弥补它，这就获得了自己的"自新"。所谓"明德新民"就是这个道理，毕竟"格物致知"，"格物"的目的在于"致知"。另外，能够新的东西永远是我们的心，而肉体，只能是越来越旧。

既然爱是一种主动性、独特性，也就是说是个体的东西，也就无法交流。然而，它能为社会个体以自己的独特属性去融入社会。因为，爱背后蕴含着主体性的要素——我爱，并且在我爱面前众生平等，甚至动物和植物都是爱自己的，并且愿意按照自己的方向进行生长。

二、我爱的意向自我侧及其感觉、经验与知识

（一）感觉的个体独一无二性

感觉是纯个体的，我们只能想象别人的感觉，却永远无法知道别人的全部感觉。耳朵听到的声音，鼻子永远都不懂。同样，鼻子闻到的气味，耳朵也永远都不会懂。但是我们可以通过比喻，如"绕梁三日，三月不知

肉味"来比喻声音的美妙。当我们看到热恋的人又哭又笑的时候，我们感觉到很困惑。同样，人家在面临我们这种困惑的时候也会说"你不懂"。

感觉与个人直接相关。从逻辑上讲，它是含有个人独特性最多的东西。感觉与一个人的天性有关，是需要保护和唤醒的东西，或者说需要敬畏的东西。因为感觉中蕴含了激情与情感，漠视或者试图去除某种感觉只能会产生阴险的人或者麻木的人。感觉以激情和情绪作为外在的表现，激情有方向有目的，而情绪没有方向，并且失去控制，所以很难理解。

激情是我们的原动力。对于我们个体来说，它来源于我们自己的爱。所以，其具有最持久的、最强大的推动力、而激情就在我们的感觉中，当我们去扼杀感觉的时候，其实连同我们的激情也一并给扼杀了。因此，我们可以麻醉自己，但是不能骗自己。麻醉是麻醉对自己的伤害，而骗自己是试图告诉自己不存在。一个人永远都不能骗的人就是自己。因为一旦骗了自己，就会怀疑一切人。因为连自己都会骗自己，这个世界上还有谁不会骗自己。而这个东西对于人自己，是很恐怖的东西。

感觉对我们的意义就是，它启示我们不能试图去消灭我们的感性化，而是应该开发我们的感性材料以获得综合建构能力。也就是说，人不可能去消除或者说消灭一种记忆，而只能是感恩一段记忆。因为既然感性是一个人所与生俱来的独特性，一旦试图去消灭的时候就变成了狗去追自己的尾巴的一个悲剧。另外，试图消灭或者排斥某物的意向原因并非来自事物的属性，它来自我们自己内心的某种缺失。我们试图排斥的东西恰恰照出了我们内心缺失的东西。因此，就好比是庄子和他的朋友在讨论葫芦太大而没有用处一样，不是因为大而无用，而是因为我们没有想到大的境界和大的用处而显得的大而无用。另外，我们不能因为排斥一种东西而把自己封闭起来。因为，封闭并不能排斥一种东西的进入，并且封闭得越久，其势能累积就愈大，造成的损害后果也就越强。这就是好比多久的闭关锁国也不能挡住外来文化的进入，相反会导致我们的落后。

（二）经验是个体对感觉所能言说和表达的部分

所谓的经验，其实是能够言说或者说表达的范畴。经验的意义或者界限在于主体能够驾驭的因果联结。这很类似于休谟的"习惯"。休谟根据其经验主义的视角提出了两个问题：其一，从我们经历过的事例推出我们未经历过的事例，这种推理是否经过证明，休谟得出的结论是没有被证明；其二，既然没有被证明，那我们为什么愿意相信呢，休谟给出的答案是我们的思维习惯是这样的。

经验的生成来自主体的超越能力对自己的情感需要和情境的超越；离开了这一生发情境，经验的因果必然就面临适用空间的限制。不管什么原因所导致的情境变化，经验论下的结论都有可能面临一种不确定性。因此，经验的言说仅仅代表着一种康德的肯定判断和否定判断，代表着个人认知的生成结果。

这种思维模式中的主动精神却让自己面临僭越风险。因为这种思维习惯中蕴含了人类思维的一种主动精神。由于经验者的经验生成是由自己的自由意志完成的，它让人的思维开始出现某种不当延伸：固执坚持自己的经验获得而不愿意修正，即使新出现的事例与推论结果不同，它也不能对经验进行再次的建构，于是，"人家孩子考第一，你咋考的这样差！"这样的教育语言就出现了。

（三）知识是感觉与经验已知部分的因果必然

知识的核心是因果必然性。这是知识的最基本的要素。一项陈述我们之所以说其是知识，或者说它能够无限制地接近真理就在于其在有限条件下能够被不同的主体复制，这一点不同于经验。

经验仅仅供特定的主体复制。而知识不同，可以被其他主体复制。这就好比是梵高的向日葵，在梵高创造的时候所花费的时间以及中间所经历的思维过程是经验性的东西，这个东西仅仅有部分人可以复制出来。然而，物化的东西却可以被重复。这好比是电器的发明与电器的使用之间的关系，电器的发明是需要很久的时间才可以完成的。然而，某种电器一旦被发明，我们普通人也可以很好地去使用。

感觉、经验和知识三者之间的关系可以用下面的例子来说明：外边艳阳高照，我们出门以后的一种感觉是汗流浃背。但是，我们没有办法说出来的时候，就是一种感觉。当我们说出"热"这个词语的时候，就是一种经验。当我们通过发明一种仪器，并且能够通过这种仪器量出外部的气温，然后把气温报给别人的时候，就是一种知识了。

三、用我爱超越听话的语言学要求而进入概念思维与理解

我们任何的言说都以一定的名称作为基本单位。然而名称是语言的功能，思维的东西却是概念，它让我们的思维能进入科学化的进程。因此，只有在概念化的思维和言说中我们才能够意识到自己的思维，也就是才能具有思维体验，否则我们的语言就会是一种描述性的语言。这种语言的区别就像是"花是红色的"和"这是一朵花"的区别一样。在前一种描述中，我们将"是"作为一个联系的承载者联结了两个概念。而在后面的描述中，虽然也有"是"这一样连接词，而我们却并没有对我们的思维增加新的东西。因为我们是在描述一个事物，从而"是"作为联结词在承载我们思维的功能方面并没有凸显。这让我们陷入了思维的无意识或者经验的偶然性，这才是东方和西方最大的思维不同。

（一）言说的语言学名称与思维方法的概念

康德认为概念有两种：一种是纯粹概念，一种是经验的概念。"名称"类似于经验性的概念，它涉及我们感性中经验事物。他认为我们的直观基础是外部的刺激，而概念承载人类思维的自发性。

所以名称就像《道德经》里所说的，勉强给起一个名字，它涉及了人类认知的初始阶段。出于表达的功能需要，我们人类将自然中的物与言说中的物进行了区分，让外在的物能够进入到言说的范围。而这个中间的关系却是一种思维的加入。其标志就是我们开始问出"为什么？"这样的一个问题。这个"为什么？"意味着我们思维的自发性或者说对待一种相对科学的称谓"假设"的态度。因为这种假设的态度，让人类的知性有了正当性的存有空间，而不被"神学"和"常识"所排斥或者吸纳。

从某种角度上说，现代科学的认识论就是从"假设"开始的。冯友兰先生注意到了这种区别，他说："希腊人生活在海洋国家里，靠贸易维持

繁荣，他们首先是商人。商人就要和账目的抽象数字打交道，然后他们才和数字所代表的具体事物打交道。这些数字是诺斯罗普所说的来自假设的概念，因此，希腊哲学家也以从假设得到的概念作为思维的出发点。他们发展了数学和数学的思维。这就解释了为什么认识论成为他们的问题，而且使用的语言如此清晰。"①，对此，张岱年先生也有专门的论述："科学研究，必根据若干基本假设，但此种假设只是假设而已，实未能证明其必确；然而一切科学知识，都是根据此类不能确定的假设以建立的。常识便更无稳固的基础了。"② 也就是说假设在概念和常识之间起到了保护思维的关键。这种关键催生了现代科学的发展而避免人类的思维走入神学的不可知，或者遁入常识而不自知的泥潭。

（二）概念相关于知性能力而非对象

当我们说出一个概念的时候，它意味着我们在一种直观感知方面体察到了一种思维的自发性。这是概念的功能意义。康德对此有明确的表述："知性所产生的知识（或者说至少是人类知性所产生的知识），必须是通过概念而生的，因而不是直观性的，而是论证性的。但是，一切直观因为是感性的，故依据刺激，而概念则依据机能。我的所谓'机能'是指把各种不同的表象归摄于一个共通的表象之下的统一作用而言的。概念以思维的自发性为基础，而感性直观则以印象的感受性为基础。"③。

这一点在中国不同，首先中国的哲学家并不注重知识问题本身，中国人更注重"人生"而不注重"宇宙"，"中国哲学、最注重人生……至于知识问题，则不是中国古代哲学所注重的"④。另外，中国对待自然的思维态度是一种由人事到天的演绎思维，"中国思想家多认为人生的准则即是宇宙之本根，宇宙之本根便是道德的表准；关于宇宙的根本原理，也即是

---

① 冯友兰. 中国哲学简史［M］. 赵复三译，北京：生活·读书·新知三联书店，2009：29.
② 张岱年. 中国哲学大纲［M］，北京：中国社会科学出版社.1982：516.
③ ［德］伊·康德. 纯粹理性批判. 韦卓民，译. 武汉：华中师范大学出版社.2000：104.
④ 张岱年. 中国哲学大纲［M］，北京：中国社会科学出版社.1982：495.

关于人生的根本原理"①。与之相对，中国人的生产方式是农耕式样的，农耕经济的一个重要特点就是自给自足，其能够生产自己需要的一切用度，而不用通过交换获得生活资料，这样，他通过日积月累的常识就可以安排自己的生活。

西方不同，其是靠商业。如同上文所述，其需要假设的介入。中西的这种认知在早期并没有表现出大的区别，"在西洋哲学，知识论之发达，亦近三百年来之事；在上古及中古，关于知识，亦仅有断片的学说，与中国哲学类似"②。然而，由于对待"假设"所构成的概念和名称的所采用的处理方法不同，中国和西方的思维方式走向了不同的方向，西方走入了科学化，中国却并没有从生活走向科学。同样，西方正在从科学走向生活，而中国也经历了生活到科学以及当下生活需要的觉醒。

（三）天道对应的"物自体"与人事对应着概念

这个问题折射了认知前提的两种界说，天对应的"宇宙"，人事对应着的"实践"。由于，我们缺少一种概念化的沟通方式，它让假设的思维缺少了具象的凭借。于是，概念与感性杂多的呼应就走向了两个极端：一个是拟人化的想象的综合，"将天道与人性合而为一，表面上似将天道说为人性，而实际乃是将人性说为天道，即将人伦义理说为宇宙之主宰原则。这就陷入了拟人化的错误"③。另外一个就是对天道神秘化的盲目寄托，中国的"神"与西方的"神"不同，其不仅仅是一个信念体系，还代表着一种功能论的解释，"中国哲学中关于大化性质，在天志论及自然论之外，尚有一特异的学说，即神化论。此所谓神非一般所谓鬼神，亦非指上帝，而只是微妙的能变性之意……非有帝天主宰使之然，亦非简单的机械作用，实有内在的微妙的动力。此内在的微妙的动力，无以名之，名之曰神。中国哲学书中说'神'，常以'妙用'释之。神即能变的妙用之谓

---

① 张岱年．中国哲学大纲［M］，北京：中国社会科学出版社．1982：165.
② 同上，526.
③ 同上，182.

（妙者微妙，用者功能，妙用即微妙的功能。）"①。

这样，中国人的综合和统一对象就不再是经验的杂多，而变成了一个主体对另外一个对象的吸纳，"对待综合为一以成为更圆满的事物。甲与非甲对待，而甲可以容纳非甲，以得到甲之圆满……所谓综合，与交参不同。交参即甲本来含储非甲，此则谓甲与非甲相融合而达到一个新形态"②。这样，概念在对待经验杂多的统一功能中去创设假设并消除差异的知性功能就没有很好地发挥出来。

---

① 张岱年. 中国哲学大纲 ［M］，北京：中国社会科学出版社. 1982：130.
② 同上，110.

结　语

　　自柏拉图创立"回忆说"及其洞穴隐喻以来，教育的"心灵转向"就开始成了教育学所不可回避的问题。然而，柏拉图的"回忆说"及其"心灵转向"的向度是迎合社会结构侧的。这种"迎合"让他的学说代替了苏格拉底和亚里士多德而成了影响欧洲直至中世纪的主流学说。这种主流观念因洛克用感性材料代替感觉属性的经验心理学而把"个人的感觉属性"排除出教育领域。于是，个人的学习开始回避个人感性需要而崇尚理性。于是，偏重这一思维范式的功能论和冲突论也就占据了教育社会学的理论宰制地位。其流派中的涂尔干、威利斯和布迪厄等学者正在成为大家研究个人学习的理论援引。

　　与之相对的中国也很类似，就教育人性假设而言，孔子有"性相近"，孟子有"性善说"，荀子有"性恶说"。然而，后世的董仲舒对儒家的改良更多援引孟子学说并成为影响中国漫长历史的关键学说，而偏离了孔子和荀子。随后的朱熹和阳明心学也开始回避个人的感性需要。这在某种程度上也决定了中国对功能论和冲突论的援引和落地生根。在这样的理论认知下，我们将学生的学习理解成了"接受年长一代的影响"。

　　然而，自二十世纪六十年代以来，从微观和诠释的视角并借个人的感性世界来解读个人的学习成为学界逐渐发展的思维动向，韦伯主义应运而生。受此影响，我们将研究定位做了改变，即从迎合社会结构要求的学习获得物如成绩、文凭等，转向了个人的"学习获得感"，并以民办高校的农家子弟为对象开展研究。同时，我们借鉴了现象学的"意向"概念来描述个人学习中的意向行为及其学习行动。

通过研究我们发现，民办高校农家子弟的学习意向并没有指向知识和学习本身，也就无法自反到自己的意向自我侧从而生成学习获得感；他们将自己的学习指向了社会的结构要求——钱和听话。然而由于他们的意向偏离了学习和知识，也就无法为"文凭"生成有效劳动。于是，他们文凭并不能获得社会价值。因此，"用知识挣钱"就面对失落。另外，"听话"的社会结构要求也无法为他们提供学习的"具体帮助内容"。因此，他们即使听话了，也无法获得"学习获得感"。

为了破解这一困境，我们基于描述和诠释的立场指出了其中的困境和不够现实之处。就思想的方法论而言，我们采用的是三个维度的方法，其一，通过现象学"悬置和还原"的方法来帮助民办高校农家子弟能够重新面对社会结构侧要求的"钱"和"听话"，祛除个人意向外在的社会约束；其二，运用"自反—生存心态—反思"的理论模型来强调个人意向的生成方法；其三，学生用生成后的个人意向来指向自己的选择和学习进而实现自我的超越并实现社会"人用"的增值。进一步说就是，解放个人意向并让个人意向生成然后指向学习内容。

为了实现个人意向的生成，我们采用"感性"的"爱与敬畏"，让个人能够回归自己的感性世界并自我建构。然后，让个人能够突破名称的思维方式，并接入"概念"的思维方式从而靠近学说进而让自我获得锻炼。对于民办高校来说，则是针对这些学习意向进行"教育供给"，实现"既来之则安之"。

这样，我们的研究就回答了我们提出的问题——"我也知道你说的是对的，但我就是做不到"，即，我们直接从"你想做到什么"入手，然后从这个"意向自我侧"入手进行引导，也就是教育的导出，帮助他们实现自己的意向，而不是将外在的要求覆盖他们的意向。因为学习获得感是不同于学习获得物的个体感性，其积极的意义就是能够克服功能论和冲突论教育视角下的"懂"与"会"这样的问题。因为我们并不能说吃多少个馒头才能算饱，同时，也没有办法用量化的方法来描述这个"获得感"。

附录：个人受教经历的学习体验和获得感

一、笔者自己的成长和受教经历

笔者自己出生在鲁西北的农村家庭。在通过求学一步步走向城市、背离乡村的成长历程中，笔者慢慢体会到了家乡的边远、落后，更多的是体会到"困"而不是穷。然而在没有外边世界的儿童时代，邻村的小卖部、乡镇的集市都是一种繁华，都是一种"大地方"。

由于笔者祖祖辈辈都是农民，他们对面朝黄土背朝天的农村生活有深切的体会，对逃离农村，能够"风不着雨不着"地去过城市人的生活无限向往。另外，他们对逃离农村的路径有清楚的认知。那就是求学和读书。因此，他们对供孩子读书有无限的信念，认为孩子能够走出农村、吃上商品粮的唯一办法是读书。

在这样的家庭氛围中，笔者和小伙伴们走上了求学的道路，但是回想自己的基础教育，除了升学竟然没有留下任何的记忆。那个时候我的老师大多是自己村里的农民，他们家里都有土地，经常是给我们布置了简单的作业以后就去地里打理自己的庄稼。笔者还清楚地记得，最多的作业是汉字写拼音和拼音写汉字，数量一般是一上午三十二开的作业本写四张。同学们对这种套路也熟悉得再也不能熟悉了，大家都会在私底下把以前写过的作业重新拿来充数。而每到农忙的季节，我们还会被老师叫去帮忙，帮助收棉花、剥玉米、收小麦；家长认为这很正常，毕竟是帮助自己的老师，也并不抗议。就这样我们就稀里糊涂地读完了小学并进入了初中。上初中以后，我们村十一个孩子中有两个就不读了。最后就笔者和另一个同学考上了高中。而到了高考，就只剩下笔者自己上了大学。

回想自己在小学和初中的求学经历，笔者竟然很难想到"教育"这样的概念。那个时候，只要你成绩好，老师就会特别宠你；而一旦你成绩不好，那就会被边缘化。笔者还清楚地记得初二有一次上体育课，因为自己笑点低，在站队的时候被同学逗笑了，然后被老师叫出列。老师说："瞧瞧你这个样，像个捻捻转（陀螺）似的，我要是没有猜错，前十名肯定没有你这样的。"同学就起哄："有，有，他每次都能考前五名。"然后那个老师说："呃？学习还挺好，回去吧。"而在高中的时候，因为笔者没有可能考上本科，所以我请教老师问题的时候，他从来都是草草了事。当我想进一步去问的时候，他就走开了。当然也有为数不多的好老师。然而老师对你好的办法也就是在课上提问你，很少有教育性的内涵。笔者现在回想起来，那个时候的教育也真的很匮乏。

在这样的教育氛围中，笔者走过小学、初中和高中，在此过程中，听到的最多的教育话语是两句："不好好学习就要回家种地"，"等上了大学就好了"。"不好好学习就要回家种地"的话语让笔者充满了对逃避农村生活的向往。而父母也会将这个情绪作为教育的资源。这也是他们激励笔者的时候所运用最多的手段。他们会让笔者去地里干活，参加各种农业的耕作，并且告诉我：如果不好好读书，就会一辈子这样活着。他们一直在强调，父母接受这样辛酸的生活是因为没有别的办法，在他们应该读书的时代，恰逢取消高考。他们将他们生活的辛苦告诉笔者，希望让笔者感恩并转化成学习的动力。因此，在学习的开始阶段，笔者有两个情绪支撑着自己：不能让父母失望和逃离农村。

"等上了大学就好了"的话语让笔者充满了对大学的完美想象。然而在笔者高中之前的授课教师中没有一个人受过大学教育，他们最多的是函授中专或者是中专。而笔者的父母也仅仅是那个时代的高中毕业生，所以大学对他们来说是陌生的。这不免让大家对大学充满了盲目的认知，对大学的实际情况也停留于道听途说。而这言说内容往往集中于一个方面：当官发财，某人通过上大学当了什么领导，某人挣多少钱。在口口相传中，这些内容变得神乎其神。而笔者没有任何的分辨能力，所以认为大学就是一个"天堂"。

笔者真正开始自我的寻找恰恰是从大学开始的。一方面，大学生活的现实体验让父母和原有老师的描述出现了适用性的偏差，比如学业、社交、社团等开始进入笔者的视野，这让笔者开始面对学习之外的世界；另一方面，由于年龄和教育的现实原因，笔者开始思考学业中的自我需求，开始按照自己的懵懂意愿去搜集和整理自己未来的"路"。

随着自我意识的增强，自我的学习需要和他者的成绩需要之间的矛盾开始成了笔者思考的原点性问题，集中起来可以用一句话来描述："我也知道你说的是对的，但我就是做不到。"

由于笔者自认为不是一个听话的孩子，所以在整个的求学之路上，这句话所承载的他者需要和个体需要之间的冲突一直渗透于自己的学习体验中。父母希望笔者当官，那笔者就选择法学，并去从事法学的相关工作，最后还读了法学的硕士研究生。但与此同时，笔者发现自己越来越不喜欢法学。这种自我体验的发现与自己日常生活中的读书有关。

二、个人的阅读与思考经历

由于自小就喜欢读书的原因，在上了大学之后，我耐不住寂寞就去图书馆读书。但那时候还是想打发无聊的时间，说不上爱好，所选择的书也以文学为主。因为打小就喜欢鲁迅，所以上了大学之后就开始读鲁迅、杰克·伦敦、欧·亨利的作品，但真正让笔者的自我能够有些萌生并自我确证的作者是尼采，他对社会价值的校正和个人追求超越的描述让笔者着迷。然而，这是现在在回想中赋予尼采的意义，当时笔者并不知道，只是懵懂地觉得他说得对，说得太入心了，觉得自己"愿意那样活着，也能够做到"。

笔者当时是将尼采的超人哲学当作一个"理性主义"来看待的，当然现在知道绝不是那么简单的，但他的理论却让我开始重新审视自己的求学经历，开始思考自己做不到的原因是因为自己确实做不到，还是因为自己对所要求的东西缺乏一种内心的认同。为了解开这个心结，我开始将自己的思路转入教育的领域。说来也很偶然，我接触的第一本教育类的著作是《世界著名教育思想家》，是扎古尔·摩西主编的，算是笔者的教育启蒙书，当时一看就感觉像是久别重逢的老朋友；然后就开始读杜威的五大演讲，对通过教育改变社会的思维深信不疑。

　　但是在读书的过程中，读书和与作者的思想交流所给自己的快感越来越明显，就是为了好奇，就是为了读书，没有其他的目的。这一刻，我理解了这个世界如果心中有爱，刻苦的概念是不存在的。然而，杜威"发展""生长"和"经验和经验的改造"等概念虽然让人着迷，但是，还是不能解决笔者心中"我也知道你说的是对的，但我就是做不到"这句话的困扰。但是，这却给笔者打开了自己思考的问题域，那就是个人和社会之间通过教育如何实现互动的问题，虽然这个问题域很大，很宏观。在这样的背景下，笔者确定了自己的阅读计划。

　　为了解决心中的困惑，打通内心的自我需要和社会需要之间的壁垒，笔者首先阅读了功能主义者涂尔干的作品。因为笔者在认为社会的应然需要毕竟是个体所不能逃避也不可回避的现实处境。因此，个体如何满足社会需要并在个体对社会需要的价值满足中实现互动是笔者在这个阶段思考的问题。在这个背景下，教育需要迎合社会的价值需要，通过提高个人相对于社会需要的价值构成来展现其对社会的应有价值，而个体通过教育实现自己相对于社会需要的价值增值也会间接促进社会的进步。为此，笔者阅读了涂尔干的《社会分工论》和《道德教育》。他将教育定位于年长一代对年轻一代的影响。另外，他对社会构成的"机械团结"和"有机团结"的描述也让笔者着迷。

　　涂尔干的理论立场是社会客观主义的，他的理论没有办法为个体的主动认同提供描述概念。然而，笔者所关注的问题是个体内在对学习本身这种社会性行为的认同，所以，笔者就去阅读了韦伯的作品。韦伯首创从个人出发去分析社会的理论取向，他在《社会学的基本概念》中提出社会行动就是"主观意义关涉他人"，并且强调个体社会行动中的理性构成。而笔者当时由于学习法学的缘由，也对理性推崇备至，认为人只要有了理性，就可以自己选择自己的成长之路和主动接受教育的影响。当然，现在看来，那种想法幼稚得很，但当时却给笔者提供了一个重要契机，那就是开始去读康德的《纯粹理性批判》。

笔者当时为康德的"知性概念"和"综合判断"的概念所深深信服。康德将知识界定为人的认知能力的产物，提出人为自然立法，而不再将知识限定于对象的反映，从而由本体论转向了认识论。为此，他提出了认识论的问题是讨论"验前综合判断如何可能"这样的一个问题。当时，笔者的想法也很单纯：既然知识可以在验前实现综合，并且，这种验前的综合可以实现知识的生成，那么，教育为什么不能促成这种综合发生呢？并且，康德的知性概念也确实可以实现这种综合，就是将经验中的杂乱无序状态通过一定的形式实现综合，从而促成一种新的东西出现。并且，由于综合判断的结果并不能从判断前提中找到原有的模型，所以，综合判断生成的知识也就是新的，而生成知识的个体也自我更新了。

因此，笔者在康德的《纯粹理性批判》上花费了大约四年的时间，并且期待将康德哲学作为自己终生研究的理论基础。由于康德哲学的高度抽象让笔者无从下手，为了让自己能够粗略地了解康德，笔者先阅读了李秋零版的《纯粹理性批判》，当时对康德的了解也仅限蓝公武版和李秋零版这两个版本，大约读了七八个月，随后慢慢地知道了还有韦卓民先生和邓晓芒先生的翻译，然后又结合、比较着看了一下，还是不得要领，于是读郑昕先生的《康德学述》、李泽厚先生的《批判哲学的批判》，又读了邓晓芒先生的《〈纯粹理性批判〉讲演录》，慢慢了解到理性主义和经验主义这两大思维模式，而康德将这两种思维模式结合起来，因此，又去读了休谟和莱布尼茨的一点儿东西，其中休谟的作品主要是《人类理智研究》和《道德原理研究》，然而大体已经忘记，莱布尼茨的主要是小的短文《单子论》和《神正论》，中间也读了夸美纽斯、笛卡尔、洛克、亚当·斯密和卢梭的一些作品。但是这些阅读都是服从于读康德这一目的的，所以印象也不算深刻。

随着对康德哲学的了解深入，自己的心境也发生了一些变化。其中重要之处有两个：其一，如果说物理学的发展是哲学的基础的话，那康德哲学是以牛顿力学为基础的。然而，当下的物理学已经突破了牛顿宏观力学的理论，开始进入到量子力学的微观世界。这种物理理论对事物的描述更加清楚准确，那与之相对的哲学认识论就是现象学。其二，在康德的理性立场下，其感性是从属于理性的，也就是我们常说的感性认识需要上升到理性认识。然而，现实的个人生活却是感性的，个体的体验是个人的真实存在状态。求学这个社会性的活动也不例外。因此，自己为了寻找"我也知道你说的是对的，但我就是做不到"这句话的答案而进行的阅读又回到了原点——我因为感性就应该做不到。这对笔者来说是失落和恐怖的。

柳暗花明又一村，笔者在阅读中发现，韦伯是从个人意向出发来探索社会行动意义的，因此，《社会学的基本概念》就进入了自己的阅读范围。其实对韦伯的关注是从涂尔干那里开始的。因为早就知道马克思、涂尔干和韦伯是社会学的三个核心人物，但由于自己对社会学与教育的关系缺少宏观的脉络把握，这让笔者当时放弃了对韦伯作品的阅读。其中还有一个难以言表的理由，那就是笔者知道韦伯被称为欧洲之子，他的作品既多又难读，而笔者的读书习惯是只会精读不会泛读，所以，当时给自己的解脱理由是"反正无法精读，如果尝浅则止，那么还不如花时间精读些自己更感兴趣的作者"。另外，当时笔者研究的主题只是朦胧中的东西，自己并不知道如何用概念和体系的方式进行综合的展现，因此，注意力就转向了怀特海和维特根斯坦。

但是当发现了韦伯的《社会学的基本概念》这本书的时候，笔者才真正知道自己之所以找不到选题的原因是自己的思路并没有走入适当的谱系。因此，从韦伯开始，笔者就去阅读舒茨的作品，其中对笔者最有影响力是《社会世界的现象学》和《舒兹论文集（1）：社会现实的问题》。而舒茨推崇胡塞尔现象学，并且是第一个将现象学引入社会学的学者。

舒兹关于个体行动的"原因动机"和"目的动机"的概念提醒了笔者去反思当下日常生活的空乏现象，也就是个人行动的意向在生成上存在两个时间向度。其中，原因动机指向过去，而目的动机指向未来。一旦忽略了当下日常生活的体验，行动的动机意向就会出现目的动机和原因动机重叠。它将未来的设想架构于过去的原因，成了过去的重复。这很好地解释了"再生产"的理论，也可以解释习得性无助及其破解中的积极心理学。

于是，我开始读胡塞尔的作品。其实，在读康德作品的时候，笔者就知道有个胡塞尔，他与康德在思想的谱系上非常相近。但是当时笔者查阅资料发现，胡塞尔现象学是一个非常宏大的阅读对象。对当时的笔者来说，这个想法根本没有办法去实现，也就放弃了。

但是在我阅读了韦伯的那本书以及舒茨的作品之后，我确定了自己的选题，就从教育意向下的学习概念转变为个人学习意向之下的学习概念，并将学习的获得感定位于个人意向的充实。此时，我已经没有办法回避阅读胡塞尔作品了。因为如果不对胡塞尔有个基本的了解，不能粗略了解现象学的意向概念，那么我的研究就无法进行下去。

笔者本来打算通读胡塞尔的所有作品，但是后来发现，博士毕业迫在眉睫，没有那么多的时间去阅读胡塞尔的全部作品，目前主要阅读了《纯粹现象学通论——纯粹现象学和现象学哲学的观念（I）》《现象学的观念》《被动综合分析》《现象学的心理学》《内时间意识现象学》《现象学的方法》《生活世界现象学》《经验与判断：逻辑谱系学研究》等几本书。另外，为了解决思维的时间问题，笔者还阅读了柏格森的《时间与自由意志》和海德格尔的《存在与时间》。

通过阅读胡塞尔的作品，笔者慢慢地理解了人类意识的特质，那就是意向和意向相关物是一起出现在意识中的。因此，对于个人来说，教育的内容如果没有在个人意向中生成学习意向，个人的学习行动就不会发生，其呈现的都是以行为的表象来迎合外在要求。这就解决了困扰笔者多年的问题——"我也知道你说的是对的，但我就是做不到"。

因此，笔者就转变了自己的选题考察视角，将从教育者立场出发的学习生成转变为从个人意向出发的学习意向与学习内容这一意向相关物的主动架构。此时，个人的体验就不再是迎合于外在要求的附和，而是个人意向主动建构的生成基础。这也就回应了康德的曲行认知方式。也就是说，外在的教育言说仅仅是触发因素，个人意向对这个触发因素的综合建构意向才是学习意向生成的关键。

而这也在胡塞尔的现象学中存在相对明确的表达。他强调，在知识的接受性中，自我会转向刺激物，但并一定会将"个别的认识步骤"作为意愿对象，即，外在知识通过教育对个体的触发方式往往是抽象的、整体的，但是，个体成长体验的构成往往是前概念的，其具有两个方面的特点：其一，相对于知识的逻辑与概念构成来说，它不是有序的，并没有规律性可言。其二，相对于知识的抽象而言，其永远是具象的、丰满并难以言说的，就像陶渊明所说的"此中有真意，欲辨已忘言"的状态。而教育的意义在于凸显个体知性的综合建构能力，从而在对体验的杂乱加工中提升知性本身。

在此阅读和思考的过程中，笔者个人自我感觉获得了学习的获得感。同时，在一次又一次对大家的还原中，笔者也获得了失落之后的成就感，每天的工作除了讲课之外就是阅读，任何地方都可以成为阅读的场所，比如班车、超市、候机厅和候车室等。笔者也慢慢地能够将他者的成功视角迫出自我，觉得个人意向的获得感与社会对获得感的评价是一个金钱的两面，每一个人都是这个世界上独一无二的人，也可以成为这样的人。

因为每个人心里都有一盏明灯，有人一生都没有发现，有人发现了，但一生也没有点着，有人点着了，但又被风吹灭了，有人却找到了，也点着了，因为机缘巧合，他的灯被挂在高处，被世人知晓。我们将后者称为成功人士，我们会编写关于他的成功学说及其传奇。然而，传奇只不过是被众人通过言说而附加了太多的个人想象而已，个人将某种自我的生活方式转变为期待，然后，将之附加在自己的英雄上，从而弥补了自己生活中不足的情感需要。从某种角度上说，这是信仰和意淫的意向生成要素。然而，我们每一个人却不知道，我们也可以通过还原自己的情感到自己的意向上来，去倾听自己心灵的声音而活出自己。这样，我们就不会羡慕别人。我们也就有了获得感。

因此，笔者曾经用子夏在评价君子的时候所说的话来勉励自己。子夏说："君子有三变：望之俨然，即之也温，听其言也厉。"因此，笔者也觉得读书有三个层次：第一层次，总是感觉自己看不懂，好像这本书就要把我们拒之千里的感觉。第二层次，自己真的沉下心来，走进去，就会发现其奥妙无穷，非常的平易近人，因为他们的学说都是在讲一个东西——人本身。第三个层次，你会发现这些书的字里行间都是感情，并且意犹未尽。好书就具有这个特点，表面上看离人很远，很难懂，但是就事实而言，它是离着人最近的。所以，笔者喜欢读经典，感觉这就好比是爬山，我们需要抓住裸露的岩石，而这些"大家"就是那些裸露的岩石，经历风雨而充满活力。除此之外，走平坦的路往往需要比较长的时间，而且也不一定能到山顶。这是因为我们先"看"到的是字，而字没有感情。然后我们会"想"到我们的经验和经历。这个时候就有感情了，字也就活了，人也就会跨越时空而变成了一种交流。

另外，笔者觉得读书也是个寻找和发现的过程。我们每个人都具有一种先天的最爱，但是这种先天的最爱在后天的生活中可能会被掩埋。这好像是每个人的宿命。这也许就是柏拉图的回忆说的内涵吧。一旦我们找到内心的最爱，我们就会被激活。而找到最爱的努力不能单纯靠我们自己的经历，还要靠一些凭借。也就是说，我们在不知道我们最爱的具体事物的时候，我们需要借助一些人的描述，即对可能经验的描述——我们最爱的"物自体"所表现的"现象"的描述。而"大家"往往是最靠近物自体的人，所谓大凡高见英雄所见略同就是这个道理。所以，我们通过读经典就能够更靠近自己的内心。

参考文献

本文的文献编排并没有按照传统的时间维度和国别维度，而是按照学科的维度，分为哲学部分、现象学部分、教育社会学部分。在教育社会学部分，大体按照学派的划分来编排文献。

一、哲学部分

[1] 张岱年. 中国哲学大纲 [M]. 北京：中国社会科学出版社，1982.

[2] 冯友兰. 中国哲学简史 [M]. 赵复三，译. 北京：生活·读书·新知三联书店，2009.

[3] 吴怡. 中国哲学发展史 [M]. 台北：三民书局股份有限公司，1989.

[4] 邓晓芒.《纯粹理性批判》讲演录 [M]. 北京：商务印书馆，2013.

[5] [古希腊] 亚里士多德. 形而上学 [M]. 苗力田，译. 北京：商务印书馆，3.

[6] [古希腊] 亚里士多德. 尼各马科伦理学 [M]. 苗力田，译. 北京：中国社会科学出版社，1999.

[7] [法] 卢梭. 爱弥儿 [M]. 李平沤，译. 北京：商务印书馆，1978.

[8] [法] 孔狄亚克. 人类知识起源论 [M]. 洪洁求，洪丕柱，译. 北京：商务印书馆，1989.

[9] [奥] 维特根斯坦. 哲学研究 [M]. 韩林合，译. 北京：商务印书馆，2015.

[10] [美] 詹姆斯. 实用主义 [M]. 陈羽伦，孙瑞禾，译. 北京：商务印书馆，1997.

[11] [美] 杜威. 确定性的寻求 [M]. 傅统先，译. 上海：上海人民出版社，2004.

[12] [美] 梯利. 西方哲学史（增补修订版）[M]. [美] 伍德，葛力，译. 北京：商务印书馆，1995.

[13] [英] 罗素. 西方哲学史（上卷）[M]. 何兆武、李约瑟，译. 北京：商务印书馆，1963.

[14] [瑞士] 费尔迪南·德·索绪尔. 普通语言学教程 [M]. 高明凯，译. 北京：商务印书馆，2015.

二、现象学部分

[1] [德] 伊曼努尔·康德. 纯粹理性批判 [M]. 韦卓民，译. 武汉：华中师范大学出版社，2004.

[2] [德] 伊曼努尔·康德. 未来形而上学导论 [M]. 李秋零，译. 北京：人民大学出版社，2015.

[3] [德] 伊曼努尔·康德. 论教育学 [M]. 赵鹏，何兆武，译. 上海：上海人民出版社，2005.

[4] [德] 黑格尔. 哲学史讲演录（四）[M]. 贺麟，王太庆，译. 北京：商务印书馆，2009.

[5] [美] 维拉德·梅欧. 胡塞尔 [M]. 杨富斌，译. 北京：中华书局，2002.

[6] [德] 胡塞尔. 纯粹现象学通论——纯粹现象学和现象学哲学的观念（I）[M]. 李幼蒸，译. 北京：中国人民大学出版社，2004.

［7］［德］胡塞尔．逻辑研究［M］．倪梁康，译．上海：上海译文出版社，1998．

［8］［德］胡塞尔．内时间意识现象学［M］．倪梁康，译．北京：商务印书馆，2010．

［9］倪梁康．胡塞尔现象学通释：增补版［M］．北京：商务印书馆，2016．

［10］［德］胡塞尔．欧洲科学危机和超验现象学［M］．张庆熊，译．台北：唐山出版社，1990．

［11］［德］海德格尔．路标［M］．孙周兴，译．北京：商务印书馆．2000．

［12］［德］海德格尔．存在与时间［M］．陈嘉映，王庆节，译．北京：生活·读书·新知三联书店，2014．

［13］［美］汉娜·鄂兰．责任与判断［M］．蔡佩君，译．新北：左岸文化，2016．

［14］［美］汉娜·鄂兰．心智生命［M］．苏友贞，译．台北：立绪文化事业有限公司，2007．

［15］［美］汉娜·鄂兰．人的条件［M］．林宏涛，译．台北：商周出版者，2017．

［16］［法］伊曼纽尔·列维纳斯．生存及生存者［M］．张乐天，译．杭州：浙江人民出版社，1987．

［17］［法］伊曼纽尔·列维纳斯．从存在到存在者［M］．吴蕙仪，译．南京：江苏教育出版社，2005．

［18］［法］伊曼纽尔·列维纳斯．总体与无限：论外在性［M］．朱刚，译．北京：北京大学出版社，2016．

［19］［美］施皮格伯格．现象学运动［M］．王炳文，张金言，译．北京：商务印书馆，2011．

三、社会学部分

［1］［法］涂尔干．社会分工论［M］．渠东，译．北京：生活·读

书·新知三联书店，2013.

[2]［法］爱弥尔·涂尔干.道德教育［M］.陈光金等，译.上海：上海人民出版社，2001.

[3]［法］E.迪尔凯姆.社会学方法的准则［M］.北京：商务印书馆，1995.

[4]［法］涂尔干.教育思想的演进［M］.李康，译.北京：商务印书馆，2016.

[5]［美］帕深思，莫顿等著.现代社会学结构功能论选读［M］.黄瑞祺，编译.台北：巨流图书公司，1981.

[6]［美］塔尔科特·帕森斯.社会行动的结构［M］.张明德等，译.南京：译林出版社，2012.

[7]［美］罗伯特·K.默顿.社会理论和社会结构［M］.唐少杰等，译.南京：译林出版社，2008.

[8]［德］马克思.1844年经济学哲学手稿［M］.中共中央马克思恩格斯列宁斯大林著作编译局.北京：人民出版社，2018.

[9]［英］保罗·威利斯.学做工：工人阶级子弟为何继承父业［M］.秘舒、凌旻华，译.南京：译林出版社，2013.

[10]［德］斐迪南·滕尼斯.共同体与社会——纯粹社会学的基本概念［M］.林荣远，译.北京：北京大学出版社，2010.

[11]［德］马克斯·韦伯.社会学的基本概念［M］.顾忠华，译.桂林：广西师范大学出版社，2010.

[12]［德］马克斯·韦伯.支配社会学［M］.康乐、简惠美，译.桂林：广西师范大学出版社，2010（日版脚注）.

[13]［德］马克斯·韦伯.经济与历史；支配的类型［M］.简惠美等，译.桂林：广西师范大学出版社，2010.

[14]［德］史宾格勒（Oswald Spengler）.西方的没落［M］.陈晓林，译.台北：桂冠图书股份有限公司，1975.

[15]［法］帕斯卡尔.思想录［M］.何兆武，译.北京：商务印书

馆，1995.

[16]［法］柏格森（Bergson, H.）. 时间与自由意志［M］. 吴士栋，译. 北京：商务印数馆，1958.

[17]［德］许茨. 社会实在问题［M］. 霍桂桓，译. 北京：华夏出版社，2001.

[18]［美］舒兹（A. Schutz）. 社会世界的现象学［M］. 卢岚兰，译. 台北：桂冠图书股份有限公司，1991.

[19]［法］皮埃尔·布尔迪厄. 实践理论大纲［M］. 高振华等，译. 北京：中国人民大学出版社，2017.

[20]［法］皮埃尔·布尔迪厄. 实践理性：关于行为的理论［M］. 谭立德，译. 上海：三联书店，2007.

[21]［法］皮埃尔·布尔迪厄. 实践感［M］. 蒋梓桦，译. 上海：译林出版社，2009.

[22]［法］皮埃尔·布尔迪厄. 帕斯卡尔式的沉思［M］. 刘晖，译. 北京：三联书店，2009.

[23] 包亚明主编. 文化资本与社会炼金术——布尔迪厄访谈录［M］. 上海：上海人民出版社，1997.

[24]［英］巴兹尔·伯恩斯坦（Basil Bernstein）. 教育、符号控制与认同［M］. 王小凤等，译. 北京：中国人民大学出版社，2017.

[25]［美］赫伯特·马尔库塞. 单向度的人——发达工业社会意识形态研究［M］. 刘继，译. 上海：上海译文出版社，2014.

[26]［法］雷蒙·阿隆. 社会学主要思潮［M］. 葛志强，胡秉诚，王沪宁，译. 上海：上海译文出版社，2005.

[27]［美］彼得·栢格（Peter L. Berger），汤姆斯·乐格曼（Thomas Luckmann）. 知识社会学：社会实体的建构［M］. 邹理民，译. 台北：巨流图书有限公司，2005.

[28]［美］彼德斯. 交流的无奈：传播思想史［M］. 何道宽，译. 北京：华夏出版社，2003.

[29] [美] 巴林顿·摩尔. 专制与民主的社会起源：现代世界形成过程中的地主与农民 [M]. 王苗、顾洁，译. 上海：上海译文出版社，2012.

四、教育社会学部分

[1] 叶澜. 教育研究方法论初探 [M]. 上海：上海教育出版社，2014.

[2] 陆有铨. 现代西方教育哲学 [M]. 北京：北京大学出版社，2012.

[3] 傅维利，刘民. 文化变迁与教育发展 [M]. 成都：四川教育出版社，1988.

[4] 李德显. 课堂秩序论 [M]. 桂林：广西师范大学出版社，2000.

[5] 谭光鼎，王丽云. 教育社会学：人物与思想 [M]. 上海：华东师范大学出版社，2008.

[6] 陈奎熹. 教育社会学 [M]. 台北：台北三民书社，2007.

[7] 林清江. 教育社会学新论 [M]. 台北：五南图书出版公司，1989.

[8] 林清江. 文化发展与教育革新 [M]. 台北：五南图书出版公司，1990.

[9] 金耀基. 从传统到现代 [M]. 北京：法律出版社，2010.

[10] [英] A.N. 怀特海. 科学与近代世界 [M]. 何钦，译. 北京：商务印书馆，1989.

[11] [英] 怀特海. 观念的冒险 [M]. 周邦宪，译. 南京：译林出版社，2014.

[12] 怀特海. 教育的目的 [M]. 庄莲平，王立中，译. 上海：文汇出版社，2012.

[13] [美] 爱因斯坦. 爱因斯坦论科学与教育 [M]. 许良英等，译. 北京：商务印书馆，2016.

[14] ［美］莱斯利·P·斯特弗（Leslie P. Steffe），杰里·盖尔（Jerry Gale）主编. 教育中的建构主义 ［M］. 高文、徐斌燕、程可拉，译. 上海：华东师范大学出版社，2002.

[15] ［美］杜威. 民主·经验·教育 ［M］. 彭正梅，译. 上海：上海人民出版社，2009.

[16] ［法］丹尼斯·库什. 社会科学中的文化 ［M］. 张金岭，译. 北京：商务印书馆，2016.

[17] ［美］安妮特·拉鲁. 不平等的童年 ［M］. 张旭，译. 北京：北京大学出版社，2009.

[18] ［英］布列克里局·杭特. 教育社会学理论 ［M］. 李锦旭，译. 台北：桂冠图书股份有限公司，1976.

[19] ［美］基辛（R. Keesing）. 文化人类学（二）［M］. 张恭启、丁嘉云，译. 台北：巨流图书公司，1989.

[20] ［美］哈维兰（Haviland. W. A.）等. 文化人类学：人类的挑战 ［M］. 陈相超、冯然等，译. 北京：机械出版社，2014.

[21] 孙风强. 康德曲行认知条件对教育社会学的启示 ［M］. 中央编译出版社，2019.

五、期刊与英文部分

[1] 钟启泉. "知识教学"辨 ［J］. 上海教育科研，2007（04）.

[2] 李德显，李海芳. 论交往视域下的教育要素 ［J］. 教育科学，2013（04）.

[3] 钟启泉. "课堂互动"研究：意蕴与课题 ［J］. 教育研究，2010（10）.

[4] 李德显. 合作学习的经验与局限 ［J］. 教育科学研究，2005（11）.

[5] 钟启泉. 知识建构与教学创新——社会建构主义知识论及其启示 ［J］. 全球教育展望，2006（08）.

［6］张良才，李润洲．论教师权威的现代转型［J］．教育研究，2003（11）．

［7］林秀珠．从文化再生产视角解析中国教育的城乡二元结构［J］．教育科学研究，2009（2）．

［8］董永贵．突破阶层束缚——10位80后农家子弟取得高学业成就的质性研究［J］．青年研究，2015（3）．

［9］李德显，孙凤强．个体社会认知的曲行结构及其教育促进——从《小马过河》说起［J］．教育科学，2019，35（5）．

［10］L. F. Ward. *Social Dynamics*. New York：A. D. Appleton Co.，1883.

［11］M. Apple. *Education and Power*（Routledge and Kegan Paul, London，1982）．

［12］H. Giroux.‘*Theories of Reproduction and Resistance in the New Sociology of Education：A Critical Analysis*’，Harvard Educational Review，vol. 53，no. 3（1983）．

［13］R. King.’*Weberian Perspectives and the Study of Education*’，British Journal of Sociology of Education，vol. 1，no. 1（1980）．

致　谢

　　鲁迅在《一件小事》中写道："从乡下跑进京城……只是增长了我的坏脾气……教我一天比一天的看不起人……有一件小事于我有意义，将我从坏脾气里拖开，使我至今忘记不得。"并且，鲁迅在那件小事之后，联系自我（在此，笔者未用反思的概念，而是用"联系自我"这一自反的概念），说："这事到了现在，还是时时记起。我因此也时时煞了苦痛，努力地要想到我自己。几年来的文治武力，在我早如幼小时候所读过的'子曰诗云'一般，背不上半句了。独有这一件小事，却总是浮在我眼前，有时反更分明，教我惭愧，催我自新，并增长我的勇气和希望。"笔者认为这就是"获得感"。它与学力剥落无关，而是与"生成"有关。

　　这个经历在笔者身上也曾有过，从"农家"来到"城市"的我，从来没有感觉自己是城里人，也从来不觉得中国社会里真的有乡下人和城里人的区别，就像欧洲人没有城里人和乡下人的区别一样——他们喜欢用市民或者中产来界定。另外，他们是城邦建国，这与我们不同。另外，就像鲁迅所说"我向来是不惮以最坏的恶意……"，抑或是笔者心灵不够纯粹的地方，因为笔者总是担心那功能论和冲突论思维无孔不入，用"不好"和"坏"等道德词汇来包装我们自己的不理解和喜好，例如，不理解人家就直接说人不好。

　　我不太喜欢"农村人""乡下人"这样的界定也是如此。因为就文化而言，或者说就民族的生存心态而言，我们与农耕文化更近，人与地的关

244

系是人与人关系的基础。因此，我们总是不喜欢欧洲概念的双向内涵，就像初读《道德情操论》的时候，我就是不理解"同情"，后来才知道，我们的同情是有主客关系的，而他们的却不是，他们的是"人同此情"。

在"人同此情"的情感认知下，我慢慢地理解了儿时的那种"近乡情更怯，不敢问来人"的困扰；那个时候特别的小，觉得诧异，思乡那么久，好容易来到家乡，应该直接投入家乡的怀抱才对。然而现在我知道了，人与其他的生物不同，心是奇怪的，那近乡的游子，生怕一句话说出口就打碎了这半世的"梦里依稀"，生怕有生之年的痴迷被一击而溃，生怕那亲情与爱的死别与生离。现在的自己好像懂了，却也学会了说"天凉好个秋"与"当时只道"这样无关痛痒的话。我真的不知道自己是成熟了，还是木讷了，也许不惑之年的"譬如朝露去日苦多"让自己害怕，因为再也没有资格说什么"姑俟异日"而……云云。

好在笔者这么多年一直很"执拗"，坚持"动心"才"忍性"，也就是"绘事后素"，绝不接受道听途说的"忍性"，认为那是对一个"心死"的人要求"忠"。因此，此刻的自己，面对着半生所爱——这篇博士论文，面对着自己在不惑之年用生命的体察而生成的文字，我真的不知道说什么；只觉得有太多的"人成各，今非昨"，有太多的"欲笺心事，独语斜阑"。这不是"难、难、难"，而是"大大的丧"。这就是我进入师门之前的路，那路上的我每天都生活在失望和希望的炙烤中。

在老师收我之前，我的生命就是"丧"——身世浮沉雨打萍，这一切在老师的帮助下改变了。这三年成为我人生得以质变的三年，自己的思考在功能论、冲突论和诠释论谱系中有了定位，并且意识到科研谱系的重要，于是，自己有所取舍地进入了诠释主义、现象学。没有老师的帮助，我也许一生都会停留在这门庭之外而"望洋兴叹"。每念及此，郭奉孝的"十胜十败"论就犹如在耳，"绍繁礼多仪，公体任自然，此道胜也。绍以逆动，公奉顺以率天下，此义胜也"。老师对我的指导就是"道"和"义"，前者"体任自然"，后者"奉顺"。每次我们交流选题和学术，老师都会慢悠悠地说"你怎么想的，不要因为我的指导而影响你自己最想说的"，"你觉得你能做出来吗，如果能，就去做吧"；当我怀疑自己的时候，老师会说"我觉得你问题不大啊"。

在这样的师徒情谊中，我才能在蓦然回首中发现自己的生活、生命和工作之中的美好一面，以前生命的"丧"也开始展现出积极的面向，比如母亲大人让我体会到"此去经年"，千古风情无人诉的"子欲养而亲不待"，可我也理解了贤者皋鱼那"被褐拥镰，哭于道傍"的千年悲声，更体验到了母子连心的"相视而笑"之中那"佛祖拈花迦叶一笑"。此时，家里那个小情人的特点也就具有更加新的意义：有次，岳母的花死掉了，我说"妈妈，我再买给您"，岳母说"别买了，家里地方小，放着憋屈"，人家小情人才五岁，说"姥姥，你就让爸爸买吧，爸爸就是为了让您开心"。

这也许就是人生吧。人生的意义本身是没有意义，是有人给了我们观看意义的眼睛。老师帮助了我，这恩情我终生难忘。我的父亲也是一样，脾气暴而不躁，视野能远观而能静待。他给我的言传与身教是：学会用自己的眼睛看比看到的东西重要。这是我翻译过来的话，原话是"你傻啊，长眼干吗的，长眼就是看的，看门道，别看热闹"。这样的话很多，但是我在入了师门之后，这些话就开始具有更加深刻的俗民方法论意义。我们常说，科研要"顶天立地"，那地就是我们的父母啊，那天就是我们的子女啊。历史的过去和未来都在我们身上交融孕化。

人家说大恩不言谢。我不喜欢说感谢，因为我害怕一句"感谢"让自己的感恩之心消弭于释放。我喜欢说感受。师娘是一个"师娘"。我们其实对老师还是挺忐忑的，但对师娘不会。这就是我对师门的感受。师门给了我很多的理解和体察。多年之后，对我在求告无门的时候初次给老师的信，师娘还能记忆犹新，还表扬我给老师写的信里的情真意切和对她的打动。而这让我更感动，也更加深刻地体会到严歌苓对善待善良的描述：一个始终不被人善待的人，最能识得善良，也最能珍视善良。因此，多年来，我本将心向明月，却在老师这里无心插柳柳成荫。那份感动和温情会被一句"谢谢"所玷污的；其是融合于骨血之内的，拿出来，就会死人。

246

　　多年前，我曾因失落而自我安慰说，人生啊，没有成功，只有坚持和运气。自己举例子安慰自己，每个人心里都有一盏灯，有的人一生也没有点着，有的人点着了，却被吹灭了，有的人点着了，碰到了贵人将灯安上灯罩挂起来，于是人们知道了灯，可是却不知道那挂灯的人。这也许就是古人一直害怕"教会徒弟饿死师傅"的缘由吧。但是我发现了自己的灯，在差点被吹灭的时候，老师收我入门下，所以就像酒干倘卖无中所唱：从来不需要想起，永远也不会忘记。所以我不相信陆游的"文章本天成，妙手偶得之"。文章的个人之得和认同之"得"还是不同的。而这是师娘给我的。她让我开始体会到行文与思想和说话是不同的。因此，如果没有师娘的认可、老师的纳入门下，我的脑细胞永远是自娱自乐，绝不会"偶得"。

　　感谢家人老段，她是我的世界中的偶然中的必然；人有理工男，我有理工女。在此，苏格拉底的话就有了磨砺的意蕴。感谢我的身体。它很敏感，给了我很多的信息，让我知道了什么叫作"不语"和"不施粉黛"，也对孔子师徒那段对话有了更深刻的感悟："子夏问曰：巧笑倩兮，美目盼兮，素以为绚兮。何谓也？子曰：绘事后素。曰：礼后乎？子曰：起予者商也，始可与言诗已矣。"

　　最后，"今当远离，临表涕零，不知所言"。而我的心，却不知道是离开了，还是回来了，但也确实不知所云，是为记。

庚子年仲春月子时尺蠖之于泉城